Peter Kloeppel und Gregor Schöllgen
Luft-Brücken

BILDNACHWEIS

PETER KLOEPPEL UND GREGOR SCHÖLLGEN

LUFT-BRÜCKEN

AMERIKA UND DIE DEUTSCHEN

Gustav Lübbe Verlag

Gustav Lübbe Verlag
ist ein Imprint der Verlagsgruppe Lübbe

Originalausgabe
Copyright © 2004 by Verlagsgruppe Lübbe GmbH & Co. KG,
Bergisch Gladbach
Textredaktion: Ulrike Brandt-Schwarze, Bonn
Layout und Satz: JahnDesign Thomas Jahn, Erpel/Rhein
Druck und Einband: Ebner & Spiegel, Ulm

RTL-Logo: © RTL Television 2004

Printed in Germany
ISBN 3-7857-2184-6

Sie finden die Verlagsgruppe Lübbe im Internet unter
www.luebbe.de

5 4 3 2 1

INHALT

Amerika und die Deutschen – was für eine Geschichte! Eine Geschichte von Anziehung, Freundschaft und gegenseitiger Befruchtung, aber auch von Abneigung, Gegnerschaft und harter Konkurrenz. Was als Luftbrücke begann, ist zu einem belastbaren, aber über die Jahrzehnte auch anfälligen Bauwerk geworden. Ob es in Zukunft trägt, hängt davon ab, wie Deutschland seine Rolle definiert und welchen Weg Amerika nimmt.

Unser Buch berichtet von der Geschichte der Vereinigten Staaten seit Ende des Zweiten Weltkrieges. Und es beleuchtet das deutsch-amerikanische Verhältnis in dieser Zeit. Im Vordergrund steht die Politik, ohne dass andere Bereiche, wie Wirtschaft und Gesellschaft, Kultur und Sport oder auch das Militär und die Raumfahrt, zu kurz kämen.

Als roten Faden für die Darstellung haben wir die sehr unterschiedlichen Lebensläufe und Schicksale der elf amerikanischen Präsidenten gewählt, die das Land seit 1945 geführt und damit, so oder so, auch die Geschicke Deutschlands beeinflusst haben. Sie sind ein Spiegel der Stärken und der Schwächen, der Möglichkeiten und der Grenzen, der Licht- und der Schattenseiten, für die Amerika steht.

Peter Kloeppel, Köln   *Gregor Schöllgen*, Erlangen

VOM GEGNER ZUM PARTNER
1945–1953

Anfangs waren sie Feinde. Am 11. Dezember 1941 erklärte das Deutsche Reich den Vereinigten Staaten von Amerika den Krieg. Für Adolf Hitler, den seit Januar 1933 amtierenden deutschen Reichskanzler, war das auch eine Konsequenz aus den dramatischen Entwicklungen im Pazifik: Vier Tage zuvor, in den Morgenstunden des 7. Dezember, waren fast 300 Bomber von japanischen Flugzeugträgern aus zu einem Überraschungsangriff auf die amerikanische Flotte in Pearl Harbor gestartet, hatten sie weitgehend außer Gefecht gesetzt und mehr als 2000 Menschen getötet, die meisten von ihnen amerikanische Soldaten. Nur einmal noch hat die amerikanische Nation einen ähnlichen Schock erlebt – 60 Jahre später, bei den Terrorangriffen des 11. September 2001.

Seit Ende des Jahres 1936 waren Japaner und Deutsche verbündet. Im Dezember 1941 befanden sich beide in der Offensive – Japan in Asien, Deutschland in Europa. Zum Zeitpunkt des Überfalls auf Pearl Harbor standen die deutschen Truppen vor Moskau, aber ihr Angriff war im russischen Winter stecken geblieben. Damit sie wieder die Initiative ergreifen konnten, war es wichtig, dass die Sowjets im Osten ihres Imperiums, in Asien, gebunden blieben. Das konnte nur durch die Japaner geschehen, und die befanden sich seit wenigen Tagen im Krieg gegen die USA. Weil Hitler aber den Japanern militärisch nicht viel zutraute, weil er davon ausging, dass sie über kurz oder lang von den Amerikanern ausgeschaltet würden, erklärte er seinerseits den USA den Krieg. Die deutsche Kriegserklärung sollte die Amerikaner in Europa binden, sie von den Japanern ablenken und diese damit entlasten: Japan musste jedenfalls so lange im Krieg bleiben, bis Deutschland sein rassenideologisches Vernichtungsprogramm abgeschlossen hatte.

Denn nicht zuletzt dieses Ziel verfolgte Hitler mit dem Feldzug gegen die Sowjetunion. Dieser bildete den vorläufigen Höhe-

*1   Der Urschock: Pearl Harbor nach dem japanischen Groß-
angriff, 7. Dezember 1941.*

punkt einer Revisions-, Expansions- und Kriegspolitik, mit deren Vorbereitung und Umsetzung der »Führer« unmittelbar nach der Machtübernahme begonnen hatte. Nach der Wiedereinführung der allgemeinen Wehrpflicht im März 1935 und der Wiederbesetzung der entmilitarisierten Zonen des Rheinlandes ein Jahr darauf ging es Schlag auf Schlag: Dazu gehörte zunächst, in den Jahren 1938 und 1939, die Einverleibung Österreichs und großer Teile der in Etappen zerschlagenen Tschechoslowakei. Dazu gehörten nach dem Überfall auf Polen, mit dem am 1. September 1939 der europäische Krieg begann, die Feldzüge der Jahre 1940 und 1941 gegen Dänemark und Norwegen, gegen Belgien, die Niederlande, Luxemburg und Frankreich und schließlich gegen Jugoslawien und Griechenland. Als im Morgengrauen des 22. Juni 1941 der Überfall auf die Sowjetunion begann, befand sich praktisch ganz Europa – von wenigen neutralen Staaten abgesehen – unter der direkten oder indirekten Kontrolle des Deutschen Reiches oder arbeitete mit ihm zusammen.

Lediglich Großbritannien hatte den deutschen Angriffen widerstanden – jedenfalls bis jetzt. Wie lange und ob überhaupt die Sowjetunion dem Ansturm der deutschen Armeen standhalten würde, wusste niemand zu sagen. Fest stand, dass sich Briten und Sowjets, gleichsam über Nacht, in einer Koalition befanden, in die sie sich unter normalen Umständen nie begeben hätten. Nicht zufällig firmierte sie als »Anti-Hitler-Koalition«. Ein halbes Jahr darauf stießen mit der deutschen Kriegserklärung auch die Vereinigten Staaten dazu. Kenner des Landes und der jüngeren Geschichte ahnten, was das bedeuten musste: Genauso wie ein knappes Vierteljahrhundert zuvor, wie nach dem Eintritt Amerikas in den Ersten Weltkrieg, würde die transatlantische Großmacht, einmal auf Touren gekommen, den Kriegsverlauf maßgeblich bestimmen und entscheiden. Auch in Europa.

Hitlers Kalkül, die Japaner durch die deutsche Kriegserklärung an die USA zu entlasten, ging letztlich nicht auf. Immerhin

2   *Stars and Stripes: Amerikanische Soldaten befreien 33 000 Gefangene des Konzentrationslagers Dachau, 29. April 1945.*

hielten sie lange durch, länger als die Deutschen selbst. Als Japan im September 1945 endgültig kapitulierte, gab es schon seit vier Monaten kein handlungsfähiges Deutsches Reich mehr: Am 7. Mai 1945 hatte Generaloberst Alfred Jodl im Hauptquartier des Oberbefehlshabers der alliierten Streitkräfte in Europa, des amerikanischen Generals Dwight D. Eisenhower, die Gesamtkapitulation der Wehrmacht unterzeichnet.

Am 5. Juni 1945 übernahmen die USA, die Sowjetunion, Großbritannien und später auch Frankreich die oberste Regierungsgewalt in Deutschland. Sie kamen als Gegner, Eroberer, Besatzer und nicht zuletzt als Befreier. Was die Deutschen, von wenigen Ausnahmen abgesehen, nicht versucht, jedenfalls nicht geschafft hatten, das erledigten die Alliierten für sie: Sie befreiten Deutschland und Europa von Terror und Diktatur, und sie bewahrten viele, die in den Lagern und Gefängnissen überlebt hatten, vor dem sicheren Tod.

•

Für Jahrzehnte gaben die Vier nun den Ton an – im Osten Deutschlands die Sowjets und damit Stalin, im Westen die Briten, Franzosen und vor allem Amerikaner und damit ihr Präsident. Das war zu diesem Zeitpunkt schon nicht mehr Franklin Delano Roosevelt. Dem 32. Präsidenten der Vereinigten Staaten war es nicht vergönnt gewesen, den endgültigen Triumph über Hitler und das von ihm geführte Deutschland zu erleben. Am 12. April 1945 erlag der ungewöhnlich willensstarke Demokrat aus der Nähe von New York, der aus wohlhabenden Verhältnissen stammte und seit den frühen Zwanzigerjahren auf den Rollstuhl angewiesen war, einem Gehirnschlag. Nur zweieinhalb Wochen später nahm sich Adolf Hitler – deutscher Reichskanzler, Reichspräsident, Oberbefehlshaber der Wehrmacht und des Heeres – im Führerbunker der Reichskanzlei das Leben.

Früher als viele Europäer und die allermeisten Amerikaner hatte Roosevelt die Gefahren erkannt, die von Hitler und seinesgleichen ausgingen. Nur wenige Wochen nach dessen Ernennung zum Reichskanzler hatte er Anfang März 1933 das Weiße Haus bezogen, und man muss in ihm wohl einen der ausdauerndsten und entschiedensten Gegner nicht nur Hitlers, sondern der Deutschen generell sehen. Denn ohne Zweifel hegte Roosevelt auch gegen all jene, die dem Diktator bis in den Untergang folgten, eine tiefe Abneigung.

Anders sein Nachfolger: Harry S. Truman war für die Deutschen ein Glücksfall. Seine eigenen Landsleute sahen das allerdings anders. Kein zweiter Präsident seit 1945 war während seiner Amtszeit derart unpopulär wie dieser. Ohne die schwere Krise um Berlin, von der noch die Rede sein wird, hätte er Anfang November 1948 die Wahlen wohl kaum gewonnen. So gesehen verdankte Truman seinen Wahlsieg den Deutschen oder doch den Verwicklungen in Deutschland. Überhaupt war die Karriere dieses Präsidenten das Ergebnis einer Serie von Umwegen und Zufällen.

Am 8. Mai 1884 in Lamar, Missouri, geboren, blieben Truman ein College- und Universitätsbesuch verwehrt: Dem Vater, einem Farmer, fehlte schlicht und einfach das Geld. Eine erste berufliche Laufbahn als Bankangestellter, Farmer und Herrenausstatter wurde durch den Fronteinsatz im Ersten Weltkrieg unterbrochen und durch die Rezession der Jahre 1921/22 beendet. Übrigens stand Truman 1917/18 in Frankreich unter dem Kommando von General John J. Pershing, dem Namensgeber jener atomaren Mittelstreckenraketen, die Anfang der Achtzigerjahre das deutsch-amerikanische Verhältnis aufs Schwerste belasten sollten. Nach dem Scheitern seiner geschäftlichen Pläne ergriff Truman eine sich zufällig ergebende Gelegenheit und schlug die Laufbahn eines Verwaltungsbeamten ein. So brachte er es schließlich zum Vorsitzenden Richter in Jackson County.

Auch den Weg in die Politik, den der inzwischen Fünfzigjährige 1934 seit der Wahl zum Senator des Staates Missouri verfolgte, verdankte Truman einer Reihe von Zufällen, vor allem den Konflikten innerhalb der Demokratischen Partei. Die so genannte Partei-maschine von Thomas J. Pendergast, einem umstrittenen Regio-nalfürsten der Demokraten, setzte ihn schließlich durch, obgleich oder eben weil Truman keinerlei politische Erfahrung besaß, also einstweilen auch nicht gefährlich werden konnte. Kein Wunder, dass er in Washington jahrelang kaum in Erscheinung trat, und wer weiß, wie dieses Kapitel seiner Biografie geendet hätte, wäre er nicht 1941 – erneut als Kompromisskandidat – zum Vorsitzenden eines Sonderkomitees zur Kontrolle der Rüstungsproduktion er-nannt worden. Mit dem Kriegseintritt Amerikas gegen Japan und Deutschland war dies über Nacht ein bedeutender Posten, und sein Inhaber wurde ein bekannter Mann.

Dieser Umstand, dazu seine persönliche Integrität und die wachsenden parteiinternen Vorbehalte gegen den amtierenden Vizepräsidenten Henry Wallace brachten Truman 1944 die Nomi-nierung als Vizepräsidentschaftskandidat ein. Das geschah seitens der Demokraten nicht ganz ohne Hintergedanken, denn die mittlerweile vierte Kandidatur von Präsident Roosevelt war nicht unproblematisch. Der neue Mann an seiner Seite konnte helfen, Bedenken auszuräumen: So unbestritten die Verdienste Roosevelts auch waren, die Kandidaturen von 1940 und 1944 brachen mit dem sakrosankten Prinzip, wonach eine Präsidentschaft äußersten-falls zwei Amtszeiten umfassen durfte. Nach dem Krieg wurde aus dem Prinzip dann Gesetz. 1951 trat der zweiundzwanzigste Zusatz-artikel der Verfassung der USA in Kraft, wonach niemand »mehr als zweimal in das Amt des Präsidenten gewählt werden darf«.

Für Roosevelt war Truman die ideale Wahl. Mit seinem biede-ren Mittelmaß, seinem schwach entwickelten Ehrgeiz und seiner mangelnden Erfahrung im Bereich der alles überlagernden Außen-politik und Kriegführung stellte er für den nach wie vor ambi-tionierten Präsidenten keine ernsthafte Gefahr dar. Entsprechend schwer wog die Bürde, die der Vizepräsident am 12. April 1945 übernahm. Gewiss, das Kriegsende in Europa war absehbar; im pazifischen Raum hingegen sah es ganz anders aus. Vor allem aber hatte Roosevelt noch im Februar 1945 – bei seiner Begegnung mit Josef Stalin und Winston S. Churchill auf der Krim – die Weichen für die Nachkriegszeit gestellt.

Und dann gab es natürlich die inneren Angelegenheiten. Wie in anderen Ländern auch hatte der Krieg sie in den Hintergrund gedrängt. Gräben waren notdürftig zugeschüttet, die Lösung von Gegensätzen auf die lange Bank geschoben worden. Damit war es vorbei, als die Kriegswirtschaft auf Frieden umgestellt wurde. Zwar verlief die Umstellung vergleichsweise glimpflich; der Arbeitsmarkt verkraftete sogar die Aufnahme von zehn Millionen ehemaligen Soldaten. Doch der Grund dafür lag vor allem im Nachholbedarf einer Konsumgesellschaft: 40 Millionen Autos waren 1950 in den USA registriert, ein gutes Drittel mehr als zehn Jahre zuvor. Das Ganze ging allerdings nicht spannungsfrei über die Runden, und vor allem in der unmittelbaren Nachkriegszeit prägten schwere Konflikte zwischen Gewerkschaften und Großindustrie das Bild.

Der Präsident stand zwischen den Fronten. Er versuchte zu vermitteln, allerdings mit wenig Fortune – wie Truman überhaupt innenpolitisch kaum reüssierte. Immerhin setzte er Zeichen, vor allem in der Rassenpolitik. Die Abschaffung der Rassentrennung in der Armee verbindet sich mit seinem Namen, und auch sein Programm des *Fair Deal*, des fairen Handels, das sich phonetisch bewusst an Roosevelts populären *New Deal* anlehnte, sollte nicht zuletzt den Minderheiten zugute kommen. Neben dem Gesundheitswesen, dem öffentlichen Wohnungsbau oder der Kontrolle von Preisen, Löhnen, Krediten und Mieten gehörten auch die Bürgerrechte dazu. Realisieren ließ sich das Programm kaum, weil es ausgesprochen ehrgeizig war und weil sich der Präsident von 1947 bis 1949 in beiden Häusern des Kongresses, also im Repräsentantenhaus und im Senat, einer ablehnenden republikanischen Mehrheit gegenübersah. Und bald schob sich mit dem Korea-Krieg die Weltpolitik einmal mehr in den Vordergrund des politischen Tagesgeschäfts.

•

Kein zweiter Präsident des 20. Jahrhunderts – von seinem Vorgänger einmal abgesehen – sah sich einer derart komplexen weltpolitischen Lage gegenüber wie Harry S. Truman. In der Amtszeit des 33. Präsidenten der Vereinigten Staaten wurden dann auch Weichen gestellt, die die weitere Entwicklung im Kalten Krieg und darüber hinaus entscheidend geprägt und bestimmt haben. Denn eben hier, in der Reaktion auf die Krisen, Kriege und Konflikte in der Folge des Zweiten Weltkrieges, liegt das politische Vermächtnis Trumans.

Als er das Weiße Haus bezog, war der Pazifische Krieg noch weit von seinem Ende entfernt. Je näher sich die Alliierten an die japanischen Hauptinseln herankämpften, umso verbissener wurde der Widerstand der Verteidiger und umso höher waren die Verluste, welche die Amerikaner und ihre Verbündeten zu verzeichnen hatten. So bedrängten schließlich die Militärs den Präsidenten, die Mitte Juli 1945 in New Mexico erfolgreich getestete Atomwaffe einzusetzen, um den Kämpfen ein rasches Ende zu bereiten.

Am 6. August, einem schwül-heißen Sommertag, warf ein amerikanischer B-29-Bomber um 8.15 Uhr Ortszeit die erste Uranbombe über der japanischen Stadt Hiroshima ab; drei Tage später, am 9. August, folgte um 11.02 Uhr der Abwurf einer zweiten, einer Plutoniumbombe, über Nagasaki. Dennoch gingen vier weitere Wochen ins Land, bis die Japaner am 2. September 1945 die bedingungslose Kapitulation unterzeichneten. Sieben Tage später gab auch ihre China-Armee endgültig auf.

Nach Hiroshima und Nagasaki war nichts mehr wie zuvor. Mindestens 130 000 Menschen, durchweg Zivilisten, fanden in dem nuklearen Inferno den Tod. Die Vernichtung menschlichen Lebens hatte eine neue Dimension erreicht. So viel stand fest. Alles andere war eine Frage der Zeit. Das galt für die Spätfolgen der

3   *Nukleares Inferno: Der Atompilz über Hiroshima, 6. August 1945.*

freigesetzten Strahlung, und das galt für die weitere Entwicklung der Bombe. Denn es gab keine Möglichkeit, das Wissen um sie einfach auszulöschen oder auch nur zu verdrängen, im Gegenteil: Mit dem ersten Abwurf war der Wettlauf eröffnet worden. Und es war Amerika, das für diesen verhängnisvollen Prozess die Verantwortung trug.

Zu diesem Zeitpunkt hatten sich die drei Hauptsiegermächte des europäischen Krieges schon über ihre künftigen Interessen in der Welt verständigt, wenn auch nicht wirklich geeinigt. Denn vieles von dem, was ihre führenden Vertreter von Mitte Juli bis Anfang August 1945 in Potsdam – also mitten im zerstörten Deutschland – besprachen und am 2. August in einem Kommuniqué der Welt mitteilten, war ein Kompromiss. Immerhin bot die Konferenz dem frisch vereidigten Präsidenten Truman eine gute Gelegenheit, seinen Gegenspieler kennen zu lernen. Zu gewinnen gab es für den Amerikaner nichts mehr.

Zum einen waren die wichtigsten Entscheidungen bereits Anfang des Jahres, auf der Krim-Konferenz von Jalta, durch Roosevelt getroffen worden. Zum anderen drängten die Amerikaner nach wie vor auf den sowjetischen Kriegseintritt gegen Japan, der dann auch wenige Tage später – zwischen den beiden Atombombenabwürfen – erfolgte. Vor allem aber war Truman in Sachen Weltpolitik ein Anfänger, sein Gegenüber hingegen, Josef Stalin, ein Vollprofi. Der Dritte im Bunde, Großbritanniens Premierminister Winston S. Churchill, spielte ohnehin keine Rolle, zumal er während der Konferenz durch den heimischen Wahlsieger Clement Attlee ausgetauscht wurde. Und der Vierte, Frankreichs Ministerpräsident Charles de Gaulle, saß wieder einmal nicht mit am Konferenztisch. Klar war nur, dass Frankreich in Deutschland als Besatzungsmacht amtieren sollte. So kam es dann auch.

Damit stand fest, dass es westlich der neuen, wenn auch provisorischen polnischen Westgrenze entlang der Oder und der Neiße vier Besatzungsmächte geben würde: Frankreich, Großbritannien,

4 *Partner oder Gegner? Noch braucht Amerikas neuer Präsident*
Harry S. Truman (Mitte) Josef Stalin (rechts) für die Beendigung des
Krieges im Pazifik. Churchill spielt auf der Potsdamer Konferenz nur
noch eine Gastrolle, Juli 1945.

die Sowjetunion und die Vereinigten Staaten von Amerika. Fest standen auch die Grenzen zwischen den vier Besatzungszonen sowie den vier Sektoren in Groß-Berlin, das nicht Teil der Sowjetisch Besetzten Zone war. Alles Weitere aber war umstritten. So die Frage, ob es in Zukunft gesamtdeutsche Institutionen und Verwaltungen geben sollte oder nicht. Auch wusste kein Mensch, wie man sich die Umsetzung der Vereinbarungen aus der Kriegszeit vorstellen sollte. Danach wollten die Besatzungsmächte die Kontrolle jeweils in ihrer Zone ausüben und zugleich alle vier gemeinsam diejenige in ganz Deutschland.

Also machten sich alle in ihren eigenen Zonen beziehungsweise Sektoren ans Werk. Die Amerikaner in ihrem Berliner Sektor und ihrer westdeutschen Zone, das heißt in Bayern, Hessen, großen Teilen Baden-Württembergs sowie in Bremen und Bremerhaven, das sie sich für die Gewährleistung des Nachschubs gesichert hatten. Überall sahen sie sich den gleichen Problemen gegenüber wie die anderen Besatzer in ihren Zonen auch: Die Landwirtschaft lag weitgehend brach, die Industrieproduktion war praktisch zusammengebrochen – 1946 hatte sie in der amerikanischen Zone gerade noch zehn Prozent des Niveaus von 1936. Die Infrastruktur war weitgehend vernichtet; Bahnlinien, Straßen, Stromleitungen, vor allem aber Kraftwerke waren zerstört. Was erhalten war, fiel nicht selten den Demontagen zum Opfer, eine Art Ersatz für die von den Alliierten nie einvernehmlich festgelegten Reparationszahlungen.

Eines der größten Probleme war der fehlende Wohnraum. Denn in der unmittelbaren Nachkriegszeit zog ein endloser Strom von Flüchtlingen und Vertriebenen, vor allem aus Polen, der Tschechoslowakei, aber auch aus der Sowjetisch Besetzten Zone in Deutschland, nach Westen. 1946 ging man für die kommenden Jahre von knapp zehn Millionen Menschen aus, und da die Franzosen ihre Zone dichtmachten, mussten die Flüchtlinge und Vertriebenen durchweg in den Zonen der Briten und Amerikaner untergebracht werden. Viele deutsche Ortschaften und die meisten großen Städte aber, insgesamt mehr als tausend, waren zerstört. Das Dauerbombardement nicht zuletzt der amerikanischen Luftwaffe hatte sie in eine Trümmerlandschaft verwandelt.

Als Willy Brandt, der diese Zeit als Gegner des Hitler-Regimes im skandinavischen Exil verbracht hatte, in seine Heimat zurückkehrte, traute er seinen Augen nicht: »Krater, Höhlen, Schuttberge, Trümmerfelder, Geröllhalden, Ruinen, die kaum noch erkennen ließen, dass hier einst Häuser gestanden hatten, Kabel und Wasserleitungen, die wie die zerstückelten Eingeweide eines vorsintflutlichen Untiers aus der Erde ragten, keine Heizung, kein Licht, jeder Garten ein Friedhof und über allem wie eine unbewegliche Wolke der Gestank der Verwesung.« Das war die Lage, in diesem Falle in Berlin, anderthalb Jahre nach Kriegsende.

Und so sah es vielerorts in Deutschland aus, auch in der amerikanischen Besatzungszone. Anders als Sowjets, Briten und Franzosen verfügten die Amerikaner allerdings über enorme Ressourcen – weil ihr Land nicht direkt vom Krieg betroffen gewesen und verwüstet worden war und weil die amerikanische Volkswirtschaft auch in diesem Krieg ihre außerordentliche Leistungsfähigkeit unter Beweis gestellt hatte. Sie kam auch den Europäern zugute. Unmittelbar nach Kriegsende brachten die Vereinigten Staaten ein umfassendes Hilfsprogramm für die Not leidenden Völker Europas auf den Weg. Besonders bekannt geworden sind die Lebensmittellieferungen der New Yorker Stiftung *Cooperative for American Remittances to Europe:* Diese CARE-Pakete wurden zum Sinnbild amerikanischer Hilfsbereitschaft.

Vergleichbares konnten die europäischen Alliierten nicht leisten. Kein Wunder, dass die Amerikaner zunehmend anderen Besatzern in Deutschland, zunächst den Briten, unter die Arme greifen mussten; kein Wunder auch, dass sie damit die Forderung nach administrativer Straffung der Besatzungsherrschaft verbanden. Sie erhoben sie umso kompromissloser, je mehr Stalin den Kommunismus innerhalb, vor allem aber außerhalb Deutschlands

5   *Dem Erdboden gleich: Köln nach dem 262. Luftangriff vom*
2. März 1945. Drei Tage später rücken amerikanische Streitkräfte
in die Stadt ein.

auf Expansionskurs drehte oder doch zu drehen schien. So wurde Amerika zur treibenden Kraft eines Prozesses, an dessen Ende – gerade einmal vier Jahre nach der deutschen Kapitulation – die Gründung eines westdeutschen Teilstaates stand.

Einer der streitbarsten Befürworter einer realistischen Politik und vor allem des Wiederaufbaus in Deutschland war Lucius Dubignon Clay. Dwight D. Eisenhower, der Oberbefehlshaber der alliierten Streitkräfte in Europa, hatte den General geholt, zunächst 1944 als seinen stellvertretenden Stabschef, dann als stellvertretenden Militärgouverneur der amerikanischen Besatzungszone in Deutschland. Spätestens seit er Mitte März 1947 selbst Militärgouverneur der amerikanischen Besatzungszone und Befehlshaber der amerikanischen Landstreitkräfte in Europa war, setzte Clay auf die rasche Stabilisierung der wirtschaftlichen und politischen Lage in Deutschland.

Gewiss befürwortete auch er die Umerziehung und die so genannte Entnazifizierung der Deutschen. Die Verurteilung und Bestrafung der Verantwortlichen ohnehin: Ende September und Anfang Oktober 1946 fielen in dem Verfahren nach knapp einjähriger Verhandlung gegen 24 der so genannten Hauptkriegsverbrecher die Urteile. Der Prozess fand nach amerikanischem Recht vor dem Internationalen Militärtribunal in Nürnberg statt. Mit ihm und mit den Folgeprozessen gegen Beamte, Offiziere, Ärzte und andere war für Clay hier das Notwendige getan. Jetzt ging es darum, die Deutschen in den Aufbauprozess mit einzubeziehen und – zum Beispiel durch die Wiedereinführung kommunaler und regionaler Verwaltungen – den Apparat der amerikanischen Militärverwaltung abzubauen und zu entlasten.

•

Denn längst beanspruchte eine neue Herausforderung die ganze Aufmerksamkeit der amerikanischen Administration, auch in Deutschland: Wie konnte, wie musste man auf die Aktivitäten

Stalins und seiner Paladine reagieren? Dass die Sowjets mit Lebensmittellieferungen aus ihrer Zone im Verzug waren, war ärgerlich. Bedenklich war, dass sie dort vollendete politische Tatsachen schufen. So am 21. April 1946 durch den Zwangszusammenschluss von SPD und KPD zur Sozialistischen Einheitspartei Deutschlands, der SED. Gravierender noch waren allerdings die kommunistischen Manöver außerhalb Deutschlands, vor allem das Hinauszögern der von Stalin zugestandenen Wahlen in Polen bis Januar 1947 und der Umsturz in der Tschechoslowakei im Februar des folgenden Jahres: Unter massivem Druck stimmte Staatspräsident Eduard Benesch schließlich einer Regierung zu, die praktisch nur noch aus Kommunisten bestand.

Von ausschlaggebender Bedeutung auch für die amerikanische Deutschland-Politik waren aber die Vorgänge in der Türkei und vor allem in Griechenland. Aufgrund klarer Absprachen zwischen Churchill und Stalin aus der Kriegszeit fiel Griechenland in die westliche Interessensphäre. Dafür hatten sich die Sowjets den maßgeblichen Einfluss in Ungarn, Rumänien und Bulgarien gesichert. In Washington hatte man keinen Zweifel: Die Sowjets trugen die Verantwortung dafür, dass der griechische Bürgerkrieg seit dem Frühjahr 1946 an Intensität gewann. Wenn auch vordergründig Bulgarien, Albanien und vor allem Jugoslawien die griechischen Kommunisten unterstützten, war es an der Zeit, dem Drahtzieher, dem neuen weltpolitischen Gegner im aufgezogenen Kalten Krieg, eine Lektion zu erteilen.

Das fand der Präsident, das fand sein Außenminister James Francis Byrnes, und das fand auch George F. Kennan: Bis dahin innerhalb und außerhalb der amerikanischen Administration so gut wie unbekannt, lieferte der Botschaftsrat an der Vertretung der Vereinigten Staaten in Moskau Ende Februar mit einer Lageanalyse Truman die Argumente, die der Präsident brauchte und die dafür sorgten, dass der Diplomat über Nacht zu einem Mann mit besten Karrierechancen avancierte.

Am 12. März 1947 zog der Präsident die Konsequenz aus den Vorgängen in Griechenland und der Türkei, ging rhetorisch in die Offensive und sprach sich vor dem Kongress für eine Eindämmung der kommunistischen Gefahr durch Unterstützung der Gefährdeten aus. In seinem als »Truman-Doktrin« bekannt gewordenen Plädoyer ließ er keinen Zweifel daran, »dass es die Politik der Vereinigten Staaten sein muss, die freien Völker zu unterstützen, die sich der Unterwerfung durch bewaffnete Minderheiten oder durch Druck von außen widersetzen«. Die amerikanische Hilfe sollte »in erster Linie in Form wirtschaftlicher und finanzieller Unterstützung geleistet werden ..., die für eine wirtschaftliche Stabilität und geordnete politische Vorgänge wesentlich« war. Ausdrücklich erwähnte Truman in diesem Zusammenhang Griechenland und die Türkei.

Viele meinten darin eine reine Propagandakampagne gegen die Sowjetunion zu erkennen. Aber das war nicht das eigentliche Anliegen des Präsidenten, sondern lediglich der Köder, mit dem Truman den zögernden Kongress für sein Vorhaben gewinnen wollte. Was ihm auch gelang. Die Abgeordneten bewilligten die beantragten Mittel in Höhe von insgesamt 400 Millionen US-Dollar für Griechenland und die Türkei. So wurde aus einer innenpolitisch motivierten Taktik über Nacht eine außenpolitische Strategie, das *Containment*, die Politik der Eindämmung.

Nahm man den Gedanken ernst, konnte man es nicht bei der Unterstützung der Staaten dieser Region belassen. Dann musste man auch dort Flagge zeigen, wo man dem neuen Gegner und Herausforderer direkt gegenüberstand: in Deutschland. Wollte man aber die westlichen Besatzungszonen langfristig stabilisieren und als Bollwerk gegen den Kommunismus aufrüsten, war dafür ein Preis zu zahlen – die Übertragung politischer und wirtschaftlicher Verantwortung an die Deutschen.

Nachdem die Entscheidung einmal gefallen war, ging es Schlag auf Schlag. Und es waren durchweg die Amerikaner, allen voran

Clay, die zur Tat schritten: Am 1. Januar 1947 wurden die amerikanische und die britische Zone zum »Vereinigten Wirtschaftsgebiet« zusammengeschlossen. Natürlich trug diese so genannte Bizone auch der schwierigen Versorgungslage im Jahrhundertwinter 1946/47 Rechnung. Und doch war es vor allem ein politisches Signal. Das galt erst recht für Clays Entscheidung, Mitte Juli 1947 die berüchtigte Direktive Nr. 1067 der *Joint Chiefs of Staff* vom Oktober 1945 aufzuheben. Darin hatten die Vereinigten Generalstäbe unter anderem festgestellt, dass Deutschland nicht »zum Zwecke der Befreiung« besetzt werde, sondern als »besiegter Feindstaat«. Eine Verbrüderung amerikanischer Soldaten »mit deutschen Beamten und der Bevölkerung« war durch den Oberbefehlshaber zu »unterbinden«. Jetzt, im Sommer 1947, war das nicht mehr zeitgemäß, wenn auch die Verbrüderung von Amerikanern und Deutschen noch auf sich warten ließ.

Einstweilen wurden die Deutschen, soweit sie in den westlichen Besatzungszonen lebten, fest in die *Containment*-Strategie integriert, ob ihnen das gefiel oder nicht. Jedenfalls waren sie Nutznießer der darauf aufbauenden Initiativen und Programme. Das wichtigste von ihnen stellte George Catlett Marshall am 5. Juni 1947 in einer Rede an der Harvard University vor. Der vormalige Generalstabschef der amerikanischen Streitkräfte besaß das besondere Vertrauen des Präsidenten, der ihn nach Kriegsende zunächst als Sonderbotschafter nach China geschickt und im Januar 1947 als Nachfolger von Byrnes zum Außenminister ernannt hatte. Als Politiker von strategischem Sachverstand war er überzeugt, dass Europa ohne massive wirtschaftliche Hilfe durch die USA dem wirtschaftlichen, sozialen und politischen Verfall entgegengehe. Das konnte nicht in Amerikas Interesse sein. Damit waren auch endgültig die Ideen Henry Morgenthaus vom Tisch. Wäre es nach dem Plan des damaligen Finanzministers vom September 1944 gegangen, hätten die Alliierten Deutschland nach Kriegsende in ein Agrarland zurückverwandelt.

6 Marshalls Plan: Mit amerikanischer Unterstützung sollen auch
Westdeutschland und West-Berlin seit dem Sommer 1948 wieder aufgebaut werden.

Am 3. April 1948 trat das *Economic Cooperation Act* nach Annahme durch den amerikanischen Kongress in Kraft; knapp zwei Wochen später wurde die *Organization for European Economic Cooperation* gegründet. Der OEEC gehörten nach Aufnahme der Bundesrepublik Deutschland am 31. Oktober 1949 17 Staaten an. Der so genannte Marshall-Plan, der dem Programm für Europa zugrunde lag, war als Hilfe zur Selbsthilfe gedacht. Seine Leistungen bestanden in der Lieferung von Waren, insbesondere Lebensmitteln und Rohstoffen, aber auch in der Vergabe von Krediten, in der Weitergabe von Know-how und anderen Maßnahmen. Bis zum 31. Dezember 1952 stellten die USA etwa 14 Milliarden US-Dollar zur Verfügung. Den größten Anteil erhielt bezeichnenderweise Großbritannien. Die westlichen Besatzungszonen in Deutschland und später dann die Bundesrepublik lagen mit drei Milliarden Dollar an vierter Stelle. Ein Geschenk war das nicht: Am 30. Juni 1971 überwies Bonn die letzte Tilgungsrate in Höhe von 345 Millionen D-Mark an die Vereinigten Staaten.

•

Trumans Doktrin und Marshalls Plan waren zwei Seiten einer Medaille: Sie waren Reaktionen auf die sowjetische Expansionspolitik, und sie waren die entscheidenden, flankierenden Rahmenbedingungen für die Gründung eines westdeutschen Teilstaates. Um ihn einrichten zu können, benötigte man vor allem eine Verfassung und eine Währung. Beide wurden im Sommer 1948 auf den Weg gebracht. In beiden Fällen waren die Amerikaner die treibenden Kräfte. Seit Februar berieten Vertreter der drei Westmächte sowie Belgiens, Luxemburgs und der Niederlande, also der kleineren westlichen Nachbarn Deutschlands, in London über die staatliche Organisation des Weststaates. Der Rückzug der Sowjets aus dem Alliierten Kontrollrat und damit aus der gemeinsamen Viermächteverwaltung für Deutschland Ende März 1948 beschleunigte den Prozess.

Die so genannten Londoner Empfehlungen vom 7. Juni 1948 waren Grundsätze für die Errichtung eines westdeutschen Bundesstaates. Am 1. Juli 1948 übergaben die Militärgouverneure den elf Ministerpräsidenten der drei westlichen Besatzungszonen drei Dokumente. Sie enthielten den Auftrag zur Ausarbeitung einer Verfassung nach vorgegebenen Kriterien, die Aufforderung, Vorschläge für eine Neugliederung der Länder zu unterbreiten, und überdies die Grundzüge eines Besatzungsstatuts. Seit dem 1. September 1948 lag die Zuständigkeit auf deutscher Seite beim Parlamentarischen Rat in Bonn, dessen Abgeordnete die Landtage gewählt hatten. Hier lernte die deutsche Demokratie das Laufen, und es waren einmal mehr die Amerikaner, die ihnen dabei zur Hand gingen – mit Rat und Tat, aber auch mit klaren Anweisungen und Vorgaben.

Zu diesem Zeitpunkt war auch die zweite Weiche gestellt: Am 20./21. Juni 1948 hatten die Westmächte nach langen, geheim gehaltenen Vorbereitungen in den drei Westzonen gleichsam über Nacht eine Währungsreform durchgeführt. Das neue Geld war in den USA gedruckt und – unbemerkt von der deutschen Öffentlichkeit – nach Frankfurt transportiert worden.

Die D-Mark trug einiges zum Siegeszug eines neuen wirtschaftspolitischen Modells bei: Die Idee der sozialen Marktwirtschaft, vom damaligen Direktor der Frankfurter Wirtschaftsverwaltung, Ludwig Erhard, vorgetragen, übernahm nicht zuletzt die Funktion einer verbindenden und verbindlichen Staatsidee in der sich formierenden Bundesrepublik. Sie ersetzte gleichsam die fehlende äußere Souveränität und stiftete schließlich auch ersatzweise nationale Identität.

Wenig begeistert von den geschaffenen Tatsachen waren begreiflicherweise die Sowjets. Sie reagierten umgehend. Am 23. Juni führten auch sie eine Währungsreform durch, und zwar sowohl in ihrer Zone als auch in Groß-Berlin, das damit demonstrativ in ihr Besatzungsgebiet einbezogen wurde. Das wiederum veranlasste die

Westmächte, ihrerseits in Berlin die D-Mark einzuführen. So kam es, dass bis zum März 1949 in der Stadt beide Währungen parallel existierten.

Bereits am 16. Juni 1948 hatte der sowjetische Vertreter die Alliierte Kommandantur für Berlin verlassen und damit auch die Viermächtekontrolle über die alte Reichshauptstadt lahm gelegt. Acht Tage später, am 24. Juni, begannen die Sowjets mit der Blockade sämtlicher Land- und Wasserwege nach Berlin. Sie sollte fast ein Jahr dauern. Das Überleben der Menschen und ihrer Stadt stand auf dem Spiel. Genau das wollten Stalin und Genossen demonstrieren – in der Hoffnung, dass diese resignierten. Zu einer Eskalation, zu einer militärischen Konfrontation kam es während dieser ersten Berlin-Krise vor allem deshalb nicht, weil der Kreml dem nuklearen Monopol seines Gegners noch nichts Vergleichbares entgegenzusetzen hatte.

Die Amerikaner und ihre Verbündeten beantworteten die Blockade Berlins mit einer bis dahin einzigartigen Maßnahme. Die Luftbrücke war eine gewaltige Herausforderung. Zwei Millionen Menschen mussten auf diesem Weg versorgt werden. Nach amerikanischen Berechnungen waren dafür täglich bis zu 4500 Tonnen nötig. Mit den anfänglich zur Verfügung stehenden Mitteln war das nicht zu schaffen. Eine ganze Armada amerikanischer Flugzeuge, unterstützt von britischen und französischen, musste aufgestellt, neben Tempelhof und Gatow ein dritter Flughafen gebaut werden: Tegel. Im Dezember 1948 war die Mindestversorgung sichergestellt, im Frühjahr 1949 erreichten 8000 Tonnen täglich die abgeriegelte Stadt. Alle 30 Sekunden landete ein »Rosinenbomber«, durchweg Transportmaschinen des Typs DC-3C. Insgesamt waren es rund 275 000 Flüge. Diese humanitäre und logistische Leistung hatte Konsequenzen, die weit über den Fall und die Zeit hinauswirkten. Mit jedem Flug wuchs die Zustimmung der Westdeutschen und der West-Berliner zu den Besatzungsmächten, die jetzt zu Schutzmächten wurden. Aus Gegnern wurden Partner.

7   Hoffnung am Himmel: Die Bevölkerung West-Berlins verdankt ihr Überleben 1948 der von Amerika organisierten Luftbrücke.

In den deutsch-amerikanischen Beziehungen war das eine neue Dimension, jedenfalls seit es einen deutschen Nationalstaat gab, also seit 1871. Dabei lassen sich in der Entwicklung der beiden Staaten durchaus einige Gemeinsamkeiten erkennen. Sowohl die Vereinigten Staaten von Amerika als auch das Deutsche Reich hatten – verglichen mit anderen Nationen – recht spät in der Geschichte zu ihrer nationalen Einheit gefunden. Die USA traten erst nach einem verzehrenden inneren Konflikt, dem Bürgerkrieg der Jahre 1861 bis 1865, in die Phase nationaler Konsolidierung ein; die Deutschen betrieben zur gleichen Zeit durch drei Kriege, die sie zwischen 1864 und 1870 gegen Dänemark, Österreich und Frankreich führten, ihre nationale Einigung.

Beide wurden alsbald zu den dominanten Mächten in ihren Hemisphären. Auch setzten sich Amerikaner und Deutsche an die Spitze der wirtschaftlichen Entwicklung in der Welt, wobei die Amerikaner bereits vor dem Ersten Weltkrieg die Nase vorn hatten. Darin spiegelte sich schon damals die Größe des Landes wider, sein Reichtum an natürlichen Ressourcen und die überlegene Bevölkerungszahl. Und auch in einem gewissen Hang zur säkularen Missionierung der Welt, in der imperialen Anmaßung gab es Gemeinsamkeiten. In der Überzeugung, das bessere, das überlegene, das durchsetzungsfähigere politische, gesellschaftliche und weltanschauliche System zu besitzen, standen sich Amerikaner und Deutsche in wenig nach. Für Letztere traf das jedenfalls in der Wilhelminischen Ära und der Zeit des Dritten Reiches zu, so unterschiedlich die Triebkräfte und Zielsetzungen in diesen beiden Epochen der deutschen Geschichte im Übrigen auch waren.

Naturgemäß lag dieser Haltung ein dominantes, ein exklusives Selbstverständnis zugrunde, das mit dem entsprechenden Selbstverständnis des jeweils anderen nicht vereinbar war. Der Atlantik sorgte dafür, dass man auf Distanz blieb, so lange es ging. Es ging aber nicht immer: Zweimal innerhalb nur eines Vierteljahrhunderts, 1917 und 1941, stießen die beiden Welten direkt aufeinander.

In beiden Fällen ging der Anstoß zum Krieg von Deutschland aus; in beiden Fällen behielt Amerika die Oberhand. Zu einem zweiten Krieg zwischen Deutschland und Amerika kam es auch deshalb, weil sich die Amerikaner nach dem ersten hinter den Atlantik zurückgezogen und die Deutschen und mit ihnen die Europäer ihrem Schicksal überlassen hatten.

Jetzt, nach der Katastrophe des Zweiten Weltkrieges, entschieden sie sich anders, wobei sie angesichts der neuen weltpolitischen Herausforderungen kaum eine Alternative hatten. Die Amerikaner blieben also in Europa, und sie machten die Deutschen zu ihren Partnern. Möglich war das nur, weil das neue Deutschland mit dem alten nichts oder doch fast nichts mehr gemein hatte, weil der deutsche Nationalstaat und mit ihm all das ausgeschaltet worden war, wofür er seit seiner Gründung gestanden hatte. Was übrig blieb – zunächst die amerikanische Besatzungszone, dann der westdeutsche Rumpfstaat –, taugte zum Brückenkopf. Nachdem dieser eingenommen und gesichert war, machte man sich ans Werk, begann mit dem Brückenbau.

•

Auf diese Weise fanden nicht nur Wirtschaftshilfe und militärisches Gerät einen Weg nach Deutschland, sondern auch Kulturgüter aller Art. Lange Zeit war dieser Transfer einseitig. Er begann früh, noch vor Gründung der Bundesrepublik, er war geplant, und er verfolgte zunächst politische Ziele, wie zum Beispiel der Aufbau amerikanischer Informationszentren, die von den Deutschen bald »Amerika-Häuser« genannt wurden. Sie entstanden ursprünglich im Zuge der *Operation Backtalk*, mit der seit Mitte 1947 sowohl die Unterstützung von Kapitalismus und Demokratie befördert als auch der Widerstand gegen den Kommunismus gestärkt werden sollten. Deshalb wurden sie nicht nur in der amerikanischen, sondern auch in der britischen und der französischen Zone eingerichtet. 1950, auf dem Höhepunkt der Entwicklung, gab es 27 dieser »Amerika-Häuser«, außerdem 135 Lesesäle in kleineren Gemeinden. Bis zu 14 Millionen Besucher kamen jährlich, um die Bibliotheken mit ihren jeweils 16 000 Büchern, aber auch 4000 Filmen zu nutzen.

Zu lesen gab es nicht zuletzt amerikanische Literatur in deutscher Übersetzung. Zuständig für dieses Unternehmen war die *Book Translating Unit*. Diese Institution war anfänglich in der Militärregierung beheimatet, also im Rahmen der *Reeducation*, der Umerziehung der Deutschen, tätig. Bis 1949 suchte sie knapp 400 Bücher aus, darunter auch literarische Titel aus den Federn von Mark Twain, Edgar Allan Poe, Ernest Hemmingway oder William Faulkner.

Große Erfolge waren dem Unternehmen in diesen frühen Jahren nicht beschieden. Lediglich ein Viertel der ausgewählten Bücher wurde übersetzt, schon weil sich die deutschen Verleger, die sich um die Lizenzen kümmern mussten, sehr reserviert auf den verordneten Kulturtransfer reagierten. Außerdem war Papier ein knappes Gut, und von dem gingen auch nur 40 Prozent in die Buch-, 60 Prozent hingegen in die Zeitungs- und Zeitschriftenproduktion. Aus dieser Not wiederum machte Heinrich-Maria Ledig Rowohlt, der nach dem Krieg als »junger Verleger, gewissermaßen als Kulturaustausch, nach Amerika verfrachtet« worden war, eine Tugend: Er druckte seine Bücher als Zeitungen. Mit Rowohlts Rotations Romanen (rororo) eroberte das Taschenbuch, eine amerikanische Erfindung, den deutschen Markt.

Von zeitgenössischen amerikanischen Autoren ließ sich das damals nicht sagen. Die begannen erst in den Sechzigerjahren mit ihren deutschen Karrieren. Ende der Fünfzigerjahre kam ein knappes Viertel aller übersetzten Titel aus Amerika; Mitte der Neunzigerjahre war es mehr als die Hälfte. Umgekehrt fand deutsche Literatur, wenn überhaupt, nur zögerlich ihren Weg zu amerikanischen Lesern. Ausnahmen bestätigten die Regel: »Die Blechtrommel« von Günter Grass fand 1963 rund 400 000 Käufer.

»The Tin Drum« wurde so zum größten Bucherfolg eines deutschen Autors in Amerika seit dem Zweiten Weltkrieg.

Der frühe amerikanische Kulturimport war organisiert, und er war willkommen, jedenfalls was die Printmedien anging, allen voran die Bücher: Wie andere Kulturgüter auch, die in der Zeit des Dritten Reiches verboten oder nicht zugänglich waren, deckten sie beim deutschen Publikum einen Nachholbedarf. Ob und in welchem Maße sie das Amerika-Bild der Deutschen geprägt haben, lässt sich nur schwer sagen.

Das gilt auch für die Austauschprogramme. Nachdem die amerikanische Besatzungspolitik in Deutschland von der Bestrafung auf die Erziehung, auf die Amerikanisierung der Deutschen umgestellt worden war, wurden Vertreter aller möglichen gesellschaftlichen und politischen Gruppen nach Amerika geschickt: Führungskräfte, Studenten, Teenager. Wie sagte der Direktor der Erziehungsabteilung in der amerikanischen Militärverwaltung in Deutschland (OMGUS) im Oktober 1948? »Wir sollten eine geistige und kulturelle Luftbrücke einrichten.«

Die Programme waren ungemein populär: Amerika stand für alles, was die im Aufbau befindliche Bundesrepublik nicht oder noch nicht bieten konnte. Zwischen 1947 und 1955 wurde so beinahe 12 000 Deutschen ein Aufenthalt in den USA ermöglicht; fast ein Viertel aller Bundestagsabgeordneten gehörte damals zum Kreis der Teilnehmer. Neben den amerikanischen Soldaten und ihren Familien, neben dem Rundfunk und dann immer stärker auch dem Film und Fernsehen waren es vor allem die Teilnehmer dieser Programme, die ein Stück Amerika nach Deutschland brachten.

Das Amerika-Bild der Deutschen haben aber auch sie anfangs nicht entscheidend geprägt. Dafür sorgten vielmehr die Heft- oder auch Groschenromane aus deutscher Produktion. Ihre durchweg anonymen Autoren teilten mit dem Klassiker der deutschen Amerika-Literatur, Karl May, vor allem eine Eigenschaft – die fehlende Kenntnis von Land und Leuten. Unmittelbar nach Ende der Lizenzpflicht begannen die Druckmaschinen zu rotieren: 1955/56 gingen 60 Millionen Hefte in den Handel, 1971 waren es mehr als 340 Millionen »Western« oder auch »Krimis« mit amerikanischen Helden. Wie schrieb der Cheflektor der »Jerry-Cotton«-Hefte 1966? »Kriminalromane aus Deutschland sind meistens langweilig. Die unmittelbaren Nachbarländer sind durch den überströmenden Touristenverkehr als höchst bieder entlarvt. Uns bleibt nur Amerika …, dessen reale Verhältnisse von den meisten europäischen Lesern noch nicht überprüft werden können. Amerikanische Verbrechen sind noch glaubhaft.«

Das war Mitte der Sechzigerjahre. Zu diesem Zeitpunkt hatten Amerika und die Amerikaner ihren kulturellen Siegeszug in Deutschland längst angetreten. Zehn Jahre zuvor war das nicht sicher gewesen. Vor allem bei den neuen Trends und Moden, insbesondere im Bereich der Popkultur, gab es erhebliche Vorbehalte. Hier befanden sich westdeutsche Politiker, Intellektuelle oder auch Kirchenfürsten in einer bemerkenswerten, nicht erklärten Interessengemeinschaft mit ihren ostdeutschen Gegenspielern. Sie griffen dabei auf den Antiamerikanismus der Zwischenkriegszeit zurück. Das zeigt, wie komplex dieser Prozess gerade in den Anfangsjahren war.

Das galt vor allem für den Rock 'n' Roll. Deutsche Medien wie die Jugendzeitschrift »Bravo« mobilisierten die Klischees der Dreißiger- und frühen Vierzigerjahre, um dem Phänomen die Stirn zu bieten: Aus »kühlen Engländern« seien »weiße Neger« geworden, hieß es 1956 über die Randale britischer Jugendlicher nach einem Besuch des Films »Die Saat der Gewalt«. Mit dem Streifen trat nämlich Bill Haleys Klassiker »Rock Around the Clock« seinen Siegeszug um die Welt an.

Bei all diesen Ressentiments spielte von Anfang an auch eine tief sitzende, nicht nur in Deutschland verbreitete Überzeugung von der Überlegenheit der europäischen gegenüber der amerikanischen Kultur eine Rolle. Daran hat sich im Laufe der Jahrzehnte wenig geändert. Das gilt auch für die Sorge vor einer Überfremdung, vor einer *Coca-Colonization* Europas durch Amerika. Die beiden Empfindungen waren zwei Seiten einer Medaille, und sie standen in einem auffallenden Gegensatz sowohl zum tatsächlichen Konsumverhalten als auch zur generellen Sympathie für Amerika und die Amerikaner.

Bis in die Achtzigerjahre verbanden die Bundesbürger mit Amerika durchweg positive Eigenschaften; allerdings konnten sich kaum 25 Prozent für die »amerikanische Kultur« erwärmen, gegenüber gut 70 Prozent, die mit der »europäischen Kultur« positive Empfindungen verbanden. Besonders schlecht kamen die Produkte weg, die sich größter Beliebtheit erfreuten, so die Schnellrestaurantkette McDonald's oder die Fernsehserien »Dallas« und »Denver-Clan«. Die Einschaltquoten lagen hier mitunter bei über 45 Prozent.

Begonnen hatte es in den Fünfzigerjahren, mit Kaugummi und Coca-Cola, mit Spielfilmen und Rock 'n' Roll. Natürlich ließ sich die Entwicklung nicht aufhalten, mit Klischees nicht und mit Verboten schon gar nicht. Der Durchbruch begann 1958, als besagter Bill Haley mit seinen Comets die erste Deutschland-Tournee unternahm und sich Elvis Presley in Deutschland niederließ beziehungsweise niederlassen musste: Der ungekrönte »King of Rock 'n' Roll« war als Wehrpflichtiger zwei Jahre lang in Deutschland stationiert. Dort trafen sich die beiden übrigens auch – der eine mit Gitarre, der andere in Uniform.

Die nächste Runde bestand in der Eröffnung entsprechender Clubs, darunter am 13. August 1962 des »Star Club« in Hamburg. Hier begann wenig später der Aufstieg der Beatles aus dem englischen Liverpool. In gewisser Weise bildete ihr Siegeszug von Hamburg über die Britischen Inseln nach Amerika eine der wenigen Luftbrücken, über die Amerika von Deutschland oder doch jedenfalls von Europa aus bedient und versorgt wurde.

8   Rock 'n' Roll in Uniform: Auf seiner Deutschland-Tournee trifft Bill Haley Elvis Presley, der in der Bundesrepublik seinen Wehrdienst ableistet, Oktober 1958.

Das unterschied die Kultur von der Wirtschaft: Indem die Deutschen zu Partnern der Amerikaner wurden, wandelte sich das diskriminierend gemeinte Etikett der Zwischenkriegszeit »Made in Germany« zum Gütesiegel »Made in (West) Germany« – zum Beispiel bei Automobilen, wovon noch die Rede sein wird. Doch anfangs waren das Ausnahmen: In den ersten Jahren nach dem Zweiten Weltkrieg ging der Brückenschlag in aller Regel in die andere Richtung.

•

Den Anfang machte die Berliner Luftbrücke. Sie sicherte der Stadt und ihren Bewohnern die Zukunft. Und sie half den Deutschen, sich mit der Gegenwart zu arrangieren, sich vor allem mit dem Gedanken einer Teilstaatsgründung abzufinden – wenn auch unter dem Vorbehalt, ein »Provisorium« zu errichten. Am 23. Mai 1949 trat das Grundgesetz in Kraft. Es sollte die Teilung Deutschlands überdauern.

Immer wieder hatten die Alliierten, allen voran die Amerikaner, in die Verhandlungen des Parlamentarischen Rates eingegriffen und ihre Handschrift in der Verfassung hinterlassen. Sie wäre wohl noch deutlicher ausgefallen, hätte nicht die Gefahr bestanden, die hohe Zustimmung der Deutschen zu verspielen. Immerhin bestanden die Amerikaner, allen voran General Clay, auf einer starken Stellung der Länder, und insgesamt setzten sie hier auch ihre Vorstellungen durch. Die Bundesrepublik Deutschland war ein Kind des Kalten Krieges, und Amerika war der Geburtshelfer.

Die Rechtsgrundlage der Beziehungen zwischen dem neuen Staat und den alten Besatzungsmächten bildete vorläufig ein Besatzungsstatut, das am 10. April 1949 veröffentlicht wurde. Es schränkte die Bewegungsfreiheit der deutschen Politik nach innen erheblich ein, von einer äußeren Souveränität konnte ohnehin keine Rede sein. So behielten sich die Besatzungsmächte die Zuständigkeit für zahlreiche Bereiche ausdrücklich vor, darunter die Kontrolle über das Ruhrgebiet und die Reparationen. Außerdem bedurfte jede Änderung des Grundgesetzes »vor ihrem In-Kraft-Treten der ausdrücklichen Zustimmung der Besatzungsbehörden«.

Am 14. August 1949 wurde der erste Deutsche Bundestag gewählt, am 7. September trat er zusammen. Fünf Tage später wählte die erste Bundesversammlung Theodor Heuss zum Bundespräsidenten, und seit dem 15. September hatte die Republik auch einen Kanzler und eine Regierung. Mit einer Stimme Mehrheit – seiner eigenen – war der Christdemokrat Konrad Adenauer durch die Abgeordneten des Parlaments zum Bundeskanzler gewählt worden. Gewiss, der Mann hatte zu diesem Zeitpunkt bereits die Schwelle zum Greisenalter erreicht, war 73 Jahre alt. Aber das musste, eine gute körperliche Konstitution vorausgesetzt, kein Nachteil sein.

Ganz im Gegenteil brachte der gebürtige Kölner nicht nur eine lange persönliche Geschichte ein, sondern gewissermaßen auch die Lebenserfahrung des schließlich gescheiterten Deutschen Reiches, in das er 1876, wenige Jahre nach dessen Gründung, hineingeboren worden war. Dort lernte er die Spielregeln der Politik kennen. Seit 1908 war er Beigeordneter in Köln, seit 1917 Oberbürgermeister der Stadt. Seine Partei war das katholische, schichtenübergreifende Zentrum. Der Kölner Posten brachte ihn immer wieder in direkte Berührung auch mit den auswärtigen Angelegenheiten des Deutschen Reiches, so als Präsident des Preußischen Staatsrates. Kurz nach ihrem Machtantritt setzten die Nationalsozialisten Adenauer von seinem Amt ab. Seither musste er sich wiederholt verstecken, wurde mehrfach verhaftet und saß schließlich bis November 1944 in Gestapo-Haft, in die er nach dem gescheiterten Staatsstreich des 20. Juli geraten war.

Nach dem Krieg und anfänglicher Zurückhaltung schloss sich Adenauer dann doch der neuen, überkonfessionellen Christlich Demokratischen Union an. Schon im Januar 1946 wurde er zum Vorsitzenden der Partei in der britischen Zone, später dann zu ihrem ersten Bundesvorsitzenden gewählt. Es ging wesentlich auf den ersten Kanzler zurück, dass die junge Republik ihre Zelte provisorisch am Rhein aufschlug und die Provinzstadt Bonn zu ihrer Hauptstadt machte. Adenauer hatte sich übrigens schon Ende der Dreißigerjahre auf der gegenüberliegenden Rheinseite, in Rhöndorf, mit Abfindungsgeldern der Stadt Köln und seinen Pensionsbezügen ein Haus gebaut.

Dort also wohnte und arbeitete Konrad Adenauer. Rheinischer Herkunft und katholisch – insoweit antipreußisch – war er der typische und zugleich ideale Repräsentant des neuen Teilstaates. Lag einst das Zentrum des Reiches zwischen Elbe und Weichsel, so war das der neuen Republik zwischen Elbe und Rhein angesiedelt. War der Blick von Berlin aus vor allem auch nach Osten, nach Russland oder nach Polen, geschweift, so blickte man von Rhöndorf beziehungsweise von Bonn aus von jeher über den Strom hinweg nach Westen. Diese Orientierung war hilfreich, als es darum ging, ein Verhältnis zu den USA zu finden, der entscheidenden Siegermacht.

Zu diesem Zeitpunkt war das leichter gesagt als getan. Den meisten Deutschen waren der amerikanische Kontinent, die Kultur, Lebens- und Denkweise der Amerikaner fremd und fern. Die transatlantische Orientierung war schon deshalb bis 1946/47 keine wirkliche Option deutscher Politik gewesen, weil die USA eine solche Bindung nie gesucht hatten, im Gegenteil: Bis 1945 hatte sich das amerikanisch-deutsche Verhältnis vor allem in zwei Waffengängen manifestiert.

Das lässt erahnen, vor welcher Herausforderung die Bonner Politik stand, als sie sich daranmachte, eine Beziehung zu den Vereinigten Staaten aufzubauen. Da die CDU maßgeblich die Regierungsverantwortung trug und die SPD vorerst in Fundamentalopposition zur politischen Westbindung der Bundesrepublik verharrte, fiel den Christdemokraten die Durchsetzung der transatlantischen Öffnung des westdeutschen Provisoriums zu. Es lag an der weltpolitischen Entwicklung, am globalen Expansionskurs des

Kommunismus, dass sie gelang. Das Zeitgeschehen spielte Konrad Adenauer zu, und der wartete auf die richtige Gelegenheit. Sie kam schneller als gedacht.

•

Am 25. Juni 1950 überfielen Truppen des kommunistisch geführten Nord-Korea den südlichen Teil des Landes. Der war inzwischen ebenso von den amerikanischen Besatzungstruppen geräumt worden wie zuvor der Norden von der sowjetischen Armee. Damit sah sich die westliche Welt, sahen sich vor allem die Amerikaner erneut einer Situation gegenüber, die sie bereits kannten: Zwar hatten sie im chinesischen Bürgerkrieg, der im Juni 1946 offen ausgebrochen war, die von dem Generalissimus Chiang-Kai-shek geführten nationalchinesischen Verbände bis zu ihrer endgültigen Niederlage durch Rüstungslieferungen und andere Maßnahmen unterstützt. Direkt in den Konflikt eingreifen wollten die USA aber nicht. Nachdem Mao Tse-tung am 1. Oktober 1949 die Gründung der Volksrepublik China proklamiert hatte, verließ der unterlegene Chiang-Kai-shek im Dezember das Festland und wich nach Taiwan aus. Mit ihm machten sich der Staatsschatz sowie etwa anderthalb Millionen Getreue – darunter ein großer Teil der Beamtenschaft, der Streitkräfte sowie des 1948 gewählten gesamtchinesischen Parlaments – auf die kurze Reise.

Damit waren allerdings die Probleme für die USA nicht aus der Welt. Einmal gingen beide, die Volksrepublik China wie die im taiwanesischen Exil residierende Republik China, davon aus, dass es nur ein China gebe. Und natürlich behaupteten sowohl Peking als auch Taipeh, dieses zu repräsentieren. Das zwang die Amerikaner, für die eine oder andere Seite zu optieren – ein Dilemma, dem sie bis heute nicht wirklich entkommen sind. Und dann musste Washington sicherstellen, dass Maos Volksrepublik diesem ersten Schritt nicht einen zweiten folgen ließ, dass China also nicht die Expansion über die Landesgrenzen hinaus fortsetzte und den »internationalen Frieden und die Sicherheit« bedrohte. Das schrieb

Ende Juli 1949 Dean Gooderham Acheson an Präsident Truman. Acheson hatte im Januar den erkrankten Marshall als Außenminister abgelöst.

Ein knappes Jahr später trat der von Acheson beschriebene Fall ein. Der Ausbruch des Korea-Krieges war ein Schock für die westliche Welt. Nur drei Tage nach Eröffnung der Kampfhandlungen drangen nordkoreanische Einheiten in Seoul, die Hauptstadt des Südens, ein. Die USA reagierten umgehend. Militärische Initiativen, die nun hastig anliefen, wurden diplomatisch flankiert. Von den USA dazu gedrängt, kamen jetzt auch erstmals die Vereinten Nationen ins Spiel. Die UNO war am 26. Juni 1945 in San Francisco durch 50 Staaten, darunter die Sowjetunion, aus der Taufe gehoben worden. In der Frühphase der Weltorganisation, also vor dem Eintritt zahlreicher junger Staaten der Dritten Welt, neigten die meisten Mitglieder der westlichen, also der amerikanischen Position zu.

Am 7. Juli 1950 genehmigte der Sicherheitsrat der Vereinten Nationen Sanktionsmaßnahmen gegen Nord-Korea. Das war übrigens nur möglich, weil der sowjetische Vertreter bei der Abstimmung nicht anwesend war und deshalb sein Veto nicht einlegen konnte. Der Kreml boykottierte nämlich das Gremium seit Januar aus Protest gegen die Nichtaufnahme der Volksrepublik China in den Sicherheitsrat. Diesen Fehler haben die Sowjets allerdings nie mehr gemacht. Ganz im Gegenteil blockierten sie den Sicherheitsrat in den folgenden vier Jahrzehnten in 279 Fällen mit ihrem Veto. Später geschah das nicht selten gegen die Stimmen der Volksrepublik China, die der UNO seit Oktober 1971 angehörte. Aber im Sommer 1950 sah das noch ganz anders aus. Nach außen hin zogen beide, Stalin und Mao, am gleichen Strang, und das wiederum machte eine Intervention in Korea aus amerikanischer Sicht noch dringlicher als ohnedies.

Im Zuge seiner Sanktionsbeschlüsse richtete der Sicherheitsrat ein Gemeinsames Oberkommando unter Führung der Vereinigten

Staaten ein, die ausdrücklich zur Ernennung eines Oberbefehlshabers aufgefordert wurden. Eine andere Lösung wäre auch für Truman nicht vorstellbar gewesen. Das Ergebnis war der erste und bis zum Krieg gegen den Irak vom Januar 1991 zugleich letzte Krieg, der mit Ermächtigung der Vereinten Nationen geführt worden ist. Neben den USA und Süd-Korea beteiligten sich 15 weitere Staaten an den Kampfhandlungen. Angesichts der gegebenen Machtverhältnisse war klar, dass im Wesentlichen amerikanische Einheiten kämpfen würden.

Westlichen Beobachtern galt als ausgemacht, dass die Sowjetunion und China hinter dem Überfall Nord-Koreas standen, wenn man auch in Washington geraume Zeit nicht ernsthaft mit einem militärischen Eingreifen der Volksrepublik rechnete. Im Herbst 1950 änderte sich das. Nachdem amerikanische und verbündete Truppen am 7. Oktober den 38. Breitengrad, also die Demarkationslinie, überschritten, am 19. Oktober die nordkoreanische Hauptstadt Pjöngjang eingenommen und schließlich sogar an einem Punkt die koreanisch-chinesische Grenze erreicht hatten, ging am 26. November fast eine Viertelmillion Chinesen zum Gegenangriff über. Nahezu unbemerkt war ihnen die Überquerung des Grenzflusses Jalu gelungen. Schließlich kämpften etwa 700 000 Soldaten der Volksrepublik, offiziell als Freiwillige, aufseiten Nord-Koreas. Bereits am 5. Dezember war Pjöngjang zurückerobert, und am 4. Januar 1951 nahmen chinesische und nordkoreanische Einheiten erneut Seoul ein.

Als schließlich am 27. Juli 1953 der Waffenstillstand unterzeichnet und im Wesentlichen der alte Grenzverlauf festgeschrieben wurde, ging einer der verlustreichsten Kriege des Ost-West-Konflikts zu Ende: Insgesamt dürften weit über zwei Millionen koreanischer Zivilisten ums Leben gekommen sein. Die Zahl der gefallenen, verwundeten und vermissten südkoreanischen Soldaten belief sich auf 257 000, die der Amerikaner auf 157 530 und die der übrigen aufseiten der UN kämpfenden Einheiten auf 14 000 Mann.

9   *Verfrühter Triumph: Als amerikanische Soldaten im November
1950 an der koreanisch-chinesischen Grenze die Flagge hissen, ahnen
sie nicht, dass in ihrem Rücken mehr als eine halbe Million Chinesen
zum Angriff bereitstehen.*

Noch höher lagen die Verluste bei den nordkoreanischen und chinesischen Streitkräften. Sie werden auf etwa anderthalb Millionen Soldaten geschätzt. Wie schon in der Endphase des Zweiten Weltkrieges und dann vor allem während des Vietnam-Krieges fiel besonders der brutale Einsatz der amerikanischen Luftwaffe auf, die über nordkoreanischen Städten mehr Bomben abwarf als während des gesamten Pazifik-Krieges, darunter 32 557 Tonnen Napalm.

Der Korea-Krieg war ein Schlüsselereignis in der Frühphase des Kalten Krieges, auch für die Vereinigten Staaten von Amerika. Ende November 1950 verstieg sich Präsident Truman auf einer Pressekonferenz zu der Ankündigung einer weltweiten Mobilmachung gegen den Kommunismus. Auch bestätigte er bei dieser Gelegenheit, dass er über den Einsatz der Atomwaffe nachdenke, die letzte Entscheidung aber dem Oberkommandierenden vor Ort, General Douglas MacArthur, überlasse. Angesichts der weltweiten Proteste, aber auch weil nach der damaligen Gesetzeslage nur der Präsident einen Atomschlag anordnen konnte, trat Truman in dieser Frage den Rückzug an. Gewissermaßen im Gegenzug ging nunmehr MacArthur in die Offensive und forderte eine Ausdehnung der Kampfhandlungen auf die Mandschurei, also nach China. Als der Präsident ihn daraufhin seines Postens enthob und der General im Triumphzug nach Amerika zurückkehrte, stürzten Trumans Popularitätswerte endgültig in den Keller. Gerade einmal 23 Prozent der Amerikaner waren noch mit seiner Amtsführung einverstanden. Selbst Richard M. Nixon kam auf dem Tiefpunkt seiner Karriere besser davon.

•

Aber auch die Entwicklung der jungen Bundesrepublik nahm mit dem ostasiatischen Konflikt eine unerhörte Wendung. Der Korea-Krieg zementierte die Blockbildung in Europa, er erleichterte die Durchsetzung der westlichen Militärorganisation, und er besiegelte die Westintegration der Bundesrepublik durch ihre Erweiterung um die militärische Komponente. In der westlichen Welt nämlich hatte kaum jemand einen Zweifel, dass sich Vergleichbares wie in Korea auch in Europa abspielen könnte. Dafür sprachen schon die Entwicklungen in der Deutschen Demokratischen Republik. Diese DDR hatte am 7. Oktober 1949 mit dem In-Kraft-Treten ihrer Verfassung das Licht der Welt erblickt. Sie war Stalins Antwort auf die Gründung der Bundesrepublik und zugleich ein vorgeschobenes militärisches Bollwerk. Hier standen nicht nur gut 20 der insgesamt 175 sowjetischen Divisionen; vielmehr gab es inzwischen in der DDR eine eigene »Volkspolizei« mit etwa 60 000 Mann. Zusammen mit den so genannten Betriebskampfgruppen verfügte Ost-Berlin also über paramilitärische Streitkräfte.

Selbst heute lässt sich nicht eindeutig sagen, in welchem Maße die Sowjets mit alledem auch auf Vorgaben des Westens reagierten. Und zwar vor allem auf die Entscheidung der Amerikaner, da zu bleiben, wo sie seit 1943/44 waren: in Europa und insbesondere in Deutschland. Am 11. Juni 1948 hatte der amerikanische Senat mit großer Mehrheit eine Resolution angenommen, die vom republikanischen Senator Arthur H. Vandenberg eingebracht worden war. Darin wurde die Regierung aufgefordert, an »regionale und andere« Abkommen Anschluss zu suchen, »die auf wirksamer und fortgesetzter Selbsthilfe und gegenseitiger Hilfe beruhen und die die nationale Sicherheit der Vereinigten Staaten betreffen«. Diese Ankündigung kam einer Revolution gleich. Zum ersten Mal in Friedenszeiten zeigte sich Amerika entschlossen, auf einem anderen Erdteil für längere Zeit Flagge zu zeigen. Am 4. April 1949 wurde der Vertrag über die NATO, die *North Atlantic Treaty Organization*, von zwölf Staaten unterzeichnet.

Fortan war die NATO der Ort, an dem über die angemessenen Antworten des Westens auf die globale kommunistische Expansion nachgedacht wurde. Und folglich auch darüber, ob und wie sich die Bundesrepublik an der Verteidigung des Westens beteiligen könne. Mit dem Korea-Krieg gewann diese Debatte an Intensität.

Damit wiederum ergab sich für Adenauer unerwartet die Gelegenheit, politisch in die Offensive zu gehen. Für ihn waren eine mögliche Wiederbewaffnung Deutschlands und die Revision beziehungsweise die Ablösung des Besatzungsstatuts zwei Seiten einer Medaille.

Am 17. August 1950 signalisierte der deutsche Bundeskanzler in einem Gespräch mit den Hohen Kommissaren die grundsätzliche Bereitschaft, »eine deutsche Verteidigungsmacht … in Form von freiwilligen Formationen bis zu einer Gesamtstärke von 150 000 Mann« aufzustellen. Anderthalb Wochen später präzisierte er seine Angebote – und seine Forderungen – in zwei Memoranden für den Vorsitzenden der Hohen Alliierten Kommission. Das war zu diesem Zeitpunkt John Jay McCloy. Der promovierte Jurist hatte seit 1941 eine beachtliche Karriere hingelegt, zunächst als Unterstaatssekretär im Kriegsministerium, dann als Leiter der *Civil Affairs Division* der Vereinigten Generalstäbe, als Mitglied des Atomenergie-Komitees und zuletzt, von 1947 bis 1949, als Präsident der Weltbank. Dass Truman ihm als Nachfolger Clays den Posten in Deutschland antrug, zeigt die hohe Bedeutung, die man der hiesigen Entwicklung in Washington zumaß.

Jetzt also war McCloy Adenauers Ansprechpartner und der Adressat seiner folgenreichen Initiative. Der Kanzler wusste, warum er sie im Alleingang unternahm, warum er weder seine eigene Partei noch das Kabinett, noch gar das Parlament unterrichtete. Das erste Dokument brachte »eindeutig zum Ausdruck«, dass der Bundeskanzler »eine Remilitarisierung Deutschlands durch Aufstellung einer eigenen nationalen militärischen Macht« ablehnte. Damit waren alle anderen Möglichkeiten einer Bewaffnung im internationalen Rahmen offen gelassen. In der zweiten Denkschrift ging es um die Frage der Neuordnung der Beziehungen der Bundesrepublik zu den Besatzungsmächten: »Wenn der deutsche Mensch«, so der Kanzler, »Opfer jeder Art bringen soll, so muss ihm wie allen anderen westeuropäischen Völkern der Weg zur Freiheit offen sein ... Die Bundesregierung hält es daher für notwendig, dass die Beziehungen Deutschlands zu den Besatzungsmächten auf neue Grundlagen gestellt werden.«

Natürlich war vorhersehbar, dass sich gegen einen deutschen Verteidigungsbeitrag zahlreiche Stimmen erheben würden. In der Bundesrepublik ging der Protest – abgesehen von der Kommunistischen Partei, die damals noch nicht verboten war – von der Sozialdemokratie und von der evangelischen Kirche aus. An vorderster Front stand der Präses ihrer Synode, Gustav Heinemann. Der spätere Bundespräsident war damals Innenminister im ersten Kabinett Adenauer, reichte aber über der Wiederbewaffnungsfrage im Oktober 1950 seinen Rücktritt ein.

Die Haltung der vier alliierten Sieger des Zweiten Weltkrieges zu der sich abzeichnenden Militarisierung Westdeutschlands war höchst unterschiedlich. Sie reichte von strikter Ablehnung im Falle der Sowjetunion über tiefe Skepsis, die naturgemäß in Frankreich weit verbreitet war, bis hin zu Erwartungen, die vor allem in den Vereinigten Staaten an eine Revision des Besatzungsstatuts geknüpft wurden.

Die Amerikaner machten sie von der Bereitschaft der Bundesregierung abhängig, für die deutschen Auslandsschulden einzustehen, und zwar sowohl für die der Nachkriegs- als auch für die der Zwischenkriegszeit. Anfang der Fünfzigerjahre ging es ihnen dabei offenkundig weniger um das Geld selbst als vielmehr ums Prinzip. Im Februar 1952 begannen die Verhandlungen in London. Auf deutscher Seite wurden sie unter der Leitung des Bankiers Hermann Josef Abs geführt. Es dauerte ein Jahr, bis am 27. Februar 1953 das so genannte Londoner Schuldenabkommen von der Bundesrepublik und 18 weiteren Staaten unterzeichnet werden konnte. Darin erklärte sich Bonn zur Rückzahlung von sechs Milliarden D-Mark für Vor- und sieben Milliarden für Nachkriegsschulden bereit. Das war zweifellos eine bedeutende, aber gemessen an den ursprünglichen Forderungen noch moderate Summe.

Die Bereitschaft, für die deutschen Schulden einzustehen, räumte gewichtige Bedenken aus dem Weg, die gegen die Revision oder gar Kündigung des Besatzungsstatuts und gegen einen deutschen Verteidigungsbeitrag sprachen. Dennoch schrillten in Paris die Alarmglocken, und das konnte eigentlich keinen überraschen. Immerhin hatte Deutschland nicht einmal zehn Jahre zuvor die größte Katastrophe der neueren europäischen Geschichte ausgelöst und zum dritten Mal innerhalb von nur sieben Jahrzehnten gegen seine westlichen Nachbarn Krieg geführt. Angesichts des wachsenden englischen und insbesondere amerikanischen Drucks, angesichts auch der erheblichen Abhängigkeit Frankreichs von den Vereinigten Staaten in nahezu jeder Hinsicht, hatten die Franzosen keine Wahl: Sie traten die Flucht nach vorn an.

Am 24. Oktober 1950 gab der französische Ministerpräsident René Pleven vor dem französischen Parlament eine Erklärung ab, in der er von der Gefahr eines Wiedererwachens »des deutschen Militarismus« sprach und »für eine gemeinsame Verteidigung die Schaffung einer europäischen Armee« vorschlug. Sie sollte »mit den politischen Institutionen des geeinten Europas verbunden« sein und »so weit dies irgend möglich ist, eine vollständige Verschmelzung der Mannschaften und der Ausrüstung herbeiführen«. Der Vorschlag zielte mithin auf eine zumindest indirekte Kontrolle der deutschen Wiederaufrüstung durch Frankreich. Überdies musste dieser Plan, weil er von einer »vollständigen Verschmelzung« ausging, die deutsche Wiederbewaffnung erheblich verlangsamen. Dieses Ziel jedenfalls wurde erreicht. Die Geschichte der »Armee des geeinten Europas« ist die Geschichte ihres vierjährigen Scheiterns.

Vorerst sah es allerdings nicht danach aus, zumal die Vereinigten Staaten großes Interesse an dieser Lösung hatten und ihre Unterstützung zusagten. So wurde seit Mitte Februar 1951 in Paris verhandelt. Neben Frankreich und Deutschland waren die Benelux-Staaten sowie Italien mit von der Partie; seit Oktober setzte sich die Sprachregelung EVG, Europäische Verteidigungsgemeinschaft, durch. Am 27. Mai 1952 wurde der Vertrag über die EVG in Paris unterzeichnet, nachdem einen Tag zuvor in Bonn der so genannte Deutschland-Vertrag unter Dach und Fach gebracht worden war. Er sollte der Bundesrepublik die ersehnte äußere Souveränität bringen – sobald und sofern der EVG-Vertrag durch die sechs Unterzeichner in Kraft gesetzt war.

Schon während der Verhandlungen über die EVG kamen die Alliierten der Bundesregierung politisch entgegen und ließen, im Gegenzug zur formellen Anerkennung der deutschen Auslandsschulden, die Zügel des Besatzungsregimes am 6. März 1951 etwas locker. Die nutzte den neuen Spielraum zielstrebig und richtete wenige Tage später, am 15. März 1951, das Auswärtige Amt wieder ein. Der erste Außenminister der Bundesrepublik war niemand anderes als Konrad Adenauer, der folglich in den kommenden Jahren, was die Außenpolitik anging, die zentrale Figur darstellte. Kein Wunder, dass der Kanzler und Außenminister interessiert verfolgte, wer aus dem amerikanischen Wahlkampf des Herbstes 1952 als Sieger hervorgehen würde. Denn dieser Mann war künftig sein wichtigster außenpolitischer Partner.

IN EINEM BOOT
1953–1960

Er kannte den Krieg, also suchte er ihn nicht. Wenn es einen Präsidenten in der neueren amerikanischen Geschichte gab, der wusste, was Krieg bedeutete, dann war es Dwight D. Eisenhower. Oberbefehlshaber der alliierten Streitkräfte in Europa war er gewesen, und das während des schlimmsten Krieges, den die Welt je gesehen hatte, danach Militärgouverneur in Deutschland, Stabschef der amerikanischen Armee und zuletzt Oberkommandierender der gerade gegründeten NATO. Eine militärische Bilderbuchkarriere, die ihresgleichen suchte, und doch war das Ende einer legendären Laufbahn noch nicht erreicht. In die Wiege gelegt worden war ihm diese Erfolgsgeschichte nicht, im Gegenteil.

Die Verhältnisse, in die Dwight D. Eisenhower am 14. Oktober 1890 hineingeboren wurde, waren bescheiden. Sein Geburtsort Denison in Texas gehörte nicht gerade zu den boomenden Gegenden der Vereinigten Staaten, schon gar nicht in jenen Jahren, die als die »Große Depression« in die Geschichte eingegangen sind. Bis sich die Konjunktur um die Mitte der Neunzigerjahre des 19. Jahrhunderts zu erholen begann, verloren fast 20 Prozent der in der Industrie Beschäftigten ihre Arbeitsplätze. In anderen Bereichen sah es nicht besser aus. Eisenhowers Vater musste damals seinen Kolonialwarenladen aufgeben und fand nach einem Intermezzo bei der Eisenbahn schließlich Arbeit in einer Molkerei in Kansas.

Hier, in Abilene, lernte der junge Eisenhower die raue Wirklichkeit des Lebens kennen. In diesem Falle hieß das: Arbeit in der besagten Molkerei, um seinem älteren Bruder das Studium an der Universität zu ermöglichen. Er selbst ging an die berühmte Militärakademie nach West Point. Denn der Besuch war, wurde man angenommen, gebührenfrei. Damit war die Laufbahn vorgezeichnet. Dass sie in eine steile militärische Karriere münden würde, war indessen nicht vorherzusehen: Eisenhower gehörte nicht gerade zu den Besten seines Jahrgangs; der aktive Einsatz im Ersten Weltkrieg, um den er sich bemüht hatte, blieb ihm verwehrt; und mit seinen kritischen Auslassungen über die herrschende Militärdoktrin stieß er im Apparat auf erheblichen Widerstand. Dieses Schicksal teilte Eisenhower übrigens mit einem jungen französischen Offizier, von dem er noch nichts wusste: Charles de Gaulle. Beide kamen damals zu vergleichbaren Erkenntnissen über den künftigen Einsatz der Panzerwaffe. Erstmals begegnet sind sich die beiden Anfang Februar 1943 in Algier.

Die Zwischenkriegszeit sah Eisenhower unter anderem auf mehreren Auslandsposten, so in Panama, in Frankreich und auf den Philippinen, außerdem im Kriegsministerium, das ihn mit der Militärbürokratie vertraut machte, und an der Generalstabsakademie in Fort Leavenworth, die er dieses Mal als Klassenbester verließ. Der knapp Fünfzigjährige konnte also auf eine vorzeigbare Karriere zurückblicken, als mit dem deutschen Überfall auf Polen am 1. September 1939 der europäische Krieg ausbrach. Das war einer der Gründe, weshalb ihn der Chef des Generalstabs, George C. Marshall, 1942 zu seinem Stabsoffizier machte. Dabei hatte Eisenhower bis zu diesem Zeitpunkt kaum Erfahrung im aktiven Truppendienst. Jedenfalls bewegte er sich jetzt im militärischen Planungszentrum.

Hier wurde bereits im März 1941 gemeinsam mit dem britischen Generalstab beschlossen, im Falle des amerikanischen Kriegseintritts dem europäischen Kriegsschauplatz Priorität einzuräumen. So kam es dann auch, nachdem Japan am 7. Dezember mit dem Überfall auf Pearl Harbor den Krieg gegen die USA eröffnet und Deutschland seinerseits vier Tage darauf den Vereinigten Staaten von Amerika den Krieg erklärt hatte. Zu Anfang war Eisenhower zwar auch an den Operationsplanungen für den Pazifischen Raum beteiligt, doch mit seiner Ernennung zum Oberbefehlshaber der alliierten Landung in Nordafrika durch Präsident Roosevelt Anfang August 1942 war klar, wo sein Einsatzgebiet liegen würde:

Zum Jahresende 1943 wurde er Oberbefehlshaber der alliierten Landungsarmee in Europa. Nicht die geringste Herausforderung bestand in der Überwindung der latenten Spannungen zwischen den Alliierten, und mit einigem Grund konnte sich Eisenhower die erfolgreiche Landung in der Normandie am 6. Juni 1944 als persönlichen Erfolg anrechnen. In seinem Hauptquartier in Reims wurde dann auch am 7. Mai 1945, um 2.41 Uhr, die Gesamtkapitulation der deutschen Wehrmacht unterzeichnet.

Eisenhower blieb bis November 1945 in Europa – zunächst als erster Militärgouverneur der amerikanischen Besatzungszone in Deutschland. Dann folgte er Marshall auf dem Posten als Stabschef der Armee. Populär, wie er war, drängte sich eine politische Laufbahn geradezu auf. Interessant war Eisenhower für beide großen Parteien, zumal er sich auf keine festgelegt hatte. Trumans Angebot, als sein Kandidat für den Posten des Vizepräsidenten in die Kampagne und die Wahl von 1948 zu gehen, lehnte Eisenhower allerdings ab, weil er Parteikonvente für ein unwürdiges Schaulaufen hielt. Attraktiver fand er das ihm angetragene Präsidentenamt der renommierten New Yorker Columbia Universität. Von Juni 1948 bis Oktober 1950 leitete er die Hochschule, ohne allerdings auf die akademischen Angelegenheiten Einfluss zu nehmen.

Dennoch – ein interessantes Intermezzo für ihn und für die Universität. Auf andere Art als während des Krieges, friedlich und intellektuell, begegnete Eisenhower hier auch wieder einigen der 500 000 Deutschen, die ihr Land in der Zeit des Dritten Reiches hatten verlassen müssen. Ein Viertel von ihnen war in die USA gekommen, darunter gut 1300 Wissenschaftler. Viele fanden an den Universitäten des Landes eine Anstellung, auch an der New Yorker Columbia Universität, wo bis zu Eisenhowers Zeit allein elf emigrierte deutsche Physiker lehrten.

Für Dwight D. Eisenhower bedeutete der akademische Abstecher eine interessante Erfahrung; seine Welt war die Hochschule nicht. Kein Wunder, dass er Trumans Einladung annahm und 1950

*10   Da steht der Feind: Der Oberkommandierende der NATO, General
Dwight D. Eisenhower (rechts), versucht Präsident Harry S. Truman
von einer härteren Politik gegenüber der Sowjetunion zu überzeugen.*

als erster Oberkommandierender der NATO deren Hauptquartier bezog, das damals noch seinen Sitz in Paris hatte. In diesen Jahren erfuhr vor allem seine Einstellung gegenüber der Sowjetunion eine entscheidende Wandlung. In der Endphase des Zweiten Weltkrieges hatte er noch auf eine Kooperation mit den Sowjets gesetzt und sich gegen den Einsatz der Atomwaffe gegen Japan ausgesprochen, um Stalin nicht vor vollendete Tatsachen zu stellen und in Zugzwang zu bringen. Jetzt aber war Eisenhower mehr und mehr davon überzeugt, dass man ihnen entschieden entgegentreten müsse, dass man es nicht bei der politischen und wirtschaftlichen Eindämmungsstrategie Trumans belassen dürfe und dass man die Verteidigungsfähigkeit der Europäer aktiv und massiv unterstützen müsse.

•

So gesehen hatten die Republikaner – Männer wie Lucius D. Clay oder John Foster Dulles – keine unüberwindliche Aufgabe, als sie Dwight D. Eisenhower die Kandidatur für das Präsidentenamt antrugen. Gewiss, während des Wahlkampfes zog er auch gegen die Korruption des Regierungsapparates zu Felde, setzte sich für die Stärkung der Einzelstaaten ein und warb damit, als Präsident für alle Amerikaner zu sprechen und zu handeln.

Aber Eisenhowers eigentliches Thema war die kommunistische Herausforderung, vor allem in Korea. Und wem sonst, wenn nicht diesem Kriegshelden, nahm man ab, dass die amerikanische Sicherheitsstrategie einer grundlegenden Reform bedürfe? Der gut zehnprozentige Vorsprung, mit dem Eisenhower das Rennen vor seinem demokratischen Rivalen Adlai E. Stevenson machte, war somit auch eine Aufforderung an den 34. Präsidenten der Vereinigten Staaten, seinen Worten Taten folgen zu lassen. Die Chancen waren nicht schlecht, weil sich der neue Amtsinhaber während seiner ersten Amtszeit auch auf eine knappe republikanische Mehrheit in beiden Häusern des Kongresses stützen konnte.

Und dann machte dieser Präsident, nachdem er erst einmal das Weiße Haus bezogen hatte, eine Erfahrung, die andere vor und nach ihm auch machen mussten: Die Außen- und Sicherheitspolitik zählt zwar zu den herausragenden Aufgaben des Amtsinhabers, aber sie ist eben nicht die einzige, nicht einmal in international bewegten Zeiten wie Mitte der Fünfzigerjahre. Dwight D. Eisenhower war auf die innen-, wirtschafts- und vor allem gesellschaftspolitischen Herausforderungen mehr schlecht als recht vorbereitet. Die Formulierung und Umsetzung überließ er hier, wie auch in vielen außenpolitischen Fragen, den zuständigen Fachministern. Das war Ausdruck eines Führungsstils, den man von einem Militär, zumal einem Oberkommandierenden, nicht unbedingt erwartet hätte.

Vieles hing also von den Männern seines Kabinetts ab, von dem gesagt worden ist, es habe aus acht Millionären und einem Klempner bestanden. Den einen, Arbeitsminister Martin Durkin, Funktionär der Klempner-Gewerkschaft, hielt es allerdings nicht einmal ein Jahr im Amt. Bei den Millionären sah es etwas anders aus, vor allem bei Finanzminister George M. Humphrey, einem Industriellen aus Ohio, und Verteidigungsminister Charles E. Wilson, dem vormaligen Präsidenten von General Motors. Von ihm stammte der Ausspruch, was gut für General Motors sei, sei auch gut für das Land und umgekehrt.

Diesem Motto schien auch die neue Regierung zu folgen. Die Einkommensteuer für Unternehmen wurde gesenkt, und es gab neue steuerliche Abschreibungsmöglichkeiten von Verlusten. Gleichzeitig wurden die bundesstaatlichen Kompetenzen zurückgefahren. All das führte zu deutlich besseren Rahmenbedingungen für die Wirtschaft, insbesondere für Privatunternehmen. Allerdings gelang es Eisenhower nicht einmal mit dem berühmt gewordenen persönlichen Auftritt auf der Konferenz der Gouverneure 1957, die Einzelstaaten zur Übernahme zusätzlicher Pflichten und Ausgaben zu bewegen und damit den Bund zu entlasten. Immerhin waren bei dessen Behörden damals zweieinhalb Millionen Menschen beschäftigt.

Wollte die Regierung ihr erklärtes Ziel erreichen und ausgeglichene Haushalte vorlegen – was ihr in drei ihrer acht Amtsjahre gelang –, war sie auf Einsparungen angewiesen. Das war leichter gesagt, als getan. Denn in einer Zeit zunehmender internationaler Spannungen verschlang der Verteidigungshaushalt enorme Summen. Wie fast immer in solchen Situationen, jedenfalls in der amerikanischen Politik nach dem Zweiten Weltkrieg, wurden die Schrauben dort angezogen, wo der geringste Widerstand zu erwarten war. In diesem Fall beim Erziehungswesen oder auch beim Wohnungsbau. Da fast gleichzeitig alle während des Krieges eingeführten Preis- und Mietkontrollen aufgehoben wurden, wären von diesen und anderen Maßnahmen vor allem die schwächeren Schichten der amerikanischen Gesellschaft betroffen gewesen.

Deshalb nahm sich der Staat dieses Problems mit flankierenden Maßnahmen an. So wurden 1954/55 weitere zehn Millionen Menschen in das – allerdings und zumal an deutschen Maßstäben gemessen – rudimentäre Sozialversicherungsprogramm einbezogen und der Mindestlohn auf einen US-Dollar pro Stunde festgesetzt. Das sah nach einer wenig konsequenten, eher widersprüchlichen Politik aus. So war es auch: Sie reflektierte den Widerspruch der amerikanischen Gesellschaft, der sich in den Fünfzigerjahren erkennbar auftat und bis heute ihr Merkmal geblieben ist.

•

Dass die Gegensätze bislang immer wieder überwunden werden konnten, dass sie zwar zu schweren Krisen, aber nicht zu einer Implosion geführt haben – dafür gibt es eine Reihe von Gründen, allen voran aber den: Amerika gibt seinen Bewohnern immer noch und immer wieder die Hoffnung, tatsächlich ein Land unbegrenzter Möglichkeiten zu sein. Zunächst und vor allem das Showbusiness in allen Varianten, dann immer stärker auch der Sport boten und bieten Angehörigen ethnischer Minderheiten, vor allem den schwarzen Bewohnern Amerikas, die Chance zu geradezu unglaublich scheinenden Karrieren. Weil sich diese Erfolgsgeschichten insbesondere seit den Fünfzigerjahren öffentlich entwickeln, weil sie durch das Fernsehen und andere Medien in allen Phasen und auf allen Kanälen mitzuerleben sind, scheinen sie grundsätzlich für jedermann erreichbar und machbar. Ein trügerisches Bild; eine gefährliche Illusion. Es verwischt die hohen Kosten, die der Aufstieg fordert, und es zeigt in aller Regel auch nicht den Absturz, in dem die steile Karriere häufig endet. Es suggeriert die Chancengleichheit in einer Gesellschaft, die tatsächlich durch Gegensätze gekennzeichnet ist wie kaum eine zweite vergleichbare, etwa in Europa.

Die Fünfziger, die Eisenhower-Jahre, boten dafür Anschauungsunterricht par excellence. Trotz zweier Rezessionen waren sie eine Zeit des Wirtschaftswachstums und des Wohlstandes. 1960 besaßen 45 Millionen Haushalte einen Fernseher; mehr als 61 Millionen Autos waren auf Amerikas Straßen unterwegs, ein Drittel mehr als zehn Jahre zuvor. Das war die eine Seite der Medaille. Es gab auch eine Kehrseite, und die zeigte sich jenseits der immer noch klar gezogenen Grenze zwischen den Rassen. Vor allem die schwarzen Bürger Amerikas, so sie denn überhaupt Bürger gleichen Ranges und Rechtes waren, bekamen diese dunkle Seite der wirtschaftlichen Prosperität zu spüren: Obgleich sie nur gut zehn Prozent der Bevölkerung stellten, war der Anteil schwarzer Familien, die unter 3000 US-Dollar im Jahr verdienten, 1960 auf über 20 Prozent gestiegen; die Arbeitslosenquote lag mit gut zehn Prozent mehr als doppelt so hoch wie bei den Weißen.

Grundsätzlich hat sich daran bis in die Gegenwart hinein wenig geändert, im Gegenteil: Auf dem Höhepunkt des wirtschaftlichen Booms um die Jahrtausendwende lebten 23 Prozent der schwarzen verglichen mit acht Prozent der weißen Bevölkerung in Armut. Staatliche Tests zeigten, dass schwarze Schüler mit Erreichen der zwölften Klasse im Durchschnitt vier Jahre hinter weißen oder asiatischen Schülern zurücklagen.

In den Fünfzigerjahren deutete sich diese Entwicklung bereits an; aber sie war damals nicht das gravierendste Problem. Wesentlich schwerer wog die Diskriminierung, wog die Rassentrennung. Als sich am 1. Februar 1960 in North Carolina vier schwarze Studenten an den Tresen einer nur für Weiße geöffneten Kaufhauscafeteria setzten und darauf bestanden, wie diese bedient zu werden, kam das einer Revolution gleich. Das war übrigens der Beginn der Sit-ins. Wenig später kamen sie bei den revoltierenden Studenten, auch deutscher Universitäten, in Mode, ohne dass für diese Veranstaltungen auch nur eine Spur jener Zivilcourage gefordert gewesen wäre wie im Falle des schwarzen Bürgerrechtsprotests der Fünfzigerjahre in Amerika.

Entscheidende Fortschritte brachte das nicht. Nicht einmal das Stimmrecht für Schwarze ließ sich durchsetzen. Und wer weiß, wie die Dinge sich entwickelt hätten, wäre nicht der Oberste Gerichtshof in die Offensive gegangen. Selbstverständlich war das nicht. Denn dem republikanischen Gouverneur von Kalifornien, Earl Warren, den Eisenhower zum Vorsitzenden des Gerichts ernannte, eilte nicht der beste Ruf voraus. Er war es gewesen, der 1942, damals noch als kalifornischer Generalstaatsanwalt, Präsident Roosevelt dazu gedrängt hatte, mehr als 120 000 Amerikaner japanischer Herkunft zwangsinternieren zu lassen. Das war seine Reaktion auf Pearl Harbor gewesen.

Aber jetzt war der Krieg vorbei. Und jetzt machte sich eben jener Warren daran, die Rechtsprechung zugunsten der Schwarzen zu ändern. Zu einer Beruhigung der Lage trug das nicht bei, im Gegenteil: Die Reformen polarisierten die Amerikaner, und Eisenhower hat später, wenn auch nicht öffentlich, die Berufung Warrens als den »größten Fehler« bezeichnet, den er je gemacht habe.

Unter Warrens Vorsitz knüpfte das Gericht an Urteile aus den späten Vierziger- und frühen Fünfzigerjahren an und entschied

11 *Land der Gegensätze: Fallschirmjäger sichern den Weg schwarzer Oberschüler in Little Rock, Arkansas, Oktober 1957.*

Mitte Mai 1954 im Fall Brown gegen die Schulbehörde von Topeka, dass die Rassentrennung in öffentlichen Schulen verfassungswidrig sei. Nun waren Urteile eine Sache, ihre Umsetzung dagegen eine andere: Die weiße Bevölkerung, vor allem des Südens, reagierte mehrheitlich mit vehementer Ablehnung. 1957 sah sich der Präsident sogar gezwungen, 1000 Fallschirmjäger nach Little Rock, Arkansas, zu entsenden, um dort schwarze Schüler vor den Maßnahmen ihres Gouverneurs Orval Eugene Faubus zu schützen. Der hatte die Nationalgarde eingesetzt, um neun Schwarze am Betreten der Oberschule zu hindern.

Auch hier gilt, dass sich die Lage seither zwar deutlich entspannt hat, die Probleme aber nicht aus der Welt sind. Im Gegenteil wurde in jüngerer Zeit sogar ein Trend zurück zur Rassentrennung an Schulen beobachtet: Im Jahr 2000 besuchten 40 Prozent der Schwarzen eine Schule, an denen es praktisch keine weißen Mitschüler gab. Allein das Justizministerium in Washington war an mehr als 350 Gerichtsverfahren gegen die Rassentrennung an Schulen beteiligt.

Die Rassentrennung war brutal, und sie war anachronistisch. Der schwarze Schriftsteller James Baldwin prognostizierte damals resigniert: »So wie es jetzt läuft, wird ganz Afrika frei sein, bevor wir auch nur eine normale Tasse Kaffee bekommen können.« Damit sprach er die Dekolonisierung vor allem in Afrika an: Allein zwischen Anfang August und Anfang Oktober 1960 erhielten beziehungsweise erkämpften sich dort zehn Staaten ihre Unabhängigkeit. Begonnen hatte dieser Prozess nach dem Ende des Zweiten Weltkrieges; während der Fünfzigerjahre erlebte er, rund um den Globus, dramatische Zuspitzungen und gefährliche internationale Verwicklungen. Sie zwangen die USA immer wieder zu Stellungnahmen, nicht selten auch zur Intervention. Dass Amerika in der Ära Eisenhower dabei eine glückliche Hand gehabt hätte, lässt sich nicht gerade sagen.

•

Tatsächlich hatten Afrika und Asien, von Ausnahmen wie insbesondere China abgesehen, in der amerikanischen Außenpolitik nie einen besonderen Stellenwert eingenommen, auch nicht im Zeitalter des Imperialismus. Aktiv war man dort in aller Regel nur geworden, wenn man zum Handeln gezwungen wurde. Mit und nach dem Zweiten Weltkrieg, vor allem aber während der Fünfzigerjahre, begann sich das zu ändern. Denn die USA fühlten sich durch die tatsächliche oder auch vermeintliche Expansion des Kommunismus an allen Ecken und Enden der Welt herausgefordert. So mussten sie – gleichsam über Nacht – eine Art ständige Interventionsbereitschaft entwickeln. Vorbereitet waren sie darauf jedoch nicht. Der Präsident nicht, und sein Außenminister auch nicht.

John Foster Dulles, Bruder des CIA-Chefs Allan Dulles, war mit den europäischen, vor allem auch mit den deutschen Verhältnissen bestens vertraut – afrikanische und asiatische Angelegenheiten lagen ihm eher fern. Der Rechtsanwalt, Jahrgang 1888, war schon 1907 auf der Zweiten Haager, dann 1919 auf der Pariser Friedenskonferenz dabei gewesen, hatte auch im Versailler Vertrag, den die Deutschen Ende Juni 1919 unterschreiben mussten, eine erkennbare Spur hinterlassen.

Deshalb und weil der Bundesrepublik in den strategischen und politischen Planungen der USA eine herausragende Bedeutung zukam, neigte man in Bonn gelegentlich dazu, die vergleichsweise hohe Kooperationsbereitschaft der Amerikaner während der Fünfzigerjahre als Freundschaft oder gar Zuneigung zu verstehen. Das war, soweit es um die Politik ging, ein gewaltiger Irrtum. Amerikaner und Westdeutsche saßen in einem Boot, weil sie durch die weltpolitische Entwicklung dort platziert worden waren. Die Deutschen brauchten die Amerikaner, und die Amerikaner brauchten die Deutschen. Das war alles.

Kaum jemand hat das klarer erkannt als Konrad Adenauer, der in seinem achten Lebensjahrzehnt stand und gelernt hatte, Macht und Emotionen zu unterscheiden. Gewiss, Außenminister Dulles war, wie der Kanzler auch im Rückblick immer wieder betonte, ein »treuer und guter Freund«, allerdings auch ein »klar denkender Mann«. Außerdem war er, soweit man das in der Politik überhaupt sein konnte, ehrlich und ließ nie einen Zweifel daran, dass die Amerikaner »in Europa keine deutsche Politik« betrieben, übrigens auch keine französische oder britische, sondern amerikanische.

Und so stellte Adenauer mit der ihm eigenen Mischung aus Klarsicht und Zynismus Anfang 1958 intern fest: »Wir dürfen uns nicht einbilden, dass Amerika etwa nur um unserer schönen Augen willen uns helfen will und auf eine gute Partnerschaft mit uns Wert legt. Das gilt am wenigsten ... von dem Verhältnis der Vereinigten Staaten gegenüber Deutschland. An Frankreich binden die Amerikaner irgendwelche romantischen Ideen von der Französischen Revolution her, vor allem von Lafayette; dann schöne Ferien in Frankreich und sonstige Dinge. An Großbritannien binden die Amerikaner zunächst die gemeinsame Sprache und dann vieles andere Gemeinsame im Wesen und Denken. Aber an uns Deutsche – das hat der Nationalsozialismus sehr gründlich besorgt – bindet Amerika nichts von derartigen Gefühlen und Empfindungen. Das Verhältnis der Amerikaner zu uns beruht auf reinen rationalen Überlegungen. Das müssen wir uns bei alledem, was wir tun, immer wieder klar machen.«

Mit anderen Worten betrachteten die Amerikaner, wie der Kanzler schon im Mai 1955 beobachtete, »uns ... nicht als Freund«, sondern »als notwendig gegen Russland«. Und das auch nur, weil die Bundesrepublik nun einmal da lag, wo sie lag, nämlich an der Nahtstelle zum sowjetischen Machtbereich. Aus diesem Grund kam ihr in den amerikanischen Planungen, auch der Eisenhower-Administration, eine herausragende Bedeutung zu: als Stationierungsgebiet amerikanischer Truppen und ihrer konventionellen wie nuklearen Waffen sowie als Schlachtfeld. Schon deshalb wurden die außen- und sicherheitspolitischen Vorstellungen der neuen

12 »Sie betrachten uns trotz allem nicht als Freund«: Bundeskanzler
Konrad Adenauer empfängt Präsident Dwight D. Eisenhower in Bonn,
Ende August 1959.

Regierung in Bonn mit großer Aufmerksamkeit und wachsender Besorgnis zur Kenntnis genommen.

Eisenhower hatte nämlich während des Wahlkampfes, der sich vor dem Hintergrund des Korea-Krieges abspielte, die *Containment*-Politik, die Eindämmungsstrategie der amtierenden demokratischen Regierung, für gescheitert erklärt und stattdessen eine Politik des *Roll back* gefordert, des offensiven Zurückdrängens des Kommunismus. Dieses politische Programm, mit dem der neue Präsident bei seinen Wählern im Wort stand, fand ein Jahr später seine strategische Ergänzung in der Doktrin der *Massive retaliation*, der massiven Vergeltung. Am 12. Januar 1954 sprach Außenminister Dulles in einer Rede vor dem *Council on Foreign Relations* in New York erstmals öffentlich von der Notwendigkeit, Aggressoren »abzuschrecken«, indem man ihnen Gegenmaßnahmen bis hin zu einer massiven nuklearen Vergeltung in Aussicht stellte.

Die Vereinigten Staaten behielten sich also ausdrücklich eine nukleare Antwort auf einen konventionell vorgetragenen Angriff vor. Und Dulles erklärte auch gleich, warum: Angesichts weltweit zunehmender Spannungen war es nämlich unmöglich, sich gleichzeitig auf eine Auseinandersetzung »in der Antarktis und in den Tropen, in Asien, im Nahen Osten und in Europa, zur See, zu Land und in der Luft« vorzubereiten. Vor allem aber hätte eine konventionelle Hochrüstung in Europa auf ein Niveau, das dem der Sowjets und ihren Verbündeten entsprach, enorme Haushaltmittel verschlungen, und die standen nicht zur Verfügung.

Offenbar waren sich anfänglich weder Eisenhower noch Dulles der enormen Probleme ihrer außen- und sicherheitspolitischen Vorstellungen bewusst. Erst im Verlauf der Fünfzigerjahre wurde offenkundig, in welchem Maß die amerikanische Politik gleichsam zur Gefangenen ihrer eigenen Doktrin zu werden drohte. Die Ankündigung zweier derart offensiv formulierter Maximen, die eben keine ausformulierten Konzepte waren und auch nicht sein konnten, ließ nämlich nur zwei Optionen zu: Entweder man folgte ihnen und wurde im Sinne von *Roll back* und gegebenenfalls *Massive retaliation* unmittelbar aktiv, wenn eine kommunistische Aggression zu verzeichnen war, und das bedeutete Krieg. Oder aber man tat das nicht und verlor damit erheblich an Glaubwürdigkeit – gegenüber dem Gegner, aber auch gegenüber den eigenen Verbündeten.

•

Tatsächlich gab es in den Monaten und Jahren nach der Ankündigung der beiden neuen Strategien zahlreiche Fälle einer direkten oder indirekten kommunistischen Aggression, die einen Anlass zur Umsetzung des einen oder anderen Plans hätten bilden können, wenn nicht bilden müssen. Militärisch griffen die Amerikaner in den Fünfzigerjahren aber nur zweimal ein, und zwar in Regionen beziehungsweise in Staaten, in denen zu diesem Zeitpunkt gerade keine Konfrontation mit der Sowjetunion oder auch der Volksrepublik China zu erwarten stand.

Der eine Fall war der libanesische Bürgerkrieg, der andere waren die Querelen in Guatemala. Hier war es in der zweiten Amtszeit von Jacobo Arbenz Guzmán, also zwischen 1951 und 1954, zu einer Teilenteignung der *United Fruit Company* gekommen. Die Furcht vor einem endgültigen Verlust der Besitzungen dieser Gesellschaft, an der im Übrigen auch Außenminister Dulles beteiligt war, und der zunehmende Einfluss der Kommunisten in Guatemala führten dazu, dass der amerikanische Geheimdienst CIA beim Sturz des Präsidenten kräftig nachhalf. Diese Aktion war nur eine von vielen im Rahmen einer zweifelhaften Mittel- und Südamerikapolitik. Die USA unterstrichen damit unmissverständlich den aus dem 19. Jahrhundert überkommenen Anspruch auf die Kontrolle dieser Hemisphäre.

Anders verhielt es sich mit den Krisen und Kriegen, in denen sowjetische beziehungsweise rotchinesische Truppen direkt oder indirekt engagiert waren. Dort sahen Eisenhower und Dulles konsequent von einer militärischen Intervention ab. In Asien galt das sowohl für den Konflikt zwischen der Volksrepublik China und Taiwan, in dem es während des Spätsommers 1954 erstmals zu Gefechten um einige Inseln kam. Und es galt auch für Vietnam. Dort versuchten die Franzosen ihr altes koloniales Regiment wieder zu errichten, sich also gegen jene vollendeten Tatsachen zu stellen, die Ho Chi Minh am 2. September 1945 mit der Ausrufung der Demokratischen Republik Vietnam geschaffen hatte.

Neun Jahre später stand die französische Indochina-Armee vor einem Debakel. Ihr Kommandeur, General Henri Navarre, hatte die Fähigkeit seines Gegners sträflich unterschätzt, innerhalb kurzer Zeit und unter Mobilisierung enormer menschlicher Energien große Verbände zu verlegen. Dass die Amerikaner zehn Jahre später diesen und andere Fehler wiederholen würden, konnte sich damals niemand vorstellen, schon weil 1954 niemand an ein umfassendes militärisches Engagement der USA in Vietnam dachte. Im Gegenteil: Als sich die Franzosen in Dien Bien Phu unerwartet von einer dreifachen Übermacht eingekesselt sahen, wurde rasch klar, dass eine Entlastung von außen kommen musste, und zwar durch eine militärische Intervention.

So wie die Dinge lagen, kamen dafür nur die Vereinigten Staaten infrage, die ohnehin den französischen Indochina-Krieg zu 80 Prozent finanzierten. Eisenhower war zu einem Einsatz der Luftwaffe aber nur unter der Bedingung bereit, dass sich weitere Verbündete, allen voran Großbritannien, an dem Unternehmen beteiligten. Dort aber winkte man ab, und so konnten die vietnamesischen Sieger am 7. Mai 1954 die Rote Fahne auf dem französischen Kommandobunker in Dien Bien Phu aufziehen. Die Kapitulation der Franzosen vor den vietnamesischen Kommunisten war eine Niederlage des Westens insgesamt, auch Amerikas. Von *Roll back* keine Spur, und das mit gutem Grund: In Washington war nicht auszuschließen, dass man sich in diesem Fall in einer direkten Konfrontation mit der Volksrepublik China und der Sowjetunion, also in einer Situation wieder gefunden hätte, die man aus Korea kannte und in die man unter keinen Umständen mehr geraten wollte.

Natürlich verfolgten auch die europäischen Partner der USA die Vorgänge in Ost- und Südostasien mit großer Aufmerksamkeit. Würden sich die Amerikaner dort, in Taiwan oder Vietnam, zugunsten der antikommunistischen Kräfte engagieren? Begründete Hoffnung konnte man nicht haben, nachdem sowjetische Truppen am 17. Juni 1953 in Ost-Berlin und zahlreichen anderen Orten der DDR Massendemonstrationen gegen die wirtschaftlichen und politischen Zustände brutal niedergeschlagen hatten. Keinen Augenblick dachten die Amerikaner damals an eine Intervention, im Gegenteil.

Auf der Sitzung des Nationalen Sicherheitsrates gab der Präsident am folgenden Tag zu Protokoll, »dass seiner Ansicht nach die Revolten ernsthafter und breiter werden müssten als gegenwärtig, bevor sie wirklich Erfolg versprächen und unsere Intervention wünschenswert wäre«. Dabei dachte Eisenhower selbstredend nicht an ein direktes amerikanisches Eingreifen, sondern an eine Unterstützung der Aufständischen. Ziel war die Förderung der Desintegration der kommunistischen Welt, also – wenn man so will – die Entfachung eines Stellvertreterkrieges.

Von alledem wusste man in Europa nichts. Hier nahmen nicht wenige die offensive amerikanische Rhetorik wörtlich und setzten im Krisenjahr 1956 auf eine wie immer geartete Unterstützung ihres Reformkurses. Vor allem die Ungarn, in gewisser Weise auch die Polen. Die polnischen Kommunisten hatten noch Glück. Sozusagen im Windschatten der dramatischen Verwerfungen in Ungarn konnte sich ihre Vereinigte Arbeiterpartei gegen die angereiste sowjetische Führung unter Chruschtschows Leitung durchsetzen. So wurden die bereits in Marsch gesetzten sowjetischen Panzer in ihre Kasernen zurückbeordert. Anders die Ungarn. Nachdem die reformkommunistische Regierung unter Imre Nagy die Mitgliedschaft im Warschauer Pakt gekündigt und das Land für neutral erklärt hatte, walzten sowjetische Panzer den Volksaufstand bis Mitte November 1956 blutig nieder.

Amerika blieb auf Distanz, schon weil sich das Land in der heißen Phase des Wahlkampfes befand. Für Eisenhower, der die martialische Rhetorik während der letzten Kampagne erfunden hatte, zahlte sich das übrigens aus. Die Wähler quittierten nicht etwa den krassen Bruch mit der offiziellen politischen Doktrin als Ausdruck von Führungsschwäche; vielmehr honorierten sie das Abseitsstehen als Beitrag zur Friedenssicherung: Mit nunmehr gut 57 Prozent verwies Eisenhower seinen alten und neuen Herausforderer Stevenson auf die Ränge.

•

Bei den europäischen Verbündeten hinterließ die amerikanische Politik in der schweren internationalen Krise des Herbstes 1956 einen bitteren Beigeschmack. Denn sie war doppelbödig. Während Eisenhower und Dulles die Ungarn ihrem Schicksal überließen, erteilten sie ihren eigenen Verbündeten Großbritannien und Frankreich eine bittere Lektion in Sachen Machtpolitik: Am 6. November 1956 mussten Briten und Franzosen ihre militärische Intervention in Ägypten und damit im zweiten Nahost-Krieg zugunsten Israels abbrechen. Das hatte weniger mit Chruschtschows wilder Androhung eines Raketenangriffs auf London und Paris zu tun. Entscheidend war vielmehr die Haltung der USA, die sich schon zu einem Zeitpunkt für ein Eingreifen der Vereinten Nationen und damit gegen Großbritannien und Frankreich aussprachen, als die UNO noch nicht einmal offiziell Stellung bezogen hatte.

In Washington hatte vor allem die Sorge vor einer Eskalation der Krise den Ausschlag gegeben, weniger die Tatsache, dass die Intervention ihrer europäischen Verbündeten unter einem fadenscheinigen Vorwand erfolgt war. Eine solche Begründung hätte auch niemanden überzeugt, denn über den Anlass der Aktion war man sich durchaus einig: Gamal Abd el-Nasser, der im Sommer des

Jahres 1952 die Zügel der ägyptischen Politik in die Hand genommen hatte und der in der arabischen Welt als Held gefeiert wurde, galt sowohl in London und Paris als eben auch in Washington als gefährlicher Mann. Nicht nur kaufte er über die Tschechoslowakei sowjetische Waffen ein, er hatte auch im Mai 1956 Maos kommunistische Volksrepublik diplomatisch anerkannt. Die Reaktion der USA, Großbritanniens und in deren Gefolge auch der Weltbank kam postwendend: Mitte Juli 1956 zogen sie ihre Finanzhilfe für den Bau des Assuan-Staudamms zurück, und auch Nasser zögerte nicht lange. Eine Woche darauf gab er die Verstaatlichung der Suez-Kanal-Gesellschaft bekannt und lieferte damit Briten und Franzosen den Vorwand für ihre Intervention.

Bei alledem gab es einen lachenden Dritten: Hatten die Sowjets bis dahin praktisch keinen Fuß in die nahöstliche Tür bekommen können, so änderte sich die Lage seit 1956 in geradezu atemberaubendem Tempo zu ihren Gunsten. Ähnlich wie in Asien nutzte der Kreml in erster Linie die Chancen, die sich als Folge der westlichen Politik unerwartet auftaten. Denn seit Mitte der Fünfzigerjahre machte der Westen im Nahen und Mittleren Osten einen Fehler nach dem anderen. Allen voran die Vereinigten Staaten, die nach einem kurzen Intermezzo während der Suez-Krisen zu ihrer rigiden Politik gegenüber den Staaten der Region zurückkehrten und innerhalb kürzester Zeit ihren Kredit verspielten.

Das ist auch deshalb bemerkenswert, weil die Vorgänge eine erstaunliche Kontinuität erkennen lassen. Nicht erst der 43. Präsident der Vereinigten Staaten, nicht erst George W. Bush ist zu der Überzeugung gelangt, dass alle, die nicht für Amerika sind, zu seinen Feinden gerechnet werden müssen – vor allem in der Dritten Welt, besonders im Nahen und Mittleren Osten.

Ganz so hatte man auch schon die so genannte Eisenhower-Doktrin lesen müssen. Anfang Januar 1957 proklamiert, war sie nichts anderes als eine Kampfansage an alle unabhängigen, also nicht bedingungslos prowestlichen, sprich proamerikanischen

Kräfte in der nahöstlichen Krisenregion. Danach hatten alle »vom internationalen Kommunismus« bedrohten Staaten der Region Anspruch auf die militärische Unterstützung durch die Vereinigten Staaten. Ob die aus amerikanischer Sicht Betroffenen den Anspruch anmeldeten, war unerheblich; wie weit die Unterstützung ging, lag im Ermessen Washingtons. Die kommenden Monate zeigten, dass sich die Intervention in aller Regel gegen Dritte richtete.

So im Falle Jordaniens; so auch im Falle des Libanon. Als die USA Ende April 1957 die Unabhängigkeit und Integrität des haschemitischen Königreichs als »nationales« Interesse deklarierten, hatten sie Syrien, den Partner von Nassers Ägypten, im Visier. Und als am 15. Juli 1958 amerikanische Marineinfanteristen in Beirut landeten, ging es nicht nur um die Stabilisierung der Lage im Libanon und im benachbarten Jordanien, sondern auch um ein Signal an die Adresse des Irak. Dort war einen Tag zuvor – nach dem Staatsstreich durch eine Gruppe bis dahin unbekannter Offiziere und der Ermordung König Feisals II. – die Republik proklamiert worden. Wie andernorts in der sich ausbildenden Dritten Welt trat die politisch keineswegs homogene Clique der neuen Machthaber auch hier mit dem Anspruch einer Sozial- und Agrarreform an. Dass sie schließlich die Annäherung an Moskau suchte, war weniger Ausdruck einer überzeugten prosowjetischen als vielmehr einer zusehends antiamerikanischen Einstellung.

Und die ging zweifelsfrei auf das Konto Washingtons. In Verkennung der Absichten und Ambitionen dieser Helden der arabischen Nation galt dort jede Form nationaler Selbstbehauptung als Kampfansage an den Westen und als Vorbote des internationalen Kommunismus. Das war ein Irrtum. Die jungen Kräfte in Ägypten, Syrien oder dem Irak – so wenig sie auch sonst gemeinsam hatten – waren keine Kommunisten, jedenfalls nicht durch die Bank und schon gar nicht im orthodoxen Sinne. Sie suchten nach einem dritten Weg. Als ihnen dabei die westliche Unterstützung versagt oder entzogen wurde, nahmen sie die sowjetische Offerte an.

So entstand im Nahen Osten ein weiteres, hoch gefährliches Zentrum internationaler Spannungen. Für Amerika bedeutete das unter anderem, dass eine direkte militärische Intervention wie die des Herbstes 1956 fortan ausschied. Das Risiko einer direkten Konfrontation mit den Sowjets, die jetzt auch hier Flagge zeigen konnten, war im Zeitalter atemberaubender nuklearer Hochrüstung schlicht zu groß.

•

Damit galt auch für diese Region, was der deutsche Bundeskanzler ganz allgemein beobachtete: »Die großen nuklearen Waffen«, stellte Konrad Adenauer im November 1956 fest, »haben eine merkwürdige Eigenschaft mit sich gebracht, sie haben ihre Besitzer ... mehr oder weniger neutralisiert.« Aus deutscher Sicht war diese Beobachtung nicht etwa beruhigend, sondern ganz im Gegenteil alarmierend. Sollte sie zutreffen – und sie traf zu –, musste dies handfeste Konsequenzen für die Zukunft Europas, vor allem auch Deutschlands haben. So wie es aussah, gaben sich die Amerikaner nämlich mit der festen Einbindung der Bundesrepublik in die westlichen Gemeinschaften zufrieden. Weitergehende Ziele, wie das einer Wiedervereinigung Deutschlands, traten damit in den Hintergrund.

Allerdings war die Westintegration der Republik, für sich genommen, für alle Beteiligten ein beachtlicher Erfolg. Nur nicht für die Franzosen: Insbesondere die Einbindung der aufzustellenden deutschen Streitkräfte verlief anders, als von Paris angestrebt und vorgeschlagen, und das war nicht zuletzt eine Fernwirkung der südostasiatischen Verwicklungen. Einiges spricht nämlich dafür, dass der Waffenstillstand zwischen Vietnam und Frankreich, den die Sowjets nach dem Desaster von Dien Bien Phu am 21. Juli 1954 vermittelten, eine Vorleistung in einem Geschäft auf Gegenseitigkeit war. Der Waffenstillstand in Indochina hatte einen Preis: die Liquidation der Europäischen Verteidigungsgemeinschaft, die den Sowjets von Anfang an ein Dorn im Auge gewesen war. Jedenfalls scheiterte die EVG, wenn auch gewiss nicht nur aus diesem Grund, am 30. August 1954 im französischen Parlament.

Diese Entscheidung wiederum zog eine Kettenreaktion nach sich. Denn mit der EVG war auch der so genannte Deutschland-Vertrag Makulatur, und ohne den konnte es für die Bundesrepublik keine Souveränität geben. Nun war diese aber den Deutschen durch die Westmächte zugesagt worden. Außerdem hatte sich an der Zielsetzung namentlich der Amerikaner nichts geändert. Sie blieben bei ihrer Entscheidung, den Teilstaat in den westlichen Verteidigungsgürtel einzubeziehen. Also musste rasch eine andere Lösung her, und die konnte nur in der Aufnahme der Bundesrepublik in die NATO bestehen. So kam es dann auch.

Im Oktober 1954 wurde in Paris eine ganze Serie von Konferenzen abgehalten, in denen es um die Zukunft der Bonner Republik ging. Am Ende standen weit reichende Beschlüsse, allen voran die Aufnahme der Bundesrepublik in die NATO und in den Brüsseler Fünfmächtepakt vom März 1948, der damit und mit der gleichzeitigen Aufnahme Italiens zur Westeuropäischen Union (WEU) erweitert wurde. Und dann gab es einen modifizierten Deutschland-Vertrag. Weil der erste nicht an Bonn, sondern mit der EVG an Paris gescheitert war, sah diese zweite Fassung für die Deutschen günstiger aus als die erste.

Allerdings blieb es bei den alliierten Vorbehalten bezüglich ganz Deutschlands und Berlins, das hieß: Die Zukunft Deutschlands lag nach wie vor in den Händen der Alliierten. In Verbindung mit der Sicherheitsgarantie, die vor allem die Vereinigten Staaten für den Rumpfstaat übernahmen, schuf das enorme Abhängigkeiten. Sie sorgten auch deshalb für Unmut, weil Amerika seinen deutschen Verbündeten und Schutzbefohlenen immer wieder spüren ließ, wer am längeren Hebel saß. Die Deutschen hatten derweil keine Chance, ihrem Unmut, insbesondere über die hemdsärmelige Art des Umgangs, Luft zu verschaffen. Erst fünf Jahrzehnte später, zu Beginn des 21. Jahrhunderts und mehr als ein Jahrzehnt nach der

Erlangung vollständiger Souveränität, begann sich das allmählich zu ändern.

Im Frühjahr 1955 war alles ratifiziert, die Verträge konnten in Kraft treten: Am 5. Mai war die Bundesrepublik fast vollständig souverän, zwei Tage später wurde sie in die WEU, am 9. Mai schließlich in die NATO aufgenommen. Damit war besiegelt, was im Grundsatz schon 1950 beschlossen worden war. Sieht man auf die Ausgangssituation und bedenkt, dass der Krieg, den Deutschland entfesselt und mit äußerster Brutalität geführt hatte, gerade einmal zehn Jahre zurücklag, so war das eine atemberaubende Karriere. Der politische Aufstieg wurde von einem beispiellosen wirtschaftlichen Boom begleitet, aber auch von anderen Leistungen.

Mitte der Fünfzigerjahre begann, mit ausgelöst durch die Marshall-Plan-Hilfe und den so genannten Korea-Boom, der Übergang zur Hochkonjunktur und die Blütezeit der Investitionen. Damals war die Vollbeschäftigung erreicht, und das obgleich allein zwischen 1949 und 1956 mehr als anderthalb Millionen Flüchtlinge aus der DDR in die prosperierende Bundesrepublik geströmt waren. Zwischen 1950 und 1960 verdreifachte sich das Bruttosozialprodukt.

Zum wirtschaftlichen Optimismus passte der sportliche Erfolg dieser Jahre. Dazu gehörte vor allem der unerwartete Erfolg im Fußball: Als die deutsche Nationalmannschaft, angeführt von Trainer Sepp Herberger und Spielführer Fritz Walter, 1954 als frisch gekürter Weltmeister in München einfuhr, wurde sie von Hunderttausenden begeistert gefeiert. Die internationale Anerkennung bedeutete noch mehr als der sportliche Durchbruch. Ähnliches galt für die Olympischen Spiele: In Rom beziehungsweise Squaw Valley konnte die deutsche Mannschaft 1960 einen beachtlichen dritten Platz im Medaillenspiegel erkämpfen; dass mit Armin Hary ein Deutscher damals den Sprint über 100 Meter in der legendären Zeit von zehn Sekunden zurücklegte, noch dazu vor der amerikanischen Konkurrenz, war eine nationale Sensation von internationalem Gewicht.

13 *Durchbruch: Der deutsche Sprinter Armin Hary gewinnt bei den Olympischen Spielen von Rom 1960 die 100 Meter vor der amerikanischen Konkurrenz.*

Konnte man mehr wollen? Die Deutschen schon. Sie wollten politisch so auftreten, wie sie das sportlich, jedenfalls bei den Olympischen Spielen, noch bis 1964 taten: gesamtdeutsch. Nahm man sie beim Wort und die Präambel ihres Grundgesetzes wörtlich, dann wollten sie nicht weniger als die Wiedervereinigung, also eine Revision der durch den Zweiten Weltkrieg geschaffenen politischen und territorialen Realitäten.

Und damit meinte man in Bonn damals nicht nur die beiden deutschen Teilstaaten einschließlich Berlins, sondern auch jene Gebiete Deutschlands in den Grenzen von 1937, die aufgrund der Potsdamer Absprachen vom August 1945 nun unter polnischer und sowjetischer Verwaltung standen. Dabei handelte es sich um große Teile Pommerns, Schlesiens sowie West- und Ostpreußens, dessen nördlicher Teil mit Königsberg seither zur Sowjetunion beziehungsweise zu Russland gehört. Kein Wunder, dass die Deutschen mit dieser Forderung damals allein auf weiter Flur standen. Wahrhaben wollten sie das aber nicht.

Dabei ließen zumindest die Sowjets keinen Zweifel aufkommen: Die Teilung Deutschlands war mit der Westintegration der Bundesrepublik vollzogen und besiegelt worden. Das zeigten ihre umgehenden, zum Teil bemerkenswert symbolträchtigen Reaktionen: Am 7. Mai 1955, dem Tag, an dem sich die WEU mit deutscher Beteiligung konstituierte, kündigte Moskau die Bündnisverträge mit Großbritannien und Frankreich aus den Jahren 1942 beziehungsweise 1944. Eine Woche später, am 14. Mai, hob der Kreml in der polnischen Hauptstadt den so genannten Warschauer Pakt aus der Taufe, dem dann 1956 auch die DDR endgültig beitrat, und quittierte damit die Aufnahme der Bundesrepublik in die NATO. Am nächsten Tag, am 15. Mai, setzten die Sowjets in Wien ihre Unterschrift unter den österreichischen Staatsvertrag und beugten damit einer deutschen Lösung, also der festen Einbindung eines Teils der Republik Österreich in das westliche Bündnis, vor.

·

Das waren die Tatsachen. Änderbar waren sie nicht mehr, jedenfalls nicht mit friedlichen Mitteln, und alle anderen Wege schieden aus – auch und gerade für Eisenhower. Der Präsident war gelernter Soldat. Er wusste aus eigener Anschauung, was Krieg bedeutete und wie ein mit modernen Waffen geführter Weltkrieg aussah. Er war daher, allen rhetorischen Offensiven zum Trotz, weit davon entfernt, ihn zu suchen. Eisenhower wollte keinen Krieg – den konventionell geführten nicht, und den nuklear geführten schon gar nicht. Eben deshalb, und weil er sich davon eine drastische Reduktion der Schwindel erregenden Rüstungsausgaben im konventionellen Bereich versprach, setzte er auf die massive nukleare Abschreckung.

Hier lagen die Anfänge einer perversen, aber in der Zeit des Kalten Krieges durchaus wirkungsvollen Logik. Sie ging davon aus, dass es die Nuklearwaffen nun einmal gab und unter den gegebenen Umständen nicht daran zu denken war, den nuklearen Rüstungswettlauf aufzuhalten. So erhielten die Waffen bald die Funktion, den Gegner sowohl von einem konventionell als auch von einem nuklear geführten Angriff abzuhalten. Anfang der Siebzigerjahre gingen Amerikaner und Sowjets sogar so weit, sich gegenseitig diese Abschreckungsmöglichkeit zu garantieren: Indem sie sicherstellten, dass kein nuklearer Erstschlag das Risiko eines Gegen-, eines Zweitschlages beseitigen konnte, schlossen sie für sich den Ersteinsatz von strategischen Nuklearwaffen faktisch aus. Gegenseitig zugesicherte Vernichtung, *Mutual Assured Destruction* (MAD), nannte man das dann. Welch passende Abkürzung.

So weit war man zwar Mitte der Fünfzigerjahre noch nicht, aber ein Anfang war doch gemacht. Denn mit ihrer neuen Doktrin wollten die Amerikaner den Sowjets signalisieren, dass der erste Schritt, also ein konventioneller Angriff, zwangsläufig den zweiten, eine nukleare Vergeltung, provoziere. Das sollte sie abschrecken, von einer Offensive in Europa abhalten. So gesehen war der so genannte Radford-Plan, der im Juli 1956 durch eine Indiskretion in der »New

York Times« bekannt wurde, keine wirkliche Überraschung. Darin schlug der Chef der Vereinigten Generalstäbe, Admiral Arthur W. Radford, eine drastische Reduzierung der in Übersee stationierten Streitkräfte und eine Erhöhung des strategisch-nuklearen Vergeltungspotenzials vor. Dieses »Schwert« sollte zum Einsatz kommen, falls die konventionellen Streitkräfte, das »Schild« der NATO, einem Ansturm der roten Armeen nicht mehr standhielten. Bis 1960 sollte das Programm, das eben auch ein Sparprogramm war, über die Bühne sein.

Bei den Verbündeten, vor allem aber in Bonn, warf der Plan mehr Fragen auf, als er beantworten konnte: Wurden damit nicht die konventionellen Streitkräfte insgesamt abgewertet, und das ausgerechnet in einer Zeit, als der Aufbau der Bundeswehr gerade anlief? Die bereitete ohnehin Probleme über Probleme. Zwar wurden am 2. Januar 1956 die ersten Bundeswehreinheiten einberufen; zwar verabschiedete der Bundestag am 19. März die zweite Wehrergänzung des Grundgesetzes und das Soldatengesetz, mit dem die allgemeine Wehrpflicht zum Sommer 1956 eingeführt wurde. Allerdings gab es für die aufzubauenden Streitkräfte weder eine Verwaltung noch eine Infrastruktur. Nicht einmal Bettwäsche oder Unterhosen für die Soldaten standen zur Verfügung, von Kasernen oder Waffen gar nicht zu reden: Sperrholzpanzer ersetzten einstweilen richtiges Kriegsgerät. Das nie und nimmer zu erreichende Planziel, innerhalb von nur drei Jahren eine Armee aus fast einer halben Million Wehrpflichtiger auf die Beine zu stellen, offenbarte das ganze Ausmaß des Debakels. Kein Wunder, dass der erste Verteidigungsminister der Republik, Theodor Blank, nach nicht einmal anderthalbjähriger Amtszeit zurücktrat und den Schleudersitz der Behörde Mitte Oktober 1956 dem ambitionierten, robusten Bayern Franz Josef Strauß überließ.

Weshalb aber setzte sich die Bundesregierung derart unter Druck? Einmal hielten Adenauer und seine Mitstreiter die weltpolitische Lage für bedrohlich – nicht ohne Grund. Vor allem aber

14   Für die NATO bereit? Franz Josef Strauß, seit Oktober 1956 Verteidigungsminister in Bonn, testet die Einsatzbereitschaft der Bundeswehr im Hubschraubersimulator.

waren sie gegenüber der NATO, also gegenüber den Vereinigten Staaten, entsprechende Verpflichtungen eingegangen. Und ausgerechnet die ließen jetzt ihre deutschen Verbündeten im Regen stehen. Wie sonst waren die Pläne der amerikanischen Strategen zu verstehen, ihre konventionellen Streitkräfte auch in Europa radikal abzubauen? Kam das nicht einer Einladung an die Sowjets gleich, die Situation zu nutzen und ihre konventionelle Überlegenheit auszuspielen, und konnte man in diesem Fall davon ausgehen, dass die USA tatsächlich mit Atomwaffen reagieren und damit das eigene Land einem entsprechenden sowjetischen Vergeltungsschlag aussetzen würden?

Unter diesen Umständen kam Adenauer der Start des sowjetischen Sputnik in eine Erdumlaufbahn am 4. Oktober 1957 gerade gelegen. Übrigens wurde der Satellit mit einer R-7-Rakete ins All geschossen, die aus der deutschen V2 weiterentwickelt worden war. Während die westliche Welt in momentanem Schock erstarrte, zumal wenig später eine amerikanische Rakete beim Start explodierte, dankte der Bundeskanzler »Gott, dass die Russen das gemacht haben«. Jetzt fasste er kurzzeitig wieder Hoffnung – auf ein Ende der amerikanischen »Lethargie« beziehungsweise des westlichen »Dämmerschlafes« und auf Bewegung in der Deutschen Frage.

Das war ein Irrtum. Vielmehr nahm das Interesse der Amerikaner an einer Lösung im deutschen, jedenfalls im westdeutschen Sinne mit jeder Drehung der Rüstungsspirale ab. Nur sagten sie es nicht. Ganz im Gegenteil unterstützten Präsident Eisenhower und sein Außenminister öffentlich den deutschen Wunsch nach einer Wiedervereinigung des Landes. Dafür hatten sie gute Gründe. Denn Westintegration und Wiederbewaffnung waren damals in der Bundesrepublik alles andere als unumstritten. Gewichtige politische Kräfte, darunter die Sozialdemokraten, lehnten sie ab, weil sie annahmen, dass dadurch die Chance auf eine Wiedervereinigung weiter geschmälert würde. Erst im Sommer 1960 vollzog die SPD unter dem Eindruck der Berlin-Krise einen radikalen außenpolitischen Kurswechsel.

Danach fiel es den Amerikanern leichter, die Dinge beim Namen zu nennen und die Teilung Deutschlands auch öffentlich als nicht mehr revidierbar zu akzeptieren: Die Deutschen würden, so oder so, bei der Stange bleiben. In diesem Sinne zog Eisenhowers Nachfolger die Konsequenz und gab den Sowjets und ihren ostdeutschen Paladinen grünes Licht für die Zementierung der gegebenen Lage. Kein Wunder, dass sich Wut und Enttäuschung der Deutschen auf John F. Kennedy richteten. Dabei war es der republikanische Exgeneral gewesen, der die amerikanische Politik Schritt für Schritt auf die seit 1955 gegebenen Verhältnisse in Europa und damit in Deutschland einstellte.

Daran hatte schon der Genfer Gipfel des Sommers 1955, der erste seit Potsdam und der letzte in der Deutschen Frage überhaupt, kaum mehr einen Zweifel gelassen. Nicht nur der britische Premierminister Anthony Eden und der französische Ministerpräsident Edgar Faure, auch Amerikas Präsident Dwight D. Eisenhower hatte sich von den angereisten obersten Sowjets – Nikolai A. Bulganin und Nikita Chruschtschow – darauf festlegen lassen, dass die »Interessen des deutschen Volkes« und die »europäische Sicherheit« auf einer Stufe rangierten. Besaß die Lösung der Deutschen Frage bislang eindeutig die Priorität vor allen anderen, so begann sich das jetzt zu ändern. Sie wurde zu einer Fußnote der Weltpolitik herabgestuft. Schon durch Eisenhower und Dulles. Deutsche Wünsche zu unterstützen, war eine Sache; sie gegen entschiedene Widerstände der Sowjets durchzusetzen, eine andere. Drei Jahre später kam die Nagelprobe.

•

Am 10. November 1958 forderte Chruschtschow in einer Rede im Moskauer Sportpalast von den Westmächten die Aufgabe der »Überreste des Besatzungsregimes in Berlin«, also der westlichen

Präsenz in der alten Reichshauptstadt. Anlass war die »Abstimmung mit den Füßen«, eine Massenwanderung von Ost- nach Westdeutschland, an der sich seit 1955 jährlich etwa 250 000 Bürger der DDR beteiligten. Die allermeisten nahmen dabei den Weg über das Schlupfloch West-Berlin – die »Gräte im Hals«, den »Pfahl im Fleische«. So jedenfalls empfanden die Sowjets und ihre Ost-Berliner Statthalter die Lage. Umgekehrt hielten die Sowjets, wie sich Chruschtschow nach seinem Sturz erinnerte, West-Berlin für die »wunde Stelle« jenes Fußes, »den Amerika nach Europa gesetzt« hatte. »Immer wenn wir den Amerikanern auf diesen Fuß treten wollten, um sie den Schmerz spüren zu lassen, mussten wir nur die Kommunikationsverbindungen des Westens mit dieser Stadt blockieren, die über das Territorium der Deutschen Demokratischen Republik verliefen.«

Diese Trumpfkarte suchte Chruschtschow in der aufziehenden Krise auszuspielen. Am 27. November 1958 ließ der Kremlherr seiner Drohung das erste einer Reihe von Ultimaten folgen. Sobald sich Verhandlungen abzeichneten, wurden diese verlängert oder durch neue ersetzt. Offensichtlich wollte man im Kreml herausfinden, wie weit man wohl gehen konnte. Mit dem ersten, auf sechs Monate befristeten Ultimatum kündigte die Sowjetunion den Viermächte-Status von Berlin, also die Vereinbarungen aus der Kriegszeit, in diesem Falle vom September 1944. Damit waren auch Forderungen verbunden, allen voran der Abzug der westlichen Truppen aus Berlin und die Aufnahme von Verhandlungen über den Status West-Berlins als entmilitarisierte »freie« Stadt.

In den westlichen Metropolen, besonders in Washington, suchte man nach den Motiven für Chruschtschows Aktion. War sie der Auftakt zu einer Offensive? Oder hatte man es mit einer Neuauflage des Versuchs von 1956 zu tun, destabilisierenden Bewegungen im eigenen Machtbereich gegenzusteuern? In diesem Fall ging die Sache in Ordnung. Gewiss, aus West-Berlin würde man sich nicht verdrängen lassen, ganz gleich, wie unangenehm den Sowjets die westliche Präsenz mitten in ihrem Imperium auch war. Dabei ging es den Amerikanern, an denen jetzt alles hing, übrigens nicht in erster Linie um das Schicksal der Berliner. John Kenneth Galbraith – Nationalökonom und Berater der demokratischen Präsidenten, von 1961 bis 1963 auch einmal amerikanischer Botschafter in Indien – sagte damals einem deutschen Besucher, dem Industriemanager und Kanzlerberater Kurt Birrenbach: Wenn man sich einmal in Ruhe überlege, welche Risiken in der jetzigen Position für die ganze westliche Welt lägen, wäre es doch das Billigste, die Amerikaner zahlten den Deutschen eine große Summe in Dollars, mit der diese dann ein neues Berlin irgendwo in Norddeutschland oder anderswo aufbauen könnten.

Natürlich war das die polarisierende Sicht eines Außenseiters. Aber sie zeigte doch, wo die Prioritäten vieler Amerikaner damals lagen. Natürlich war ihnen das Schicksal der Berliner nicht völlig gleichgültig. Wichtiger freilich war ihnen erstens die Wiederherstellung ihrer Glaubwürdigkeit, die in der Ungarn-Krise des Jahres 1956 doch arg gelitten hatte, und zweitens die Behauptung einer interessanten strategischen Position mitten im sowjetischen Machtbereich. Alles andere war verhandelbar, auch eine Abkoppelung der Berlin- von der Deutschland-Frage, um die sich der Kreml jetzt offensichtlich bemühte. Bereits gegen Ende des Jahres 1958 war absehbar, dass ihm das gelingen würde. Die Kompromissbereitschaft des Westens war nur allzu verständlich. Immerhin drohte Chruschtschow im Verlauf der Krise wiederholt mit Raketenangriffen auf westliche Hauptstädte, und das konnte man nicht einfach ignorieren. War also die Berlin-Frage das Risiko einer womöglich globalen nuklearen Auseinandersetzung wert?

Sie war es nicht. Daran ließen die Amerikaner keinen Zweifel, allen voran ihr Außenminister Christian Herter, der im April 1959 von seinem schwer erkrankten Vorgänger John Foster Dulles das Amt des Außenministers übernahm. Der Rückzug, dann der Tod von Dulles waren ein herber Verlust, vor allem für Konrad

Adenauer. Die beiden verband eine vertrauensvolle Arbeitsbeziehung. Natürlich vertrat Dulles, wenn es darauf ankam, vor allem die Interessen Amerikas. Aber er gehörte doch zu der kleinen Gruppe amerikanischer Politiker, die Gespür und Verständnis für die Anliegen Europas, auch Deutschlands, hatten. Für Herter ließ sich das so nicht sagen. Er brachte nicht annähernd die Erfahrung mit, die Dulles besessen hatte und die in der schweren internationalen Krise um Berlin gefragt war.

Das Management dieses Problems lag anfänglich bei einer Außenministerkonferenz der vier Siegermächte, die mit einer Unterbrechung vom 11. Mai bis zum 5. August 1959 in Genf tagte. Es war übrigens ihre neunte Zusammenkunft seit Kriegsende und zugleich bis zum Treffen von Ottawa im Februar 1990, also für mehr als 30 Jahre, die letzte in dieser Angelegenheit. Erstmals waren auch Vertreter beider deutscher Staaten als Berater zugelassen, allerdings platziert an eigenen Beobachter- oder »Katzentischen«, also nicht am großen Verhandlungstisch der Vertreter der Vier Mächte. Dort musste Bonns Vertreter zur Kenntnis nehmen, wie die Amerikaner und in ihrem Windschatten auch Briten und Franzosen Schritt für Schritt ihre Position räumten. So erklärten sie sich unter anderem bereit, das Berlin-Problem und die Fragen von Wiedervereinigung und Abrüstung getrennt zu behandeln.

•

Zu einer Einigung kam es in Genf dennoch nicht. Die Erwartungen richteten sich jetzt auf Fortschritte auf höchster Ebene. Das war auch einer der Gründe, warum Eisenhower Chruschtschow zu einem Besuch nach Amerika eingeladen und dieser die Einladung angenommen hatte. Um in dieser Angelegenheit zu sondieren, hielt sich Vizepräsident Richard Nixon Ende Juli 1959 eine gute Woche in der Sowjetunion auf. Kein Wunder, dass die europäischen Verbündeten, allen voran die Deutschen, auf diese Nachrichten nervös reagierten. Um den Schaden zu begrenzen und um, dem äußeren Anschein zum Trotz, Standfestigkeit in der Berlin-Frage zu demonstrieren, begab sich Eisenhower seinerseits auf Europa-Tournee. Nach Berlin zog es ihn bei dieser Gelegenheit zwar nicht, wohl aber Ende August 1959 nach Bonn, wo ihm die Bevölkerung einen triumphalen Empfang bereitete.

Auslandsreisen waren übrigens damals für Staatsmänner längst nicht so selbstverständlich wie heute und gerade deshalb groß in Mode. Das galt auch für die deutschen, allen voran für Willy Brandt. Der Regierende Bürgermeister von Berlin befand sich in den Jahren 1958 und 1959 gewissermaßen auf einer permanenten globalen Werbetour – für die geteilte Stadt und für seine eigene Karriere – und hielt sich dabei auch zweimal zu Gesprächen mit Eisenhower und seinem Außenminister in Amerika auf.

Da blieb auch dem greisen Bundeskanzler keine andere Wahl, als sich entsprechend in Szene zu setzen. Mitte März 1960 traf Konrad Adenauer in Amerika ein – an Bord einer amerikanischen Lockheed L-1049 Super Constellation der Lufthansa, die 1955 nach zehnjähriger Zwangspause zunächst den innerdeutschen und wenig später auch den transatlantischen Linienverkehr wieder aufgenommen hatte; die Flugbereitschaft der Bundeswehr gab es damals noch nicht. Die Reise führte den Kanzler über den amerikanischen Kontinent und Honolulu schließlich nach Tokio. Adenauer war von der dreiwöchigen Exkursion tief beeindruckt, nicht nur, weil ein amerikanischer General auf dem Rückweg in Anchorage, Alaska, eigens für ihn »zwei ihrer Kampfflieger«, die »auch Atombomben« tragen konnten, in Alarmbereitschaft versetzt hatte. Was den Reisenden aus dem winzigen Bonner Teilstaat vor allem in Atem hielt, waren die riesigen Räume, die er auf seiner Reise überbrückte.

Solch unendliche Weiten kannte Chruschtschow, der am 15. September 1959 in der Höhle des Löwen eingetroffen war, aus seiner eigenen Heimat. Was den obersten Sowjet weitaus mehr beeindruckte, waren der hohe Stand der technologischen Entwicklung

15 Berlin grüßt New York: Der Regierende Bürgermeister Willy Brandt auf Werbetour, hier mit New Yorks Bürgermeister Robert Wagner (links), Gouverneur Nelson Rockefeller (rechts) und dem Leiter des Berliner Presse- und Informationsamtes, Egon Bahr (hinten rechts), bei der traditionellen Steuben-Parade, September 1962.

und die enorme Leistungsfähigkeit Amerikas. Chruschtschows spektakuläre Reise führte von Washington über New York, Los Angeles, San Francisco, Des Moines und Pittsburgh schließlich nach Camp David in Virginia. Offensichtlich befand er sich, auch wegen einer kurz vor seiner Ankunft erfolgreich durchgeführten Weltraumaktion, politisch in der Offensive, sprach gleich nach seiner Ankunft von der Möglichkeit einer »friedlichen Koexistenz« von Kapitalismus und Kommunismus, unterbreitete den Vereinten Nationen einen Plan für die vollständige Abrüstung innerhalb von vier Jahren und machte schließlich, während seines zweitägigen Besuchs bei Eisenhower, den Weg frei für den von ihm geforderten Vierergipfel in der Berlin-Frage. Mitte Mai 1960 wollte man sich in Paris treffen.

Aber dann ließ Chruschtschow selbst in letzter Minute die Begegnung mit Charles de Gaulle – seit Anfang 1959 Staatspräsident der eigens für ihn eingerichteten Fünften Französischen Republik –, dem britischen Premier Harold Macmillan und natürlich Amerikas Präsidenten Dwight D. Eisenhower platzen: Bevor er sich mit dem amerikanischen Präsidenten an einen Tisch setze, so der oberste Sowjet, müsse der sich erst einmal offiziell für die Aufklärungsflüge von U-2-Maschinen über sowjetischem Territorium entschuldigen, von denen eine vom Himmel geholt worden war. Das war ganz offensichtlich ein Vorwand, lag der Abschuss doch mehr als zwei Wochen zurück. Außerdem waren die Sowjets über diese Aufklärungs- beziehungsweise Spionageflüge seit den Anfängen informiert, wenn auch nicht über deren eigentlichen Zweck.

Eisenhower wollte nämlich mit diesen Flügen den Beleg beibringen, dass die Sowjets im nuklearen Bereich weit hinter jenem Gleichstand mit den Amerikanern herliefen, den sie behaupteten und von dem man bis zum Beweis des Gegenteils ausgehen musste, wollte man nicht eine böse Überraschung erleben. Gewiss, Moskau hatte Mitte 1955 auf einer Luftfahrtschau den neuen Langstreckenbomber Tupolew Tu-95 präsentiert, und den Start des Sputnik im

Herbst 1957 konnte man natürlich nicht einfach ignorieren. Aber Eisenhower wusste aus seiner langjährigen militärischen Erfahrung eben auch, dass der Prototyp eines neuen Waffensystems eine Sache war, die Serienfertigung und Einsatzfähigkeit hingegen eine andere. Aus diesem Grund, aber auch weil es ihm um eine Begrenzung des bevorstehenden Rüstungswettlaufs ging, hatte der Präsident schon Mitte April 1953, wenige Monate nach dem erfolgreichen Test der ersten amerikanischen und in Erwartung der Zündung einer ersten sowjetischen Wasserstoffbombe, eine umfassende Abrüstung einschließlich eines »funktionsfähigen Überwachungssystems durch die Vereinten Nationen« gefordert. Zwei Jahre später ernannte er mit Harold E. Stassen einen Abrüstungsbeauftragten, und im Juli 1955, auf dem Genfer Gipfel, legte er Chruschtschow den Plan für einen »offenen Himmel« vor. Die Sowjets hatten das abgelehnt und ihrerseits 1956 eine 800 Kilometer breite Luftinspektionszone beiderseits der Demarkationslinie zwischen den Machtblöcken in Europa, sprich der deutsch-deutschen Grenze, vorgeschlagen. Das hätte übrigens bedeutet, dass ihnen praktisch das gesamte NATO-Territorium bis zum Atlantik, also auch die komplette Bundesrepublik, für die Aufklärung offen gestanden hätte, während die Amerikaner mit ihren Inspektionen gerade einmal weißrussisches und ukrainisches Territorium erreichen konnten.

Einvernehmlich kam man also hier in den Fünfzigerjahren nicht weiter: Kontrolle war zwar gut, aber Vertrauen war besser. Und das entstand in diesem Bereich erst Mitte der Achtzigerjahre. Also blieb nur die einseitige Aktion, die Spionage, um eine Antwort auf die Frage zu finden, ob die Sowjets tatsächlich den Rüstungsstand erreicht hatten, den sie vorgaben. Der Beweis des Gegenteils, auf den der Präsident setzte, hätte es ihm ermöglicht, bei den Rüstungsausgaben drastische Einschnitte vorzunehmen und dadurch etwas für einen ausgeglichenen Haushalt zu tun, der ja zu einem der wichtigsten Teile seines innenpolitischen Programms geworden war.

Am 1. Mai 1960, gut zwei Wochen vor dem geplanten Pariser Gipfel, war also eines dieser Spionageflugzeuge abgeschossen worden. Beileibe nicht das erste, nur hatten die Sowjets bislang kein Aufheben davon gemacht. Überhaupt waren beide Seiten peinlich darauf bedacht, derartige Vorgänge nicht zum Auslöser eines militärischen Schlagabtauschs werden zu lassen. Denn auch die Spionage- und Geheimdiensttätigkeit hatte sich den Spielregeln des Kalten Krieges anzupassen. Das gelang nur eingeschränkt, weil die gezielte Täuschung, Desinformation oder Irreführung, die zum Wesen dieses Geschäfts gehörten, gerade die Meinungsbildung der jeweils anderen Seite beeinflussen sollte.

So publizierte der KGB allein 1960, dem Jahr des U-2-Skandals, etwa 200 gezielte Desinformationen, darunter zehn unter dem Namen westlicher Regierungen, veröffentlichte im Ausland 126 Bücher und mehr als 3000 Artikel, in welchen die »aggressive Politik der USA« angeprangert wurde, und schaffte über 8000 als »geheim« eingestufte Informationen wissenschaftlich-technischer Natur in die Sowjetunion. Höchst beeindruckend liest sich auch die Liste der Vorhaben, mit denen der KGB auf die U-2-Affäre zu reagieren gedachte. Darunter befanden sich zum Beispiel gezielte Maßnahmen, »um die CIA zu kompromittieren und die Gegensätze zwischen der CIA und anderen Abwehrdiensten durch die Veröffentlichung einiger Dokumente oder durch ihre Versendung an das FBI zu verschärfen«.

Nur gelegentlich rückten die Aktivitäten der Geheimdienste in den Blickpunkt der Öffentlichkeit, so zum Beispiel beim Austausch von Spionen beziehungsweise Agenten. Und weil sich die beiden Machtblöcke an der innerdeutschen Grenze berührten, wurde die Übergabe nicht selten dort, mitten in Deutschland, abgewickelt. Wie kaum ein zweites Thema hat die geheimnisumwitterte Spionage in allen Dimensionen und Facetten die Fantasie der Zeitgenossen beflügelt: Romane und Filme über jene Männer, die »aus der Kälte« kamen, waren Bestseller und Dauerbrenner.

16   Wilder Mann: Mit seinen heftigen Attacken gegen die USA, hier am 22. September 1960 vor den Vereinten Nationen in New York, liefert der oberste Sowjet Nikita Chruschtschow den Präsidentschaftskandidaten John F. Kennedy und Richard M. Nixon ein Wahlkampfthema.

Chruschtschow konnte sich also sicher sein, dass er mit der Bekanntmachung des U-2-Abschusses die Aufmerksamkeit der Weltöffentlichkeit auf seiner Seite hatte. Das war auch nötig, befand sich doch die von ihm inszenierte Krise um Berlin in einem Stadium bedenklicher Stagnation. Wenige Tage nach dem gescheiterten Gipfel erklärte Chruschtschow sogar, dass die Sowjetunion den Status von Berlin bis zu einer neuen Gipfelkonferenz für gut ein halbes Jahr unangetastet zu lassen gedenke. Offensichtlich wollte er zunächst einmal abwarten, wie die bevorstehenden Präsidentschaftswahlen in den USA ausgingen. Auf den Verlauf und die Themen des Wahlkampfes hat er dann selbst, wenngleich ungewollt, einigen Einfluss genommen: Sein berühmter Auftritt vor den Vereinten Nationen am 22. September 1960, vor allem seine heftigen Attacken gegen die Vereinigten Staaten und die unvergessene Szene, in der er mit seinem Schuh den Tisch der sowjetischen UN-Delegation traktierte, verdichtete sich im Wahlkampf zu der großen Frage: Welcher Kandidat kann diesem wilden Ukrainer als Präsident wohl am besten die Stirn bieten?

ENTTÄUSCHTE HOFFNUNG
1960-1963

Als er antrat, war er für viele ein Hoffnungsträger; der Mord machte ihn zum Mythos. Auch in Deutschland. Das erklärt, warum John F. Kennedy hierzulande bis heute einer der populärsten amerikanischen Präsidenten ist, obgleich kein zweiter die Hoffnungen der Deutschen so enttäuscht hat wie er. Aber andererseits hat auch kaum ein anderer Amerikaner, und ganz gewiss kein zweiter Präsident des 20. Jahrhunderts, die Zeitgenossen schon zu seinen Lebzeiten, erst recht aber seit seinem frühen Tod so beschäftigt wie dieser. Alles, was zum Mythos beitragen kann, kam in diesem kurzen Leben zusammen: Krieg und Frieden, Aufstieg und jähes Ende, Glamour und Verschwörung, Familie und Affären. Bis zu einem bestimmten Punkt, bis zum kometenhaften Aufstieg des jungen Politikers war das gewollt, geradezu generalstabsmäßig geplant.

John F. Kennedys Vater Joseph, Sohn irisch-katholischer Einwanderer, Bankier, Reeder und Spekulant, hatte es geschafft. Die Börse hatte ihm zu einem Millionenvermögen verholfen, und das wiederum erleichterte den Zugang zur protestantisch dominierten Elite der Ostküste. Politische Ambitionen und Aktivitäten, darunter als Botschafter der Vereinigten Staaten in Großbritannien während der Jahre 1937 bis 1940, taten ein Übriges, das Netz der Beziehungen und Kontakte engmaschiger zu knüpfen. Zugute kommen sollte das seinen neun Kindern, allen voran dem ältesten Sohn gleichen Namens, Joseph Kennedy, der allerdings 1944 als Marineflieger ums Leben kam. So wurde der nachfolgende Bruder John zum Hoffnungsträger der Familie und zum Fixpunkt des väterlichen Ehrgeizes.

Selbstverständlich war das nicht, denn John Fitzgerald Kennedy, der am 29. Mai 1917 in Brookline, Massachusetts, geboren wurde, litt unter der Addison-Krankheit, die in der Regel mit starker Abmagerung und Appetitlosigkeit, aber auch mit Muskelschwäche einhergeht. Diese Krankheit, vor allem aber die Folgen der Medikamente, mit denen Kennedy behandelt wurde, hinterließen Spuren, die sich bei einem politischen Karrieristen, gar einem Präsidentschaftskandidaten nicht zeigen durften. Also musste eine Verwundung aus dem Zweiten Weltkrieg als Erklärung herhalten, um den Makel in einen Mythos zu verwandeln. Wie überhaupt der Kriegseinsatz schon Teil der Geschichte und der Karriere war: Vater Joseph hatte dafür gesorgt, dass der kränkelnde Sohn in die Marine eintreten und als Kommandant eines Torpedo-Schnellbootes am Krieg im Pazifik teilnehmen konnte. Die Verwundung ging auf einen japanischen Zerstörerangriff im August 1943 zurück, den Kennedy mit anderen Besatzungsmitgliedern auf einer Insel überlebte, bis herbeigerufene amerikanische Einheiten die Gruppe retten konnten. Die folgende schwere Rückenoperation ließ einen erneuten Kampfeinsatz nicht zu.

Fortan konzentrierte sich John F. Kennedy, unterstützt von Vater Joseph, auf eine Karriere in Washington. Die Voraussetzungen waren gut, wegen seines Rufs als Kriegsheld, aber auch wegen der zuvor absolvierten Ausbildung an den renommierten Anstalten von Princeton und Harvard, die von Krankheiten und jener Zeit unterbrochen wurde, die er mit der Familie in London verbrachte. Kennedy nutzte diese Zeit für ausgedehnte Reisen und Beobachtungen auf dem alten Kontinent, entwickelte sich dort zu einem dezidierten Kritiker der britischen Beschwichtigungspolitik gegenüber totalitären Regimen, allen voran dem nationalsozialistischen Deutschland, und brachte seine Erkenntnisse in seiner Abschlussarbeit in Harvard zu Papier. Die erweiterte Fassung dieses engagierten Plädoyers für den gemeinsamen Kampf der westlichen Demokratien gegen die totalitäre Herausforderung erschien im Sommer 1940, also anderthalb Jahre vor dem amerikanischen Kriegseintritt. Das Buch wurde auch deshalb ein beachtlicher Erfolg, weil seine Einschätzung angesichts der weiteren Entwicklung als weitsichtig gelten konnte.

Seit 1947 saß der neunundzwanzigjährige John F. Kennedy als demokratischer Abgeordneter im Repräsentantenhaus; 1953 holte er den Senatssitz von Massachusetts. Von Anfang an machte er von sich reden, vertrat Standpunkte, die vor allem ein jüngeres Publikum ansprachen. Das galt für seine innenpolitische Positionierung auf dem linksliberalen Flügel der Partei, die ihren Niederschlag im Einsatz für soziale Reformen und für die weniger privilegierten Schichten und Gruppen der amerikanischen Gesellschaft fand. Es galt aber auch für seine außenpolitischen Vorstellungen. Gewiss, kein Politiker mit Ambition hätte es sich in dieser Eiszeit des Kalten Krieges leisten können, die Linie eines klaren Bekenntnisses zum westlichen Bündnis und einer entschiedenen Kampfansage an den »sowjetischen Atheismus«, so auch Kennedy, zu verlassen.

Auf der anderen Seite war es keineswegs selbstverständlich, gegenüber der sich entwickelnden Dritten Welt eine unabhängige Position zu beziehen, wie Kennedy das schon während der Fünfzigerjahre tat. Der junge Abgeordnete und Senator ging eben nicht, wie die Vertreter der amtierenden Eisenhower-Administration, davon aus, dass die neuen, unabhängigen Staaten Afrikas und Asiens schon deshalb dem kommunistischen Lager zuzurechnen seien, weil sie nicht kompromisslos einen westlichen Kurs steuerten. So kam es, dass Kennedy 1957 öffentlich der algerischen Unabhängigkeitsbewegung seine Sympathie bekundete – und damit Position gegen die französische Kolonialherrschaft bezog. Der Gegensatz zwischen ihm und Charles de Gaulle, der Frankreich im März 1962 endgültig vom algerischen Joch erlöste, hat hier eine Wurzel.

Kennedy blieb seinen Themen und Positionen treu, auch im Kampf um die Präsidentschaft. Früh und entschieden meldete er seine Kandidatur an; in seinem jüngeren Bruder, Robert Kennedy, fand er einen virtuosen Strategen für den Vorwahlkampf wie auch für die eigentliche Kampagne, die er schließlich mit der äußerst knappen Mehrheit von nicht einmal 120 000 Stimmen für sich entscheiden konnte. Ausschlaggebend für den Erfolg des 8. Novem-

ber 1960 waren nicht zuletzt vier Fernsehduelle mit seinem Konkurrenten, Eisenhowers Vizepräsidenten Richard Nixon. Insgesamt
etwa 100 Millionen Amerikaner, ein Drittel mehr, als schließlich
zur Wahl gingen, verfolgten die Debatten zwischen dem müde
und angeschlagen wirkenden, lediglich vier Jahre älteren republikanischen Routinier und dem dynamisch auftretenden, gut vor-
bereiteten demokratischen Senator. Mit diesen TV-Duellen gelang
es Kennedy, Zweifel an seiner politischen Erfahrung aus dem Weg
zu räumen.

Ob die Fernsehschlacht schließlich den Ausschlag gegeben hat
oder nicht, lässt sich nicht mit Bestimmtheit sagen. Fest steht,
dass Kennedy fortan so intensiv auf dieses Medium setzte wie kein
zweiter Politiker vor ihm. In Verbindung mit seinen beachtlichen
rhetorischen und kommunikativen Talenten, an denen er übrigens
ständig weiter feilte, nutzte er das Fernsehen, um die Menschen
direkt anzusprechen, zu motivieren und für seine Politik – und
damit für die nächste Wahl – zu gewinnen. Dieser Art der persönlichen Kommunikation entsprach auch der Führungsstil dieses
35. Präsidenten der USA: direkt, wenn möglich ohne Einbeziehung
der Amtsapparate, die Kennedy fremd waren.

Um sich versammelt hatte der Dreiundvierzigjährige – übrigens
der erste Katholik auf diesem Posten – eine recht junge Mannschaft.
Das Durchschnittsalter lag knapp über dem seinen und gut zehn
Jahre unter dem der Eisenhower-Regierung. Weil die kurze Amtszeit dieses Präsidenten von zwei schweren internationalen Krisen
geprägt war, ist vor allem der für die Außen- und Sicherheitspolitik zuständige Teil der Truppe in Erinnerung geblieben. Und dort
wiederum weniger die Männer der ersten Reihe, wie der kaum
auffällige Außenminister Dean Rusk oder auch der loyale, häufig
in delikaten Missionen im Ausland weilende Vizepräsident Lyndon
B. Johnson, als vielmehr die jungen Männer: Von der Spitze des
Ford-Konzerns warb Kennedy Robert McNamara als Verteidigungsminister an, von der Universität Harvard beziehungsweise

vom Massachusetts Institute of Technology berief er McGeorge Bundy als Nationalen Sicherheitsberater und Walt W. Rostow als Leiter des Planungsstabes im State Department. Zum engsten Beraterkreis gehörten zudem der Redenschreiber Theodore C. Sorensen und der Pressesekretär Pierre Salinger.

Nicht weniger Sorgfalt verwandte der Präsident allerdings auf die Besetzung jener Posten, denen innenpolitisch eine besondere Bedeutung zukam: Mit C. Douglas Dillon berief er einen gemäßigten, erfahrenen Republikaner zum Finanzminister, und das Justizministerium ging an Bruder Robert. Der acht Jahre jüngere Harvard-Absolvent zählte zu den engsten Vertrauten des Präsidenten – nicht nur in den Fragen wie etwa der Bürgerrechtspolitik, für die er unmittelbar verantwortlich war. Der Präsident brauchte gerade hier ein starkes, nach außen überzeugend wirkendes Personal, weil er mit einem gewaltigen Reform- und Innovationsprogramm angetreten war: Von der Sozialversicherung bis zur Krankenversorgung, von der Steuerpolitik bis zum Städtebau, vom Bildungswesen bis zur Überwindung der Rassentrennung stand alles auf der Agenda.

Allzu viel zum Abschluss bringen konnte Kennedy nicht, weil die Zeit, die ihm bis zu seinem unerwartet frühen Tod zur Verfügung stand, nicht reichte und weil der Kongress sich widersetzte. Zwar gab es in beiden Häusern eine komfortable demokratische Mehrheit. Aber einige Themen, wie insbesondere die Bürgerrechte, sowie die forsche Art, mit der Kennedy die Initiative ergriff und die Verfahren an sich zog, führten immer wieder zu legislativen Blockaden. Die ungewöhnlich günstige Konjunktur – eine niedrige Inflationsrate und ein solides jährliches Wachstum – federten manches ab und zwangen nicht zu den ursprünglich geplanten größeren Steuersenkungen. Und obwohl der Präsident auch hier auf manche Widerstände im Innern stieß, brachte er doch mithilfe des Kongresses Zollsenkungen auf den Weg, die ihrerseits bis 1967 im Rahmen des Allgemeinen Zoll- und Handelsabkommens

(GATT) international durchgesetzt werden konnten. Diese Etappe des GATT ist daher auch mit gutem Grund als »Kennedy-Runde« in die Geschichte eingegangen.

Auch – aber nicht nur – hier zeigte sich die enge Verbindung von innen- und außenpolitischen Vorstellungen Kennedys und seiner jungen Truppe. *New Frontiers*, neue Horizonte waren es, die der Präsident seinen Landsleuten aufzeigen, die er mit ihnen abschreiten, wenn nicht sogar überschreiten wollte – auch in der Außenpolitik. Schon in seiner ersten *State of the Union Message* vom 30. Januar 1961, also nur wenige Tage nach seiner Vereidigung, hatte der Präsident vorausgesagt, der Kampf um die Freiheit werde sich künftig in Asien, Afrika und Lateinamerika entscheiden. Das ließ für Missverständnisse wenig Raum. Zielstrebig verließ die neue Administration die selbstgewählte weltpolitische Defensive, in der das Gespann Eisenhower-Dulles allen rhetorischen Attacken zum Trotz acht Jahre lang verharrt hatte.

Die neue Blickrichtung, die südliche Halbkugel, bot ein vielseitiges Betätigungsgebiet. Die Parole für das südliche Amerika lautete »Allianz für den Fortschritt«, und das im Innern sehr populäre »Friedenskorps« junger Amerikaner, mit dem die Vereinigten Staaten in Zukunft die Entwicklungsarbeit dort wie in den Ländern Afrikas und Asiens tatkräftig unterstützen wollten, war nur ein Beispiel für den offensiven Charakter des neuen Denkens. Genau genommen war Kennedys Vision gerade dort, wo sich der Präsident für das Engagement des jungen Amerika in den armen Regionen der Erde aussprach, eine Fortsetzung der *Roll-back*-Politik seines Vorgängers, des offensiven Zurückdrängens des Kommunismus – mit anderen Mitteln und in anderen Gegenden.

•

Am 3. und 4. Juni 1961 traf Kennedy den Ersten Sekretär des Zentralkomitees der Kommunistischen Partei der Sowjetunion in Wien. Das Treffen mit Nikita Chruschtschow ging auf den Wunsch des Präsidenten zurück, der seinen Kontrahenten und künftigen Partner kennen und einschätzen lernen wollte. Ähnliche Motive hatten wohl auch den Kremlchef zu einer Zusage bewogen, zumal Gipfeltreffen dieser Art vorzüglich geeignet waren, den sowjetischen Anspruch auf Gleichrangigkeit mit der westlichen Führungsmacht zu unterstreichen. Den nämlich erhoben sie bis in die Ära Gorbatschow.

Beobachtern der Szene fiel auf, dass sich der amerikanische Präsident ganz offenkundig in einer schwächeren Verhandlungsposition befand als sein Gegenüber. Nicht nur wurde er von Chruschtschow kompromisslos mit politischen Vorgaben konfrontiert und musste reagieren. Schlimmer noch: Kennedy hatte kurz vor dieser Begegnung eine schwere politische Niederlage, einen Prestigeverlust in der spannungsgeladenen internationalen Atmosphäre hinnehmen müssen. Denn am 20. April 1961 war endgültig der Versuch einer Gruppe von Exilkubanern gescheitert, in der Schweinebucht der Insel an Land zu gehen. Das Fiasko hatte insofern mit den USA zu tun, als die CIA die Invasoren militärisch ausgebildet und auf das Unternehmen vorbereitet hatte.

Dahinter stand eine jahrzehntealte, komplexe Tradition amerikanisch-kubanischer Beziehungen, die ihren Ursprung im Spanisch-Amerikanischen Krieg des Jahres 1898 hatte. Dieser Krieg, ausgelöst durch die Vorgänge in der damaligen spanischen Kolonie Kuba, hatte die Vereinigten Staaten zum Erben des verbliebenen spanischen Kolonialreiches gemacht. So kamen sie in den Besitz Puerto Ricos, der Philippinen und Kubas. Zwar waren die amerikanischen Truppen 1902 von der Karibikinsel abgezogen worden. Doch hatten sich die USA einerseits ein militärisches Interventionsrecht vorbehalten, von dem sie seit 1906 wiederholt Gebrauch machten. Zum anderen sicherten sie sich dort zwei Stützpunkte. Der zuletzt noch verbliebene, Guantánamo, erlangte in der Ära des jüngeren Bush als Internierungslager für tatsächliche und vermeintliche Terroristen eine äußerst zweifelhafte Berühmtheit.

Unmittelbarer Anlass für das »Unternehmen Schweinebucht« waren die Entwicklungen auf der Insel seit 1953, als sich eine Guerillatruppe unter Führung des Rechtsanwalts Fidel Castro Ruz gegen das Regime des Diktators Fulgencio Batista y Zaldívar erhob. Washington verfolgte die Vorgänge zunächst mit distanziertem Wohlwollen und erkannte auch die neue Regierung diplomatisch an. Castro unternahm eine Reise durch die USA, die sich mitunter wie ein Triumphzug ausnahm und zeigte, dass der neue Mann auf Kuba in der amerikanischen Öffentlichkeit durchaus populär zu werden versprach. Das sollte sich ändern, als er seine Reformen in Angriff nahm, mit der Beseitigung des privaten Großgrundbesitzes begann und schließlich über 30 große amerikanische Unternehmen verstaatlichte, darunter Zuckermühlen, Banken, Telefon- und Elektrizitätsgesellschaften. Entsprechend forcierten die Vereinigten Staaten ihre Reaktionen, zu denen auch die militärische Ausbildung von Exilkubanern zählte.

Kennedy hatte zwar ursprünglich die Invasionspläne gebilligt, aber am Ende den Invasoren die in Aussicht gestellte, aktive Unterstützung insbesondere durch die Luftwaffe verweigert. Der gerade ins Amt eingeführte Präsident wollte es nicht auf eine Konfrontation mit den Sowjets ankommen lassen, denn die hatten mit harten Reaktionen gedroht. Dieses Zurückweichen vor Chruschtschows Drohungen bedeutete eine nicht unerhebliche Einbuße an nationalem und internationalem Ansehen. Dies umso mehr, als eine entschiedene Haltung gegenüber Kuba ganz auf der Linie der von Kennedy angekündigten neuen amerikanischen Außenpolitik gelegen hätte.

So gesehen hatte Kennedy bei Chruschtschow noch eine Rechnung offen. Aber das war nicht der einzige, gewiss auch nicht der eigentliche Grund für seine Reaktion in der nächsten Krise um Kuba. Bereits im Frühjahr 1962 begann der Kreml, Castros Insel massiv aufzurüsten – einstweilen unbemerkt. So wurden insgesamt 43 000 sowjetische Soldaten auf Kuba stationiert und überdies Jagdflugzeuge, Schnellboote, Luftabwehrraketen und Boden-Luft-Raketen auf die Insel gebracht. Erst seit Mitte September verdichteten sich Vermutungen zur Gewissheit, dass die Sowjets auch atomare Trägerwaffen nebst den entsprechenden Sprengköpfen in die Karibik schafften. Damit waren die Vereinigten Staaten und insbesondere einige ihrer Metropolen unmittelbar bedroht. Die umgehende, ultimative Reaktion Kennedys erklärte sich aus diesem Umstand und aus der alarmierenden Erkenntnis, dass die Vereinigten Staaten erstmals in der Geschichte des 20. Jahrhunderts selbst Schauplatz einer großen militärischen Auseinandersetzung hätten werden können.

Die Frage, welche Motive Chruschtschow zu seiner folgenreichen Entscheidung bewogen haben mochten, wurde in allen westlichen Hauptstädten gestellt, war aber nicht eindeutig zu beantworten. Sicher wollte der oberste Sowjet durch eine erfolgreiche Stationierung sowjetischer Systeme vor der amerikanischen Haustür das krasse Ungleichgewicht im nuklearen und hier insbesondere im strategischen Bereich kaschieren und ausgleichen. Im Oktober 1962 besaßen die USA immerhin etwa viermal so viele Raketen und siebzehnmal so viele Atomsprengköpfe wie die Sowjetunion. Außerdem waren die sowjetischen Streitkräfte weder mit seegestützten Interkontinentalraketen ausgerüstet, von denen die USA 112 des Typs Polaris besaßen, noch mit Langstreckenbombern, welche die USA direkt hätten angreifen können. Die verfügten ihrerseits mittlerweile über eine stattliche Flotte von fast 700 Flugzeugen des Typs B-52.

Aber mit strategischen Erwägungen allein ließ sich die Aktion des Kreml nicht erklären. Vielmehr dürfte es den Sowjets auch um die Sicherung beziehungsweise Wiederherstellung ihres Führungsanspruchs gegangen sein, der seit einigen Jahren vor allem von der Volksrepublik China infrage gestellt wurde. Der karibische Coup schien für diesen Zweck schon deswegen geeignet, weil er vergleichsweise kurzfristig durchzuführen war. Im Übrigen schwebte dem zu diesem Zeitpunkt noch starken Mann im Kreml wohl ein Tauschgeschäft vor. Denn die auf Kuba stationierten Raketen waren auch so etwas wie eine Antwort auf jene Jupiter-Raketen, welche die Amerikaner in eben diesen Tagen und Wochen in der Türkei aufstellten und den türkischen Streitkräften übergaben. Diese Waffen stellten eine direkte Bedrohung der Industrie- und Siedlungsgebiete des südlichen Russlands dar und hatten mithin eine ähnliche Qualität wie die vor der amerikanischen Haustür stationierten sowjetischen Systeme.

Wie immer Chruschtschow spekuliert haben mag – mit dem, was dann geschah, hat er nicht gerechnet: Am 13. September warnte Kennedy ihn und Fidel Castro erstmals öffentlich vor der Stationierung offensiver Waffensysteme: »Wenn zu irgendeinem Zeitpunkt die kommunistische Aufrüstung in Kuba unsere Sicherheit, einschließlich unseres Stützpunktes in Guantánamo ... beeinträchtigen oder gefährden sollte«, so stellte der Präsident auf einer Pressekonferenz klar, »dann werden die Vereinigten Staaten alles Notwendige tun, um ihre eigene Sicherheit und die ihrer Alliierten zu schützen.«

Am 6. Oktober verlegten die Vereinigten Staaten Flugzeuge und Flugabwehrraketen nach Florida, und am 14. Oktober gelang es den Piloten zweier U-2-Aufklärungsflugzeuge, über Kuba Fotos zu schießen. Als die Bilder am folgenden Tag ausgewertet wurden, gab es keinen Zweifel mehr: Die Sowjets stationierten auf der Karibikinsel Raketen, die das Territorium der Vereinigten Staaten erreichen konnten. Am Morgen des 16. Oktober, kurz vor 9.00 Uhr, wurde der Präsident durch seinen Sicherheitsberater, McGeorge Bundy, ins Bild gesetzt. Nach fieberhaften Beratungen verfügte Kennedy am 20. Oktober die Vorbereitung für eine »Quarantäne« Kubas. Das war nichts anderes als eine Blockade der Insel, wenn der Präsident auch mit Bedacht davon absah, diesen Begriff zu benutzen: Nach geltendem Völkerrecht handelte es sich dabei um einen kriegerischen Akt.

Am 22. Oktober wandte sich Kennedy in einer Fernsehansprache an die Weltöffentlichkeit. Darin gab er die »Quarantäne« der Insel bekannt, forderte den bedingungslosen Abzug der sowjetischen Raketen, kündigte unter anderem eine verstärkte Luftüberwachung Kubas an und schloss seine Rede mit den Worten: »Wir werden weder voreilig noch unnötigerweise die Folgen eines weltweiten Atomkrieges riskieren, bei dem selbst die Früchte des Sieges nur Asche auf unseren Lippen wären – aber wir werden auch niemals und zu keiner Zeit vor diesem Risiko zurückschrecken, wenn wir uns ihm stellen müssen.«

An diesem 22. Oktober 1962 spitzte sich die Situation dramatisch zu. Zum ersten und einzigen Mal in der Geschichte des Kalten Krieges wurden die strategischen Luftstreitkräfte der USA auf *Defense Condition 2* gesetzt, also auf eine Stufe unterhalb der Eröffnung von Kampfhandlungen. Vergleichbar sah die Situation auf sowjetischer Seite aus. Am 24. Oktober trat die totale Blockade der Insel in Kraft, und zwar mit ausdrücklicher Billigung der Organisation Amerikanischer Staaten, aus der Kuba im Januar ausgeschlossen worden war.

Am 27. Oktober gab Chruschtschow nach und schlug Kennedy einen Handel vor. Danach sollten die in der Türkei stationierten amerikanischen Jupiter-Raketen im Gegenzug gegen den Abbau der sowjetischen Systeme auf Kuba abgezogen werden. Der folgende Tag sah eine deutliche Entschärfung der Krise, erklärte sich der Mann im Kreml doch bereit, die insgesamt 72 Abschussrampen auf Kuba abzubauen und in die Sowjetunion zurückzuschaffen. Dabei gab es keine öffentliche, förmliche Zusage des amerikanischen Präsidenten, seinerseits die Jupiter-Raketen aus der Türkei abzuziehen, wohl aber eine informelle. Es war jedenfalls kein Zufall, dass schon am 29. Oktober die Vorbereitungen für den Abzug der ohnehin veralteten amerikanischen Systeme begannen. Ende April 1963 war er abgeschlossen. Mithin war die Krise seit dem 28. Oktober deutlich entschärft, aber noch keineswegs beigelegt. Denn Fidel

17   Am Abgrund: Ein Kriegsschiff und ein Marineflugzeug der USA *zwingen einen sowjetischen Frachter vor Kuba zum Abdrehen, Oktober 1962.*

Castro weigerte sich zunächst, die Bomber an die Sowjetunion zurückzugeben. Erst am 20. November beugte er sich dem Druck. Am Tag darauf beendeten die USA die militärische Seeblockade Kubas.

Warum gab Chruschtschow nach? Warum nahm er diesen Gesichtsverlust in Kauf? Heute wissen wir, dass die Kuba-Krise neben Fehlschlägen im Innern – etwa der Geldreform von 1961 oder der Missernte des Jahres 1963 – zu den wesentlichen Gründen für seinen Sturz am 14. Oktober 1964 gehörte. Tatsächlich musste der Abzug der Raketen wohl als die »am wenigsten unangenehme« Option gelten. Das hat McGeorge Bundy auch noch rückblickend behauptet. Bundy wusste genau, wovon er sprach, war er doch Mitglied des Exekutivkomitees des Nationalen Sicherheitsrates, der seit dem 16. Oktober 1962 im Weißen Haus tagte, um über die amerikanische Erwiderung auf die sowjetische Provokation zu beraten.

Die Krise um Kuba, so Bundy, sei – ähnlich wie die Krise um Berlin – nur deshalb nicht bis zum nuklearen Schlagabtausch eskaliert, weil sich keine der beiden Supermächte in einer Situation »entscheidender nuklearer Unterlegenheit« befunden habe. Weder Washington noch Moskau konnten sicher sein, das so genannte Zweitschlagpotenzial des Gegners mit einem nuklearen Erstschlag vollständig auszuschalten. Damit hatten die informellen Spielregeln des Kalten Krieges, hatte die Logik der *Mutual Assured Destruction* (MAD), der sichergestellten gegenseitigen Vernichtung, ihre Feuerprobe bestanden.

Wie groß die Gefahr einer nuklearen Auseinandersetzung und damit eines dritten Weltkrieges in dieser Krise tatsächlich war, wird sich wohl nie endgültig beantworten lassen. Selbst die auf amerikanischer Seite an der Entscheidungsfindung Beteiligten waren sich auch über das Ende des Kalten Krieges hinaus in ihrer Einschätzung nicht einig. So hatte beispielsweise Dean Acheson, der vormalige Außenminister und einer der Berater Kennedys während der Krise, vorgeschlagen, die Basen auf Kuba zu bombardieren. Denn er war davon überzeugt, dass die Sowjets nicht mit einem nuklearen Vergeltungsschlag antworten würden. Dagegen versicherte Robert McNamara noch Anfang der Neunzigerjahre, man sei nur um Haaresbreite an der nuklearen Katastrophe vorbeigeschlittert. Er begründete das unter anderem damit, dass die sowjetischen Kommandeure auf Kuba autorisiert gewesen seien, gegebenenfalls die bereits auf der Insel stationierten taktischen Nuklearwaffen einzusetzen.

Fest steht, dass Chruschtschow nachgab. Fest steht auch, dass das Krisenmanagement auf westlicher Seite eine exklusive amerikanische Angelegenheit war. Begleitende, geschweige denn vorherige Konsultationen der Partner gab es nicht. Diese wurden lediglich über bereits getroffene Entscheidungen und eingeleitete Maßnahmen informiert, so zum Beispiel die Botschafter der NATO-Staaten erst am 22. Oktober, also nahezu zeitgleich mit der Weltöffentlichkeit. Und natürlich blieb den europäischen Verbündeten keine andere Möglichkeit, als sich mehr oder weniger vorbehaltlos hinter die USA zu stellen.

Vor allem einen europäischen Staatsmann, den französischen Staatspräsidenten Charles de Gaulle, irritierte und verärgerte die amerikanische Krisenstrategie zutiefst. Als sich Kennedy acht Wochen später auch noch zu einem Vieraugengespräch mit dem britischen Premier Harold Macmillan auf den Bahamas traf, um eine gemeinsame Nuklearstrategie zu besprechen, war das Tischtuch zwischen dem amerikanischen Präsidenten und de Gaulle endgültig durchschnitten. Seine Absage an einen britischen EWG-Beitritt, den der General am 14. Januar 1963 in Anwesenheit des gesamten Kabinetts vor 800 Journalisten zelebrierte – aber auch die Unterzeichnung des Vertrages über die deutsch-französische Zusammenarbeit eine Woche darauf – waren Quittung und Kampfansage zugleich.

•

So weit wollte und konnte man in Bonn, wo immer noch der greise Adenauer das Sagen hatte, nicht gehen. Daher ratifizierte der Bundestag am 16. Mai 1963 den so genannten Elysée-Vertrag zwischen Deutschland und Frankreich zwar mit großer Mehrheit, aber mit einer Präambel. Sie enthielt ein ausdrückliches und eindeutiges Bekenntnis zur »engen Partnerschaft zwischen Europa und den Vereinigten Staaten von Amerika«, zur »gemeinsamen Verteidigung im Rahmen des nordatlantischen Bündnisses«, zur Einbeziehung Großbritanniens »und anderer zum Beitritt gewillter Staaten« in die europäischen Gemeinschaften, aber auch zum GATT, dem Allgemeinen Zoll- und Handelsabkommen.

Das waren Beschwichtigungsversuche, versöhnliche Töne, komponiert für amerikanische Ohren. Dabei wurde gerade in Bonn die amerikanische Krisenstrategie mit größter Sorge verfolgt, weil sich eine militärische, auch eine nuklear geführte Auseinandersetzung mit höchster Wahrscheinlichkeit zuerst in Mitteleuropa abgespielt hätte, also vor allem auf deutschem Territorium. Kein Wunder also, dass bei Bundesregierung und Opposition die Skepsis und, hinter vorgehaltener Hand, auch die Empörung zunahmen, zumal man mit der neuen amerikanischen Administration zum zweiten Mal innerhalb nur eines Jahres eine ernüchternde Erfahrung hatte machen müssen.

In den Reihen der Bundesregierung waren schon deren erste Aktivitäten und Äußerungen mit »skeptischer Nervosität« verfolgt worden, wie sich der damalige deutsche Botschafter in Washington, Wilhelm Grewe, erinnerte. Das ist durchaus begreiflich. Zwar wurde die Tatsache, dass mit Kennedy erstmals ein Katholik das Amt des amerikanischen Präsidenten einnahm, in der Umgebung des Kanzlers mit einiger Genugtuung vernommen, aber mehr als ein Trostpflaster war das nicht. Denn ähnlich wie in seiner ersten *State of the Union Message* sprach Kennedy auch auf seinen folgenden Pressekonferenzen das Berlin-Problem von sich aus nicht an. Das war kein Versehen. Rasch wurde erkennbar, dass die neue Regierung entschlossen war, mit der Sowjetunion zu einem Ausgleich in Europa zu kommen, und zwar auf der Basis des Status quo, also der Teilung Deutschlands und Berlins.

Schon auf dem Rückweg von seinem Wiener Treffen mit Chruschtschow hatte Kennedy festgestellt, dass es »wohl eine ausgesprochene Dummheit« wäre, »das Leben von einer Million Amerikanern wegen einer Auseinandersetzung über Zugangsrechte zu einer Autobahn zu riskieren ... oder weil die Deutschen wollen, dass Deutschland wieder vereinigt wird. Wenn ich Russland mit einem Atomkrieg drohe, dann nur um bedeutenderer und schwer wiegenderer Gründe willen als diesen.« Das war Klartext. Was sich seit 1955 angebahnt und seit 1958 durchgesetzt hatte, wurde nunmehr auch ausgesprochen: Global gesehen und angesichts der drohenden nuklearen Katastrophe war die Deutsche Frage eine Nebensache. Seit dem Amtsantritt Kennedys sprach man im offiziellen Washington auch nicht mehr von der »Wiedervereinigung« Deutschlands, sondern von der »Lösung der Deutschen Frage« oder auch vom »Selbstbestimmungsrecht des deutschen Volkes«, und »Berlin« wurde in der offiziellen Sprachregelung durch »West-Berlin« ersetzt, jedenfalls was die amerikanischen Garantien anging.

Den letzten Schritt auf diesem Weg tat Kennedy am 25. Juli 1961. In einer Rundfunk- und Fernsehansprache wies der Präsident auf die Entschlossenheit seines Landes hin, Frieden und Freiheit verteidigen zu wollen. Überdies kündigte er für diesen Zweck höhere Ausgaben und den Ausbau aller Waffengattungen an. Im Zentrum seiner weiteren Ausführungen stand West-Berlin. Allerdings, und das wurde häufig übersehen, stellte er die »Bedrohung der freien Menschen« in »West-Berlin« auf die gleiche Stufe mit derjenigen in Vietnam und Kuba. Für Kennedy war West-Berlin kein »isoliertes Problem«: »Wir sehen uns einer Bewährungsprobe in Berlin gegenüber. Aber auch in Südostasien, wo die Grenzen weniger bewacht sind und der Feind schwerer auszumachen ist und die Gefahren des

Kommunismus denen, die so wenig ihr Eigen nennen, oft weniger in die Augen fällt, müssen wir eine solche Herausforderung bestehen. Wir sehen uns in unserer eigenen Hemisphäre ... einer derartigen Herausforderung gegenüber.« Der Unterschied war nur, dass Kennedy diese Herausforderung in Kuba oder Vietnam offensiv annahm. In Kuba bis an den Rand einer direkten Konfrontation mit der Sowjetunion, in Vietnam bis an den Rand einer direkten militärischen Intervention der USA. Den Schritt zum Krieg selbst sollte dann freilich erst sein Nachfolger tun.

Bezogen auf Berlin ging Kennedy noch einen entscheidenden Schritt weiter – beziehungsweise hinter die bislang verbindliche Linie der amerikanischen Deutschland-Politik zurück. Erstmals sprach ein amerikanischer Präsident nach 1945 öffentlich von der »begründeten Besorgnis der Sowjetunion bezüglich ihrer Sicherheit in Mittel- und Osteuropa nach einer Reihe räuberischer Invasionen«, sprich: der beiden von Deutschland begonnenen Kriege. Zugleich gab er sich überzeugt, durch entsprechende Vereinbarungen »dieser Besorgnis gerecht« werden zu können. Und Kennedy nannte auch die Bedingungen – drei insgesamt, die berühmten *Three essentials* –, unter denen die USA bereit waren, den Herrschaftsbereich der Sowjets anzuerkennen und so ihrem Sicherheitsbedürfnis Rechnung zu tragen. Danach bestand Amerika auf der »Anwesenheit« in »West-Berlin«, auf dem Recht »auf Zugang durch Ostdeutschland« sowie auf der Verpflichtung, »mehr als zwei Millionen Menschen die Selbstbestimmung ihrer Zukunft und die freie Wahl ihrer Lebensform zu gewährleisten – und diese Möglichkeit notfalls zu verteidigen«.

Hintergrund für diese Initiative, für dieses kaum verdeckte Angebot an die Sowjets, war die »Abstimmung mit den Füßen«, nämlich die Massenwanderung von Ost- nach Westdeutschland. Etwa 250 000 Bürger der DDR machten sich jährlich auf den Weg – auf der Suche nach einem höheren Lebensstandard, mitunter auch nach größerer politischer Freiheit. Natürlich war diese Völkerwanderung, die sich ja vor den Augen der Welt abspielte, keine Empfehlung für die ohnehin bescheidene Reputation des Regimes; außerdem verließen vor allem auch qualifizierte Fachkräfte die ungeliebte Republik. Dem wollten, dem mussten die Sowjets und ihre deutschen Statthalter einen Riegel vorschieben, und es war nicht die Aufgabe der Amerikaner, das zu verhindern.

Mit entwaffnender Offenheit brachte ihr Präsident in einer Pressekonferenz am 10. August 1961 das Dilemma auf den Punkt: »Die Regierung der USA versucht nicht, den Flüchtlingsstrom zu ermutigen oder ihn zu entmutigen.« Die Botschaft war klar, und sie war eindeutig: Solange die drei wesentlichen Punkte – die Präsenz der Westmächte in West-Berlin, ihr freier Zugang dorthin und die Freiheit der West-Berliner – durch den Kreml nicht infrage gestellt wurden, zeigte sich die westliche Vormacht an der Entwicklung im sowjetischen Machtbereich grundsätzlich desinteressiert.

Das Signal wurde verstanden. In der Nacht vom 12. auf den 13. August 1961 begannen Angehörige der Nationalen Volksarmee der DDR, ermächtigt durch die Staaten des Warschauer Paktes und ermutigt durch die Haltung des Westens, mit der Schließung der Ost-West-Sektorengrenze in Berlin und wenige Tage später mit dem Bau einer Mauer quer durch die Stadt. In den folgenden Wochen, Monaten und Jahren wurde das Territorium der DDR durch Stacheldraht, Betonmauern, Minenfelder, Selbstschussanlagen und schließlich auch durch einen Schießbefehl gleichsam in ein »Konzentrationslager« verwandelt, wie der Regierende Bürgermeister von Berlin, Willy Brandt, bereits in seiner Erklärung vom 13. August formulierte.

In West-Berlin und der Bundesrepublik reagierte man mit Bestürzung, Ohnmacht und Zorn: »Wenn Neger am Kongo oder im Innern Afrikas«, empörte sich Adenauer Anfang 1962 gegenüber amerikanischen Journalisten, »so behandelt würden wie jetzt die Deutschen mitten in Europa, dann würde ein Aufstand in der Welt sein, die UNO würde Gott weiß was für Spektakel machen, und man brächte sich um. Aber an der Tatsache, dass nun mitten im Herzen Europas deutsche Menschen – 16 Millionen sind es jetzt noch – derart schmachvoll behandelt werden, nimmt keiner Anstoß.«

Aber gerade weil Deutschland nicht im Innern Afrikas, sondern mitten in Europa, also im Zentrum der weltpolitischen Spannungen lag, wurde schon nach wenigen Stunden erkennbar, dass die Westmächte, allen voran die USA, weder in der Lage noch willens waren zu intervenieren. Mit Erleichterung nahm man jenseits des Atlantiks zur Kenntnis: An den Maßnahmen waren keine sowjetischen Soldaten beteiligt, und der Kreml hielt sich an die *Three essentials*. Also richteten sich, wie der amerikanische Außenminister in seiner ersten öffentlichen Stellungnahme betonte, »die bisher getroffenen Maßnahmen gegen die Bewohner Ostberlins und Ostdeutschlands und nicht gegen die Position der Alliierten in Westberlin oder den Zugang nach Westberlin«.

Die USA beließen es bei demonstrativen Gesten, in der Krise und in den ihr folgenden Wochen, Monaten und Jahren. Zwar kam am 19. August Vizepräsident Johnson nach Berlin, begleitet von General Lucius D. Clay, dem legendären Vater der Luftbrücke. Aber mehr als tröstliche Worte fanden sie nicht. Tatsächlich ist es in der Berlin-Krise nur einmal zu einer Demonstration militärischer Stärke gekommen: Am 27. und 28. Oktober 1961 standen sich am Checkpoint Charlie amerikanische und sowjetische Panzer gegenüber. Es fiel zwar kein Schuss, gleichwohl führte die Szene doch allen deutlich vor Augen, was auf dem Spiel stand, wie zerbrechlich der Friede war und wie berechtigt die amerikanische Zurückhaltung.

Wirklich überwunden haben die Deutschen, vor allem die Berliner, ihre Enttäuschung nie. Selbst der spektakulär inszenierte Besuch John F. Kennedys vermochte daran grundsätzlich nichts zu ändern, wenn auch der Empfang durch die Berliner die Erwartungen bei weitem übertraf. Ein ordentliches Willkommen hatte man

18   »High Noon«: Am Checkpoint Charlie prüfen amerikanische und sowjetische Panzer nach dem Bau der Berliner Mauer die Nerven des Gegners, 28. Oktober 1961.

wohl erwarten können; aber dann war doch ganz Berlin auf den Beinen, als John F. Kennedy am 26. Juni 1963 als erstes westliches Staatsoberhaupt seit dem Krieg in der geteilten Stadt auftauchte. Und als der Präsident dann auf das eigens für seinen Besuch errichtete Podest vor dem Schöneberger Rathaus trat und sich den Bürgern der geteilten Stadt als »ein Berliner« offenbarte, kannte deren Begeisterung für einen Moment keine Grenzen. Dabei war den solchermaßen Vereinnahmten sehr wohl bewusst, dass es niemand anderes als Kennedy gewesen war, der den Sowjets nicht einmal zwei Jahre zuvor in einer Rundfunk- und Fernsehansprache grünes Licht für den Mauerbau gegeben hatte. Der greise Kanzler Adenauer, der nie einen rechten Draht zu dem jungen Präsidenten gefunden hatte, war dann auch »erstaunt über das deutsche Volk«.

In der Bundesrepublik hatte man die Berlin-Politik Kennedys als das interpretiert, was sie war: ein erster Beitrag zur »Entspannungspolitik«, die der Präsident im Juni 1963 auch offiziell zum Programm erklärte. Dass diese Politik Opfer forderte, war offenkundig; dass sie vor allem von der im Spannungszentrum gelegenen Bonner Republik erbracht werden mussten, nicht minder. So im Falle des Atomteststopps, auf den sich Amerika und Russland nach Überwindung der beiden großen Krisen um Berlin und Kuba verständigten. Die Zahl der Atomversuche hatte 1962 mit nicht weniger als 143 Tests eine alarmierende Rekordmarke erreicht. Das Abkommen, der bis dahin wichtigste Vertrag über die Kontrolle spaltbaren Materials, wurde am 5. August 1963 durch die Außenminister der Sowjetunion, der USA und Großbritanniens in Moskau unterzeichnet und verbot fortan Kernwaffenversuche in der Atmosphäre, im Weltraum und unter Wasser. Mehr als hundert Staaten traten ihm bei, unter diesen allerdings nicht die beiden Atommächte China und Frankreich, wohl aber, am 19. August 1963, die Bundesrepublik.

Kaum ein zweiter Schritt in dieser Zeit hat das deutsch-amerikanische Verhältnis derart belastet wie der Beitritt zum Atomtest-

19   *Ist er ein Berliner? John F. Kennedy, der den Sowjets im Sommer 1961 grünes Licht für den Mauerbau gegeben hatte, passiert im Triumphzug die geteilte Stadt. Mit Bürgermeister Willy Brandt und Kanzler Konrad Adenauer, 26. Juni 1963.*

stopp-Abkommen. Zwar konnte auch in Bonn niemand einen Zweifel haben, dass das Abkommen »in sich gut und zu begrüßen« war. Andererseits lieferte aber der Beitritt vielen Deutschen einen handfesten Beweis, dass sie die eigentlichen »Opfer der amerikanischen Entspannungspolitik« waren. So sah es nicht nur Heinrich Krone, damals Bundesminister für besondere Aufgaben. Das Problem lag im geplanten Beitritt der DDR. Die wurde damals, Anfang der Sechzigerjahre, durch die Bundesrepublik nicht nur nicht anerkannt. Vielmehr erhob die Bundesregierung auch einen so genannten Alleinvertretungsanspruch. Der besagte, dass sie, und nur sie, berechtigt sei, für alle Deutschen zu sprechen. Dieses Recht leitete sie unter anderem aus der Tatsache ab, dass die Regierung der DDR nicht durch freie Wahlen legitimiert war.

Nun hatte aber Kanzler Adenauer im September 1955 in Moskau die Aufnahme diplomatischer Beziehungen zur Sowjetunion vereinbart. Das war die Gegenleistung für die Freilassung der letzten 10 000 Deutschen aus sowjetischer Kriegsgefangenschaft. Seither unterhielt die Sowjetunion als erstes und vorerst einziges Land diplomatische Beziehungen zu beiden deutschen Teilstaaten. Damit dieses Beispiel nicht Schule machte, damit also nicht weitere Länder, die ihrerseits diplomatische Beziehungen zur Bundesrepublik unterhielten, auch solche zur DDR aufnahmen, wurde ihnen mit allen möglichen Sanktionen gedroht. Diese außenpolitische Strategie ist nach dem damaligen Staatssekretär des Auswärtigen Amtes benannt und als so genannte Hallstein-Doktrin in die Geschichte eingegangen.

Aus Sicht der Bonner Politstrategen barg der Beitritt der DDR zum Atomteststopp-Abkommen die Gefahr, dass diese Doktrin unterlaufen wurde, und zwar ausgerechnet unter tatkräftiger Mitwirkung der eigenen Verbündeten. Denn die Mitgliedschaft Ost-Berlins im Club der Vertragsmitglieder lief darauf hinaus, dass die DDR durch die übrigen Vertragsparteien indirekt anerkannt und der Alleinvertretungsanspruch folglich infrage gestellt wurde.

Von dort zur allgemeinen Anerkennung des anderen deutschen Teilstaates war es nur ein kleiner Schritt, und den wollte damals – angesichts von Mauer, Stacheldraht und Schießbefehl – in Bonn niemand tun.

Anders in Washington. Dort wurden Wiedervereinigungsforderung und Alleinvertretungsanspruch zunehmend als lästig empfunden. Diese Dinge ließen sich immer weniger mit dem neuen außenpolitischen Kurs der Kennedy-Regierung vereinbaren. Sie standen der Entspannung mit Moskau im Wege. Kein Wunder, dass die Amerikaner, als es um den Atomteststopp ging, bei der Wahl der Methoden einmal mehr nicht gerade zimperlich waren, wie Krone in seinem Tagebuch vermerkte: »Die Bundesregierung ist nicht konsultiert worden, weder der Bundeskanzler noch der Außenminister. Bonn wurde vor eine vollendete Tatsache gestellt. Der Außenminister hat ... im Bonner Generalanzeiger ... die erste wichtige Orientierung erhalten.« Das war eine Übertreibung. Immerhin hatte Kennedys Bonner Botschafter den Bundeskanzler im Auftrag des Präsidenten am 23. Juli über den bevorstehenden Abschluss des Abkommens informiert, und gut zwei Wochen später kam dann auch der amerikanische Außenminister persönlich zu »Konsultationen« nach Bonn. Aber da war der Vertrag bereits seit fünf Tagen unterzeichnet. So gesehen war das deutsch-amerikanische Verhältnis nach dem Besuch Kennedys in Deutschland wieder auf jenem Tiefpunkt angelangt, auf dem es sich zuvor befunden hatte. An der großen Betroffenheit, der tiefen Trauer der Deutschen und der Berliner über den plötzlichen Tod des Präsidenten änderte das nichts.

•

Am 22. November 1963 wurde John F. Kennedy in Dallas erschossen. Er war der vierte Präsident der Vereinigten Staaten, der im Amt einem Mordanschlag zum Opfer fiel. Der Besuch diente der Vorbereitung seines Wahlkampfes, und der Präsident fuhr gerade in einem offenen Wagen mitten in einer Autokolonne durch die Stadt,

20 *Tod eines Präsidenten: Jacqueline Kennedy rettet sich nach dem Mordanschlag auf ihren Mann in Dallas, 22. November 1963.*

als ihn die tödlichen Schüsse trafen. Offenbar handelte Lee Harvey Oswald, der wenig später selbst einem Attentat zum Opfer fiel, als Einzeltäter. Obgleich sowohl eine 1964 von Kennedys Nachfolger eingesetzte Untersuchungskommission unter Bundesrichter Earl Warren als auch ein 1977 durch den Kongress gebildeter Untersuchungsausschuss zu diesem Ergebnis kamen, hielten und halten sich hartnäckig zahlreiche Verschwörungstheorien.

Ihren Ursprung haben sie zum einen in der amerikanischen Mentalität, die für derartige Spurensuche besonders empfänglich ist. Zum anderen waren die Spekulationen, so weit sie unter dem unmittelbaren Eindruck des Geschehens entstanden, auch Ausdruck des Schocks, des Fehlens einer vernünftigen Erklärung, warum ausgerechnet der Mann, der Amerika aus der Lethargie der Eisenhower-Jahre heraus zu neuen Horizonten führen wollte, der für den inneren und äußeren Aufbruch, für die Eroberung des Alls im wahrsten Sinne des Wortes stand, warum ausgerechnet dieser John F. Kennedy zum Opfer wurde. Schließlich nahmen die Spekulationen in dem Maße zu, in dem über die Jahre und Jahrzehnte der Mythos Kennedy neue Facetten bekam – und auch tragische Züge. Es ist ja tatsächlich schwer zu erklären, warum diese Familie von derart vielen Schicksalsschlägen heimgesucht wurde. Nicht nur verlor John F. Kennedy seinen ältesten Bruder im Krieg, auch sein drittes Kind, der Sohn Patrick, starb im Sommer 1963 kurz nach der Geburt. Sein Bruder Robert, Hoffnungsträger der Familie und der demokratischen Partei, fiel 1968 ebenfalls einem Attentat zum Opfer. Und sein Sohn John, der beim Tod des Vaters gerade drei Jahre alt war, kam im Sommer 1999 bei einem Flugzeugabsturz ums Leben.

Kaum einer, der den Vorgang vor Ort oder am Fernseher verfolgte, konnte die Bilder des Trauerzuges zum Nationalfriedhof Arlington vergessen. Vor allem jene Szene nicht, in der die Lafette mit dem Sarg Kennedys dessen Witwe und deren beiden Kinder passierte. Kaum jemand kannte damals allerdings auch die ganze, vor allem die private Geschichte des John F. Kennedy. Dass er, durchaus im Sinne von Vater Joseph, der ihn und seinen Bruder Robert überlebte, den Familienclan protegierte, dass er Bruder Robert das Justizministerium, Schwager Sargent Shriver die Leitung des »Friedenskorps« und Bruder Edward seinen Senatssitz überließ, war für jedermann zu beobachten. Dass sich hinter dem Ehemann und Familienvater aber auch ein ausgesprochen umtriebiger Zeitgenosse verbarg, wussten die wenigsten.

Seit 1953 mit der attraktiven, populären und für seine Karriere ungemein wichtigen Jacqueline Lee Bouvier verheiratet, ging Kennedy – auch in seiner Zeit als Präsident – diversen Neigungen und Beziehungen nach. Die Fantasie besonders intensiv beflügelt hat seine Beziehung zu Marilyn Monroe – schon weil diese fünfzehn Monate vor ihrem Liebhaber unter nie ganz geklärten Umständen, vermutlich an einer Überdosis Medikamenten, starb. Dass sie zuletzt auch noch eine Beziehung zu Robert Kennedy hatte, machte und macht die Geschichte nicht nur für viele Amerikaner noch attraktiver, als sie ohnehin schon ist. Hier nämlich, in diesen Konstellationen und Begegnungen, trafen die beiden Welten aufeinander, die Amerika faszinieren wie wenige sonst: die Macht, zumal die präsidiale, und der Glamour, wie ihn so nur Hollywood zelebrieren kann.

Die Vorstadt von Los Angeles ist und war der Inbegriff des *movie*, des Spielfilms, und allem, was mit ihm zu tun hat: Erfolg und Absturz, Schönheit und Dekadenz, Geschäft und Korruption. In kaum einer zweiten Welt war der Übergang zwischen Realität und Fiktion so fließend wie in dieser. Seit die Bilder das Laufen lernten, zogen sie Hollywood und zog Hollywood sie an. Die Fünfziger- und frühen Sechzigerjahre waren Höhe- und Scheitelpunkt zugleich. Es war die Zeit der *blockbuster*, aufwendig gemachter Kassenschlager wie »Ben Hur«, »Cleopatra« oder »Lawrence of Arabia«; die Zeit des Jugendkults und des berühmten New Yorker Actors Studio, eines James Dean, Marlon Brando, Montgomery

21 »Manche mögen's heiß«: Marilyn Monroe mit Robert und
John F. Kennedy, 1962.

Clift oder Paul Newman; auch schon die Zeit des Alfred Hitchcock, der damals mit »Psycho« und »Vertigo« auffiel. Aber es war eben auch eine Zeit der Unsicherheit, der noch nicht kalkulierbaren Konkurrenz durch das Fernsehen, fragwürdiger Verbindungen zur Unterwelt, zur Mafia, wie sie Frank Sinatra und anderen nachgesagt wurden, oder auch des Infragestellens eines hemmungslosen Starkults, der damals erste Opfer forderte, unter ihnen Marilyn Monroe.

Marilyn Monroe – 1926 als uneheliches Kind einer geschiedenen, depressiven Filmcutterin geboren und in Pflegefamilien aufgewachsen – verkörperte diese Welt wie wenige sonst. Der windungsreiche Aufstieg zu einer der gefeiertsten Schauspielerinnen Hollywoods, die in ihrer Zeit atemberaubend in Szene gesetzte Erotik, die enorme Ausstrahlungskraft, das jähe Ende, aber auch ihre drei Ehen – darunter mit dem Baseball-Star Joe DiMaggio und dem Schriftsteller Arthur Miller – und zahlreichen Affären haben sie zu einem Mythos werden lassen, der dem von John F. Kennedy in nichts nachsteht. Dass am Ende ihrer kurzen Leben und ihrer Karrieren eine gemeinsame Affäre stand, ist selbst für Hollywood-Verhältnisse kaum mehr zu übertreffen. Das Geburtstagsständchen »Happy Birthday, Mister President«, das Marilyn Monroe am 17. Mai 1962 im New Yorker Madison Square Garden ihrem Liebhaber John F. Kennedy zuhauchte, war zugleich die Hymne auf eine Epoche, die sich ihrem Ende zuneigte. Kennedys Nachfolger hatte mit Herausforderungen zu kämpfen, deren Lösung auch jeden anderen Präsidenten vor enorme Probleme gestellt hätte.

ENTSPANNT DURCH DIE WELTPOLITIK
1963-1974

Arrangiert haben sie sich dann doch. Das war nicht ohne weiteres zu erwarten. Denn der Zufall wollte es, dass von 1963 bis 1974 zwei amerikanische Präsidenten und zwei beziehungsweise drei deutsche Bundeskanzler miteinander auskommen mussten, die sich unter normalen Umständen kaum in diesen Funktionen begegnet wären. Aber die Umstände waren nicht normal, und so saßen sich zunächst ein beinhart verhandelnder, sehniger Texaner und ein jovialer, rundlicher Franke, später ein ehemaliger amerikanischer Kommunistenjäger und ein vormaliger deutscher Linkssozialist gegenüber.

Dass Ludwig Erhard nach dem erzwungenen Rücktritt Konrad Adenauers im Oktober 1963 ins Kanzleramt einziehen würde, war zwar schon seit Ende des Jahres 1961 eine ausgemachte Sache. Aber dass sein transatlantischer Partner nach der Ermordung Kennedys im November 1963 Vizepräsident Lyndon B. Johnson sein würde, war nicht vorherzusehen. Und dass diese Epoche endete, weil 1974 – innerhalb von nur drei Monaten und wegen innenpolitischer Verwerfungen – erst der deutsche Bundeskanzler Willy Brandt und dann der amerikanische Präsident Richard Nixon zurücktraten, auch nicht. Genau genommen sind sie alle, was das Ende ihrer Karrieren betrifft, gescheitert: die drei Kanzler, aber auch die beiden Präsidenten dieses Jahrzehnts. Auch Lyndon B. Johnson, der am 22. November 1963, um 14.39 Uhr, an Bord der »Air Force One« – unerwartet, aber nicht unvorbereitet – als 36. Präsident der Vereinigten Staaten vereidigt wurde.

Lyndon Baines Johnson, der am 27. August 1908 unweit der texanischen Stadt Austin geboren wurde, hatte das Glück, dass seine Eltern bereit waren, sich zu verschulden, um dem Jungen eine College-Ausbildung zu ermöglichen. Eigentlich wollte er Lehrer werden, studierte Geschichte und Englisch und unterrichte-

22   *Der Nachfolger: Lyndon B. Johnson wird am 22. November 1963
an Bord der »Air Force One« auf dem Flug von Dallas nach Washington als 36. Präsident der Vereinigten Staaten vereidigt. Rechts im Bild
Jacqueline Kennedy, die Witwe seines ermordeten Vorgängers.*

te auch kurze Zeit. Sein Tatendrang, sein Ehrgeiz und seine enorme Energie wurden damit auf Dauer nicht ausreichend bedient, und so folgte Johnson der Einladung eines demokratischen Abgeordneten und ging 1931 als dessen Büroleiter nach Washington. Dort fand er Gefallen am politischen Geschäft. 1937 hatte er, gerade achtundzwanzigjährig, seinen eigenen Sitz im Repräsentantenhaus; elf Jahre später gehörte er dem Senat an. In Erinnerung blieb vor allem sein Einsatz für gemäßigte Reformen der *Civil rights* zugunsten der immer noch erheblich benachteiligten schwarzen Bevölkerung vor allem der Südstaaten.

Die taktische Beweglichkeit, die Johnson schon früh auszeichnete, ließ ihn im Stich, als es 1960 um die Nominierung des demokratischen Präsidentschaftskandidaten ging. Zu spät trat er an, und so musste er sich mit dem Posten des Vizepräsidenten begnügen. Das war auch deshalb eine schwierige Zeit, weil der bodenständige, sensible und – dem äußeren Anschein zum Trotz – auch unsichere Johnson sichtlich unter dem jüngeren, weltläufigen, selbstbewussten Kennedy litt, und das ohne jede realistische Aussicht, dereinst selbst das Oval Office zu beziehen.

Der tragische Tod des Präsidenten, der auch Johnson tief bewegte, änderte seine Lage über Nacht. Seit drei Jahrzehnten intim mit den Mechanismen der politischen und parlamentarischen Macht in Washington vertraut, sah der neue Mann im Weißen Haus von personellen und politischen Experimenten ab, sondern versuchte, den Popularitätsbonus seines ermordeten Vorgängers für durchgreifende soziale und politische Reformen zu nutzen. Kein zweiter Präsident der Nachkriegszeit hat sich ähnlich intensiv und aufs Ganze gesehen auch erfolgreich auf dieses Thema konzentriert wie Lyndon B. Johnson.

Ein spektakulärer Wahlsieg über den stockkonservativen republikanischen Herausforderer Barry Goldwater im November 1964 sowie haushohe demokratische Mehrheiten im Repräsentantenhaus und im Kongress schufen ideale Voraussetzungen für die

Umsetzung seines Programms. Eine Besserung der Lebensbedingungen aller Amerikaner, ganz gleich, welcher Hautfarbe oder welchen Geschlechts, galt als das übergeordnete Ziel. *Great society* war das Motto, unter dem es angepeilt wurde. Schon vor seiner Wahl konnte ein erstes, noch von Kennedy eingebrachtes *Civil Rights Act* verabschiedet werden, mit dem die Entscheidung des Obersten Gerichts von 1954 durchgesetzt und die Rassentrennung im ganzen Land verboten wurde.

Nach dem Wahlerfolg des November 1964 kannte Johnsons Reformeifer endgültig keine Grenzen mehr. Vom *Voting Rights Act*, das den Schwarzen das Wahlrecht garantierte, über die Einführung einer Krankenversicherung für Alte und Arme – *Medicare* beziehungsweise *Medicaid* –, umfassende Förderprogramme für die Bildungseinrichtungen und den innerstädtischen Wohnungsbau bis hin zu einer Neuregelung der Einwanderungsgesetzgebung und anderes mehr: Johnson packte alles an, was zum Teil über Jahrzehnte liegen geblieben war. Wer weiß, wie dieser Präsident in die Geschichte eingegangen wäre, hätte nicht auch ihn das alles überlagernde Thema der amerikanischen Politik dieser Jahre eingeholt und im wahrsten Sinne des Wortes überrollt: Vietnam.

Der Weg der USA in den vietnamesischen Sumpf begann im Mai 1961 mit einer Mission des damaligen Vizepräsidenten Johnson nach Saigon, gefolgt von Visiten führender Militärs und Diplomaten und einer beschleunigten Aufstockung der Zahl von Militärberatern. Sie sollten den Süden des seit Ende des ersten Indochina-Krieges, also seit 1954, geteilten Landes stabilisieren. Zwar kündigte Kennedy – es war nur wenige Wochen vor seiner Ermordung – am 2. Oktober 1963 öffentlich an, bis Jahresende 1000 Ausbilder aus Vietnam abziehen zu wollen, doch geschah das offenkundig auch in der Absicht, Druck auf das reformunwillige Regime des südvietnamesischen Premiers Ngo Dinh Diem auszuüben. Als dieser dann im November 1963 gestürzt und ermordet wurde, hatte Washington kaum mehr eine Wahl, als der neuen

Offiziersjunta unter Nguyen Van Thieu unter die Arme zu greifen und das Regime gegen seine äußeren und inneren Feinde, also Nord-Vietnam und die Nationale Befreiungsfront Süd-Vietnams, den Vietcong, zu unterstützen.

Als Lyndon B. Johnson das Amt seines ermordeten Vorgängers übernahm, gab es in Süd-Vietnam bereits mehr als 16 000 amerikanische Berater. Angesichts der unabweisbaren Erfolge des Vietcong sah sich der Präsident alsbald vor eine Alternative gestellt, die keine war: Sollte man Süd-Vietnam seinem Schicksal überlassen und damit möglicherweise einer Domino-Reaktion Vorschub leisten? Oder wollte man einer Machtübernahme durch den kommunistischen Norden mit einem unverhüllten militärischen Engagement der USA entgegentreten?

Dafür bedurfte es erstens eines Anlasses und zweitens der Legitimation. Zum Anlass wurden Meldungen von Angriffen nordvietnamesischer Torpedoboote auf den amerikanischen Zerstörer »Maddox« am 2. und 4. August 1964 im Golf von Tonkin, wo das Schiff auf einer Routinepatrouille unterwegs war. Den Attacken haftete von Anfang an etwas Mysteriöses an. Jedenfalls verschaffte der Vorfall Johnson den wirksamen Vorwand für die Legitimation weit reichender militärischer Maßnahmen.

Am 7. August 1964 verabschiedeten sowohl der Senat als auch das Repräsentantenhaus, Letzteres ohne Gegenstimme, die so genannte Tonkin-Resolution. Darin ermächtigte der Kongress den Präsidenten, »alle notwendigen Maßnahmen zu treffen, um jedweden bewaffneten Angriff gegen die Streitkräfte der USA zurückzuschlagen und weitere Aggressionen zu verhindern«. Das kam unter den gegebenen Umständen einer Kriegserklärung gleich, wenn diese auch durch die USA nie förmlich ausgesprochen worden ist. Erst 1971 wurde durch die Publikation der so genannten Pentagon-Papiere bekannt, dass Johnson den Text der Resolution schon Wochen vor dem Zwischenfall im Golf von Tonkin hatte vorbereiten lassen.

23   Marsch in den Sumpf: Mit der Landung der ersten Marine-Infan-teristen beginnt im Frühjahr 1965 die amerikanische Bodenoffensive in Vietnam.

Die politischen Entscheidungen waren eine Sache, die militärischen Konsequenzen eine andere. Das Debakel der französischen Indochina-Armee in den frühen Fünfzigerjahren hätte eigentlich zu der Erkenntnis führen müssen, zu der damals bereits einige Vertreter der amerikanischen Generalität gelangten: Nord-Vietnam konnte nur durch einen entschieden geführten Krieg mit vollem Einsatz von bis zu einer Million Soldaten militärisch besiegt werden.

Davor aber scheute Johnson nicht zuletzt mit Blick auf die amerikanische Öffentlichkeit zurück. Stattdessen ließ er sich durch den Gang der Ereignisse auf dem nordvietnamesischen Kriegsschauplatz Schritt für Schritt und unter immer größeren Verlusten in einen letztendlich aussichtslosen Guerillakrieg hineinziehen: Am 8. März 1965 gingen die ersten amerikanischen Bodentruppen, 3500 Marineinfanteristen, in Da Nang an Land. 1966 standen schon fast 400 000 amerikanische Soldaten in Vietnam, Anfang 1969 waren es schließlich 543 000, ohne dass eine Entscheidung in Sicht gewesen wäre.

Daher hatte Johnson bereits am 31. März 1968 eingelenkt, indem er einseitig die Einstellung der Bombenabwürfe über dem Gebiet nördlich des 20. Breitengrades ankündigte und ein völliges Ende der Bombardements für den Fall in Aussicht stellte, dass substanzielle Verhandlungen aufgenommen würden. Überdies erklärte er bei diesem Anlass seinen Verzicht auf eine weitere Amtszeit. Damit reagierte der Präsident nicht zuletzt auf die so genannte Tet-Offensive des Vietcong, von der Amerikaner und Südvietnamesen am 31. Januar 1968 überrascht worden waren. In deren Verlauf stieß der Gegner bis ins Zentrum Saigons vor. Zwar endete die Offensive mit einer militärischen Niederlage des Vietcong, doch den psychologischen Sieg trug Hanoi davon. Washington brachte aus den genannten Gründen nicht mehr die politische Kraft auf, um den Druck auf die Hauptstreitmacht Nord-Vietnams zu erhöhen und Hanoi zu jenen Gesprächen zu bewegen, die Johnson erstmals am

29. September 1967 öffentlich angeboten hatte. So hatte selbst die militärisch fehlgeschlagene Tet-Offensive des Vietcong noch ihren Anteil am Scheitern Johnsons.

•

Kein Wunder, dass der Vietnam-Krieg und die mit ihm verbundenen Probleme alles andere überschatteten, auch die Beziehungen zu den Verbündeten, allen voran zu den Deutschen. Johnson hatte es mit zwei Bundeskanzlern zu tun, die ihrerseits schon unmittelbar nach Kriegsende mit den Amerikanern in Berührung gekommen waren, wenn auch auf sehr unterschiedliche Art und Weise. Ludwig Erhard, 1897 im fränkischen Fürth zur Welt gekommen, war der NSDAP nicht beigetreten, hatte sich 1944 als Leiter seines Wirtschaftsforschungsinstituts in einer Denkschrift auch kritisch mit Ideen und Methoden der nationalsozialistischen Planwirtschaft auseinander gesetzt und war, auch deshalb, von den Amerikanern nach Kriegsende zum wirtschaftlichen Wiederaufbau herangezogen worden. Kurt-Georg Kiesinger, 1904 im schwäbischen Ebingen geboren, war dagegen NSDAP-Mitglied und während des Krieges in der rundfunkpolitischen Abteilung des Auswärtigen Amtes tätig gewesen und hatte deshalb eine anderthalbjährige Haft in einem amerikanischen Internierungslager verbracht.

Beide fanden während der Gründungsphase der Bundesrepublik ihre politische Heimat in der CDU, wenn Erhard der Partei auch erst beitrat, als er Kanzler wurde. Der Franke hatte seine gesamte Karriere in der Bundespolitik gemacht und sich bis Mitte Oktober 1963, also bis zu seinem Wechsel ins Kanzleramt, als populärer Wirtschaftsminister einen fast legendären Ruf erworben. Kiesinger hatte, als er Erhard Anfang Dezember 1966 beerbte, zuletzt acht Jahre als nicht minder populärer Ministerpräsident in Baden-Württemberg amtiert. Beide wurden Bundeskanzler, weil ihre Vorgänger das Amt während der laufenden Legislaturperiode aufgaben. Auch wenn Konrad Adenauer stets einen anderen Eindruck vermitteln wollte – Ludwig Erhard hat ihn nicht gestürzt. Sein Rücktritt war vielmehr schon nach der Bundestagswahl im Herbst 1961 beschlossene Sache.

Man geht nicht zu weit, wenn man feststellt: Das politische Schicksal Ludwig Erhards wurde nicht zuletzt in Washington entschieden. Natürlich waren die Startbedingungen für den neuen Kanzler auch deswegen nicht besonders günstig, weil er als »Vater des Wirtschaftswunders« bereits eine enorme Popularität besaß. Er wurde noch an seinen Leistungen aus den Fünfzigerjahren gemessen, als die Wirtschaft der Bundesrepublik längst nicht mehr so rund lief, wie man das bis dahin gewohnt war. In den Jahren 1966/67 kam es zu einer Rezession. Dabei handelte es sich vor allem um ein psychologisches Phänomen. Von einem schweren Einbruch der Konjunktur konnte kaum die Rede sein. Das Bruttosozialprodukt stieg auch in dieser Zeit nominell weiter an – von 487 Milliarden D-Mark 1966 über 493 im folgenden Jahr auf 533 im Jahr 1968. Doch den Deutschen steckten die Erfahrungen der Weltwirtschaftskrise des Jahres 1929 und der Nachkriegszeit noch tief in den Knochen.

Entlastung für die Konjunktur und für den Kanzler konnte nur von außen kommen, vor allem von den Amerikanern. Das lag zum einen an der engen Verflechtung der beiden Volkswirtschaften; es lag aber insbesondere auch an hohen direkten und indirekten Zahlungen, welche Bonn an Washington zu leisten hatte – für die in Deutschland stationierten amerikanischen Truppen und für deutsche Waffenkäufe in den USA.

Seit die Entscheidung zum Aufbau deutscher Streitkräfte gefallen war, also spätestens seit Mitte der Fünfzigerjahre, stellte sich die Frage nach ihrer Ausrüstung. Die deutsche Rüstungsindustrie gab es nicht mehr. Sie war entweder durch Kriegseinwirkung zerstört oder durch die alliierten Beschlüsse und Maßnahmen demontiert beziehungsweise stillgelegt worden. Erst in den Sechzigerjahren begann sie sich neu zu formieren und national wie international mit eigenen Produkten, beispielsweise den Leopard-Panzern, wieder konkurrenzfähig zu werden. Dass es im Laufe der Jahrzehnte, und zwar bei Hochtechnologieprodukten auf dem Rüstungssektor, auch zu einer Zusammenarbeit und in diesem Rahmen sogar zu einem begrenzten Import deutscher Waffen beziehungsweise Waffenkomponenten in den abgeschotteten amerikanischen Markt gekommen ist, hat sich kaum herumgesprochen.

Etwas anders sah es im zivilen Bereich aus, insbesondere beim PKW. Vor allem der legendäre VW-Käfer – ein noch von Hitlers Ingenieuren entwickeltes, eher unpraktisches, aber für breite Käuferschichten erschwingliches Automobil mit späterem Kultstatus – machte seit Mitte der Sechzigerjahre in Amerika eine erstaunliche Karriere. Nachdem ein erster Versuch der Montage in den USA an den hohen Lohnkosten gescheitert war, wurde im Oktober 1955 mit *Volkswagen of America* eine reine Vertriebsgesellschaft mit Sitzen in New York und San Francisco gegründet. Schon im kommenden Jahr konnten fast 50 000 Käfer und Transporter abgesetzt werden. Im Dezember 1964 lief im Werk Emden die eigens für Übersee aufgebaute Käfer-Produktion an; Tag für Tag rollten 500 Fahrzeuge vom Band in die werkseigene Verschiffungsanlage, von der es dann in die USA und nach Kanada ging. 1976 wurde die *Volkswagen Manufacturing Corporation of America* gegründet, und seit 1979 lief das Nachfolgemodell des Käfer, der nicht minder populäre und erfolgreiche Golf, im Werk Westmoreland, also in Amerika selbst, vom Band. Von den 1980 in den USA abgesetzten fast 370 000 Fahrzeugen waren mehr als 60 Prozent auch dort produziert worden. Kein Wunder also, dass andere deutsche Hersteller, wenn auch erheblich später, dem Beispiel folgten: 1994 eröffnete BMW in Spartanburg, South Carolina, ein Werk und ging damit insofern auch einen neuen Weg, als der dort produzierte Z-3 Roadster unter anderem nach Deutschland exportiert wurde.

Umgekehrt hatten amerikanische Autos, von exotischen Ausnahmen wie dem Ford Mustang abgesehen, in Deutschland bis in

24   *Exportschlager für Amerika: vw-Käfer-Verschiffung in Emden,*
1967.

die Achtzigerjahre hinein kaum eine Chance. Das unterschied sie von Kampfflugzeugen und anderem Kriegsgerät. Drei Jahrzehnte lang wurde die Bundeswehr in weiten Bereichen mit amerikanischen Waffensystemen ausgestattet. Deutsche Waffenkäufe in den USA waren eine Art Gegenleistung für den umfassenden Schutz, den die amerikanische Vormacht garantierte, und sie waren eine nahe liegende Konsequenz aus den so genannten *Offset*-Abkommen. Diese regelten den Ausgleich für die Devisenverluste in der Zahlungsbilanz der USA, die durch die Stationierung amerikanischer Streitkräfte und ihrer Angehörigen in der Bundesrepublik entstanden. Allein 1961 und 1962 beliefen sich die amerikanischen Aufwendungen für das Militär in Deutschland auf beinahe 1,4 Milliarden US-Dollar.

Anfang der Achtzigerjahre waren in Deutschland mehr als 250 000 amerikanische Soldaten stationiert, mehr als in allen übrigen Staaten innerhalb und außerhalb Europas zusammengenommen; im restlichen Europa waren es gerade einmal 90 000 und in Korea 30 000. Der Luftwaffenstützpunkt in Ramstein, das Munitionsdepot in Miesau und das Militärhospital in Landstuhl waren die größten Einrichtungen ihrer Art außerhalb der Vereinigten Staaten. Damit wurden die amerikanischen Streitkräfte übrigens zu einem der wichtigsten Arbeitgeber in Südwestdeutschland. Überraschend war nicht, dass sich die Deutschen an den Kosten beteiligen sollten. Zunehmenden Ärger bereitete allerdings die Tatsache, dass nur die Bundesrepublik, nicht aber andere Länder, in denen amerikanische Streitkräfte stationiert waren, für den Devisenverlust geradestehen sollten.

Seit dem Oktober 1960 wurden diese Geschäfte durch Verträge geregelt. Für die Bundesrepublik warfen sie langfristig mehr Probleme auf, als sie lösten. Da die deutschen Schulden in der Regel durch Waffenkäufe in den USA beglichen wurden, machten die Vereinbarungen die Bundeswehr von amerikanischer Ausrüstung abhängig. Zu allem Überfluss hielt sich ausgerechnet das gewichtigste Projekt dieser Art hartnäckig in den Schlagzeilen: Im März 1959 hatte sich die Bundesregierung – ähnlich wie die Niederlande, Belgien und Italien und im Übrigen mit Zustimmung der Opposition im Bundestag – zu einem kombinierten Entwicklungs- und Lizenzbauvertrag für das amerikanische Kampfflugzeug F-104 der Firma Lockheed, den Starfighter, entschieden. Damit begann zugleich der Wiederaufbau der Luftwaffe.

Damals suchten die Bundeswehr und Verteidigungsminister Franz Josef Strauß nach einer Allzweckwaffe, einem Flugzeug, das als Jäger und Jagdbomber verwandt, von der Luftwaffe wie von der Marine eingesetzt und auch noch mit Nuklearwaffen bestückt werden konnte. Den Hintergrund für dieses Anforderungsprofil bildete die Neuformulierung der amerikanischen Nuklearstrategie und der in diesem Zusammenhang zu sehende Bundestagsbeschluss vom 25. März 1958, die deutschen Streitkräfte mit Trägersystemen für taktische Nuklearwaffen auszurüsten. Was übrigens nicht bedeutet, dass die Bundeswehr auch über die entsprechenden Atomsprengköpfe verfügt hätte. Die waren und blieben unter amerikanischer Kontrolle. Die Deutschen hatten den einen, die Amerikaner den zweiten Schlüssel.

Ganz offensichtlich waren die Ansprüche an das Flugzeug zu hoch. Kaum in Dienst gestellt, stürzte 1961 die erste F-104 der Luftwaffe ab; alleine 1965 gingen 27 Maschinen dieses Typs verloren; als der letzte Starfighter im Mai 1991, also in den Dämmerstunden des Kalten Krieges, außer Dienst gestellt und durch den unter anderem in Deutschland entwickelten und gebauten Tornado ersetzt wurde, waren 292 Flugzeuge dieses Typs abgestürzt und 108 Piloten dabei ums Leben gekommen, unter ihnen ein Sohn Kai-Uwe von Hassels, des Nachfolgers von Franz Josef Strauß auf der Hardthöhe. Eine beispiellose Skandalgeschichte. Ohne den Hintergrund des Kalten Krieges, ohne die hohe einseitige deutsche Abhängigkeit von der amerikanischen Sicherheitsgarantie und allem, was mit ihr verbunden war, wäre sie kaum vorstellbar gewesen.

25   Kleiner Flieger, große Probleme: Verteidigungsminister Franz Josef Strauß überreicht dem Piloten des ersten Testfluges ein Modell des Kampfflugzeugs F-104 Starfighter, Juli 1960.

Kein Wunder also, dass dieses Thema auf der Tagesordnung der Amerika-Visiten deutscher Kanzler stand. Das galt, schon wegen der konjunkturellen Schwierigkeiten, insbesondere für Ludwig Erhard, der den USA viermal einen offiziellen Besuch abstattete. Die letzte Reise Ende September 1966, die der Kanzler mit einer Art indirektem Misstrauensvotum des Bundestages im Gepäck antrat, war ein regelrechter Bittgang. Natürlich ging es in den Gesprächen mit dem Präsidenten und seinem Verteidigungsminister Robert McNamara – neben der Frage einer nuklearen Mitsprache der Bundesrepublik – vor allem um den Devisenausgleich und die deutschen Waffenkäufe in den USA. In keinem dieser Punkte konnte Einigkeit erzielt werden, da die Amerikaner, auch Johnson, hart blieben.

Eigentlich war das Verhältnis zwischen Johnson und Erhard ein recht gutes. Gelegentlich hatte der Amerikaner den Deutschen auf seine Ranch nach Texas eingeladen. Allerdings standen am 8. November Kongresswahlen an, und die amerikanische Zahlungsbilanz war vor allem wegen des Krieges in Vietnam alles andere als ausgeglichen. Rücksichtnahme auf Freunde und Verbündete war da nicht möglich und auch nicht nötig, wenn es sich bei diesen um Juniorpartner handelte, die von den USA abhängig waren und das auch wussten.

Tatsächlich war der Kanzler schon mit der Sorge nach Washington gereist, dass sich die Amerikaner wegen des Vietnam-Krieges und ihrer miserablen Zahlungsbilanz genötigt sehen könnten, ihre militärische Präsenz in Europa erheblich zu reduzieren. Das stärkte nicht gerade seine Verhandlungsposition. So wurden 1966 insgesamt 15 000 US-Soldaten aus Europa abgezogen, und erst wenige Wochen vor Erhards Reise Ende August hatte der Fraktionsführer der Demokraten im amerikanischen Senat eine noch drastischere Reduktion der amerikanischen Truppen in Europa gefordert, ohne – wie sonst üblich – im gleichen Atemzug einen Abbau der sowjetischen Überlegenheit als Vorbedingung für den Abzug zu nennen.

26   Gespannte Lage, gute Stimmung: Bundeskanzler Ludwig Erhard zu Besuch bei Präsident Lyndon B. Johnson im texanischen Houston, Dezember 1963.

Das war schon deshalb bedenklich, weil solche Gedankenspiele im Zusammenhang mit der neuen amerikanischen Sicherheitsdoktrin gesehen werden mussten. Die *Flexible response*, die flexible Antwort auf einen Angriff des Warschauer Paktes, hatten die Amerikaner 1962 formuliert. 1967 wurde sie zur verbindlichen NATO-Doktrin. Sie bedeutete die Abkehr vom vergleichsweise starren Automatismus der *Massive retaliation*, der massiven nuklearen Vergeltung, welche die Amerikaner während der Fünfzigerjahre jedweden kommunistischen Aggressoren androhten. Sinn und Zweck der neuen Strategie, die ja vor dem Hintergrund des Vietnam-Krieges entwickelt wurde, war unter anderem ein Abbau der amerikanischen Streitkräfte. Für die Europäer, allen voran die Deutschen, musste sich damit die Wahrscheinlichkeit, ja die Gefahr eines begrenzten militärischen Konfliktes in Europa ohne amerikanisches Eingreifen erhöhen. Auch in dieser Frage konnte Ludwig Erhard in Washington nichts ausrichten.

So musste der Kanzler also die Rückreise nach Bonn nicht nur ohne greifbares Ergebnis antreten, sondern seine Gesprächspartner hatten ihm auch unmissverständlich vor Augen geführt, wer am längeren Hebel saß. Sein Rücktritt vier Wochen später ist ohne diese Reise und ihre ernüchternden Ergebnisse nicht zu verstehen. Erhards Nachfolger ging es einerseits nicht besser, andererseits aber doch.

Kurt-Georg Kiesinger stand einer Großen Koalition aus CDU/CSU und SPD vor, seine Regierung hatte also eine ungewöhnlich breite parlamentarische Basis. Das war nicht nur die Voraussetzung für die Bearbeitung eines umfassenden innenpolitischen, vor allem wirtschaftspolitischen Reformprogramms; es sorgte auch für ein entsprechendes Selbstbewusstsein und damit für einen etwas größeren Handlungsspielraum, auch gegenüber den Verbündeten. Außerdem waren die Amerikaner, was die Entspannungspolitik anging, auf die Europäer, vor allem aber auf die Deutschen angewiesen. Ohne oder gar gegen sie war die Entlastung nicht zu bekommen, die sie angesichts des Vietnam-Debakels brauchten. Auf der anderen Seite blieb die Bundesrepublik gerade deshalb von den Vereinigten Staaten abhängig, weil sich in den Sechzigerjahren, von den Amerikanern forciert, die Entspannung breit machte. Schon im Dezember 1967 hatte die NATO mit dem Harmel-Bericht die Vereinbarkeit von Verteidigung und Entspannung signalisiert. Am 25. Juni 1968 unterbreitete ihr Ministerrat dem Warschauer Pakt von Reykjavik aus den Vorschlag für eine »gegenseitige ausgewogene Truppenverminderung«. Sicher: Bonn war daran und vor allem an einem Abbau der drastischen Überlegenheit des Warschauer Paktes sehr gelegen. Dennoch musste man darauf achten, dass die Schutzmacht nicht die Gelegenheit nutzte, um sich in Europa allzu deutlich zu entlasten, wenn nicht ganz aus dem Staub zu machen.

Und so blieb auch während der Kanzlerschaft Kiesingers, was das Verhältnis zu Amerika angeht, alles beim Alten. Nur hatte das zuvor noch niemand so deutlich ausgesprochen, wie das der Kanzler der Großen Koalition Ende Februar 1967 tat, als er zu dem Schluss kam, dass es so »nicht weitergehen« könne: »Wir reden ja überhaupt nur noch über Streitfragen miteinander. Wir reden ja gar nicht mehr über gemeinsame Politik … Natürlich wissen auch wir, dass die amerikanische Politik in Europa ausschließlich amerikanische Interessen vertritt. Es gibt manchmal Deutsche, die glauben, es gäbe da so eine Freundschaft oder Freundschaftsdienste. Das gibt dann hinterher immer sehr böse Enttäuschungen. In der Politik herrschen Interessen zwischen den Völkern. Die amerikanische Politik verfolgt hier also amerikanische Interessen. Aufgabe ist es festzustellen, inwieweit die amerikanischen Interessen mit den unseren, den deutschen und den europäischen, übereinstimmen und inwieweit nicht oder nicht mehr.«

Eine ernüchternde Bilanz, nicht nur für den deutschen Kanzler, sondern auch für den amerikanischen Präsidenten. Lyndon B.

27 »Wir reden ja überhaupt nur noch über Streitfragen miteinander«: Präsident Lyndon B. Johnson und Bundeskanzler Kurt-Georg Kiesinger in Washington, Mitte August 1967.

Johnson nämlich stand, je weiter die Zeit voranschritt, vor den Trümmern seiner Politik, und das auf ganzer Linie. Das Verhältnis zu vielen Verbündeten, allen voran zu Frankreich und seinem eigenwilligen Staatspräsidenten Charles de Gaulle, war zerrüttet wie nie zuvor. Dass andere, wie die Bundesrepublik unter ihren Kanzlern Erhard und Kiesinger, jedenfalls nach außen hin bei der Stange blieben, lag an deren hoher einseitiger Abhängigkeit von den USA. Doch das machte die Lage nicht besser, im Gegenteil: Nie war die Solidarität der Verbündeten so wichtig wie in diesen Monaten und Jahren, in denen Amerika in Vietnam einer der schwersten Niederlagen seiner Geschichte entgegensah.

Nicht minder dramatisch sah es im Innern aus, weil ausgerechnet viele von denen, für deren Rechte sich der Präsident nicht ohne Erfolg stark gemacht hatte, auf die Straße gingen und Teile des Landes zeitweilig in einen bürgerkriegsähnlichen Zustand versetzten. Das ging zum Teil auf das Konto radikaler, bewusst polarisierender Gruppierungen wie der Black Muslims, später vor allem der Black Panther, war aber auch Ausdruck der Enttäuschung. Johnsons Reformen gingen vielen nicht weit genug oder stießen bei Teilen der weißen Bevölkerung immer noch auf erhebliche Vorbehalte. Als Martin Luther King, Führer der gemäßigten *Southern Christian Leadership Conference*, am 4. April 1968 dem Mordanschlag durch einen Weißen zum Opfer fiel, brachen die Dämme: In mehr als hundert Städten kam es zu schweren Rassenunruhen, ganze Stadtteile gingen in Flammen auf, dutzende Menschen wurden getötet, Tausende verletzt. Das Land stand vor einer der schwersten inneren und äußeren Krisen seiner Geschichte. Gefordert waren der Ausgleich, die Vermittlung, ein neues, die Nation einendes Selbstbewusstsein. Dass ausgerechnet ein Kandidat, wenn auch äußerst knapp, im November 1968 die Präsidentenwahl gewann, zu dessen politischer Profilierung immer auch die Polarisierung gehört hatte, gab nicht unbedingt Anlass zu Hoffnung und Zuversicht.

•

Richard Milhous Nixons Karriere ist ein Musterbeispiel für die unbegrenzten Möglichkeiten, die das Land seinen Menschen bietet, wenn sie die Begabung und den Willen mitbringen, sie zu nutzen. Die Verhältnisse, in die Richard Nixon am 9. Januar 1913 hineingeboren wurde, waren jedenfalls in jeder Hinsicht bescheiden. Das Lebensmittelgeschäft, das die Eltern in der Nähe von Los Angeles betrieben, warf gerade genug ab, um die fünf Söhne zu ernähren. Das sorgte früh für die Ausbildung prägender Eigenschaften: Arbeit, Sparsamkeit, Disziplin und – wollte man den beengenden Umständen entkommen – eine ordentliche Portion Ehrgeiz gehörten dazu, aber auch der Umgang mit dem Verlust, den der frühe Tod zweier Brüder bedeutet hat.

Nixon ergriff die Chance, die sich ihm 1934 durch das Stipendium für ein rechtswissenschaftliches Studium an der Duke-Universität in Durham, North Carolina, bot, schloss es nach drei Jahren als einer der Besten seines Jahrgangs ab und ließ sich danach als Anwalt im heimischen Whittier nieder. Der Weltkrieg bedeutete auch in dieser Biografie eine Zäsur, in diesem Falle zudem eine Chance. Denn Nixon meldete sich zur Marine, tat auch von Ende 1942 bis Mitte 1944 als Nachschuboffizier Dienst im Südpazifik, obgleich er als Quäker nicht zum Militärdienst verpflichtet war. Noch in dieser Zeit wurde ihm die Chance einer Kandidatur für das Repräsentantenhaus eröffnet, die er ohne Zögern ergriff und 1946 mit einem durchschlagenden Ergebnis realisierte.

Schon damals machte sich Nixon eine Grundstimmung in der amerikanischen Gesellschaft zunutze, die ihm vier Jahre später sogar zum Einzug in den Senat verhelfen sollte. Die Furcht vor einer kommunistischen Unterwanderung war während der Nachkriegsjahre in Amerika derart verbreitet, dass sie sich leicht in Panik und Hysterie überführen ließ, wenn man sie denn zu instrumentalisieren verstand. Nixon nutzte sie, um sich im »Repräsentantenausschuss zur Untersuchung unamerikanischer Aktivitäten« als Kommunistenjäger zu profilieren. Es war die Ära, in der auch

Joseph R. McCarthy seinen zweifelhaften Ruf erwarb. So weit wie dieser republikanische Senator, der Anfang 1950 vorgab, im State Department mehr als 200 Kommunisten identifiziert zu haben, ist Nixon zwar nicht gegangen; aber als es um seinen Einzug in den Senat ging, hatte er wenig Skrupel, seine Gegenkandidatin entsprechend zu diskreditieren. Den Spitznamen, den die unterlegene Rivalin ihm als Revanche verpasste, wurde Nixon nie mehr los: Als »Tricky Dick« firmierte er noch, als ihm das Wasser der Watergate-Affäre bis zum Hals stand.

Die Mischung aus politischer Professionalität, kontrollierter Skrupellosigkeit und taktischer Beweglichkeit stellte Nixon einmal mehr 1952 unter Beweis: In der Kampagne, die er als Vizepräsidentenkandidat an der Seite des Kriegshelden Dwight D. Eisenhower führte, zog er seinen Kopf geschickt aus einer Affärenschlinge und entdeckte bei dieser Gelegenheit erstmals das neue Medium Fernsehen für sich. Ehrgeizig und intelligent, wie er war, nutzte er die große Chance, die ihm die achtjährige Amtszeit an der Seite Eisenhowers bot, um sich auf seine eigene Präsidentschaft vorzubereiten. Sein Interesse und auch seine Leidenschaft galten zunehmend der Außenpolitik. Die sich daraus entwickelnde intensive Reisetätigkeit führte ihn in mehr als 60 Länder, darunter die Sowjetunion.

Doch die Karriere verlief anders als geplant: Nicht das Präsidentenamt bildete Anfang der Sechzigerjahre den vorläufigen Abschluss dieses Aufstiegs, sondern eine Serie bitterer Niederlagen. Allen voran natürlich der hauchdünne Rückstand auf den Demokraten John F. Kennedy, zumal der nicht zuletzt auf das Konto von Wahlmanipulationen in Illinois und Texas und auf ein nach Punkten gewonnenes Fernsehduell des jüngeren, gut aussehenden Mitbewerbers ging. Nachdem Nixon 1962 auch das Rennen um den Gouverneursposten von Kalifornien verloren hatte, zog er sich offiziell aus der Politik zurück und ging als Anwalt nach New York, um dann 1966 doch noch einmal seinen Hut in den Ring zu werfen.

Nach einem polarisierenden Wahlkampf war es diesmal Nixon, der das Rennen mit äußerst knapper Mehrheit gegen den Kandidaten der Demokraten, Hubert Humphrey, für sich entscheiden konnte. George C. Wallace, Exgouverneur von Alabama, der die Grundstimmung nutzte und als unabhängiger Kandidat mit einem stark chauvinistisch und rassistisch eingefärbten Programm immerhin 13,5 Prozent der Stimmen auf sich vereinigen konnte, hätte Richard Nixon fast zum zweiten Mal um den Wahlsieg gebracht. Er konnte sich nur behaupten, weil er seinerseits unter anderem das Rassenthema bediente.

•

Als Nixon das Weiße Haus bezog, liefen die Vorbereitungen für ein Unternehmen auf Hochtouren, das Kennedy in Auftrag gegeben hatte und mit dem die Vereinigten Staaten endgültig den Wettlauf im Weltraum für sich entscheiden wollten. Begonnen hatte dieser mit der Zündung der ersten Atombombe im Juli 1945. Er war also vom nuklearen Wettlauf der beiden Supermächte nicht zu trennen. Eben weil Amerika auf diesem Gebiet die Nase anfangs vorn hatte, fielen einzelne Erfolge des Rivalen auf dem Gebiet der Raumfahrt besonders ins Gewicht. Hier hatten die Sowjets zunächst eindeutig die besseren Karten, jedenfalls bei den spektakulären Aktionen. Erst vier Monate nach dem sowjetischen Sputnik konnte am 31. Januar 1958 mit dem Explorer ein amerikanischer Satellit erfolgreich in eine Umlaufbahn um die Erde gebracht werden. Ähnlich lagen die Dinge bei der bemannten Raumfahrt: Juri Gagarin war der erste Mensch, der am 12. April 1961 in einer sowjetischen Kapsel die Erde umkreiste; erst acht Monate darauf, am 20. Februar 1962, folgte ihm sein amerikanischer Kollege John Glenn.

Das nächste große Ziel im Wettlauf um das All war der Mond, und den wollten unter allen Umständen die Amerikaner als Erste betreten. Zwar konnten die Sowjets mit der unbemannten Mondlandung von Luna 9 im Februar 1966 noch einmal einen Etappensieg verbuchen. Inzwischen hatten aber die amerikanischen Gemini- und Apollo-Programme Tritt gefasst und Erfolge vorzuweisen. Durchgeführt wurden sie von der 1958 gegründeten NASA, der *National Aeronautics and Space Administration*. Im Dezember 1968 gelang Apollo 8 die erste bemannte Mondumkreisung, und am 21. Juli 1969 betrat mit Neil Armstrong, dem Kapitän der Apollo-11-Mission, der erste Mensch den Mond. Einmal mehr hielt die Welt den Atem an, in diesem Falle allerdings nicht deshalb, weil sie von dem Ereignis überrascht worden wäre, sondern weil sie den unerhörten Vorgang an den Bildschirmen verfolgen konnte.

Das galt auch für Deutschland, wo inzwischen die meisten Haushalte über ein Fernsehgerät verfügten. Waren 1955 gerade einmal 100 000 Apparate registriert gewesen, gab es Anfang der Sechzigerjahre schon vier Millionen. Dort also bestaunten auch die Deutschen Armstrongs Tat, und als die Raumfahrer ihnen Mitte Oktober 1969 einen Besuch abstatteten, wurden sie von den Bundesbürgern begeistert empfangen.

Die Flüge zum Mond wurden rasch zur Routine. Waren zum Start von Apollo 11 noch über eine Million Menschen nach Cape Canaveral in Florida gepilgert, um das Spektakel zu beobachten, so waren es fünf Monate darauf, beim Start von Apollo 13, gerade einmal 100 000, unter ihnen der deutsche Bundeskanzler Willy Brandt, der sich gerade in den USA aufhielt und den Start aus reiner Höflichkeit gemeinsam mit Nixons Vizepräsidenten Spiro T. Agnew verfolgte. Immerhin traf Brandt bei dieser Gelegenheit mit Werner von Braun zusammen, dem Vater der amerikanischen Raumfahrt. Der Raketenfachmann, Jahrgang 1912, Mitglied der NSDAP und später auch der SS, war maßgeblich an der Entwicklung und am Bau der V-2-Raketen beteiligt gewesen, die seit 1944 gegen Ziele in England, Belgien und den Niederlanden eingesetzt wurden. Im April 1945 hatte er sich mit zahlreichen Mitarbeitern, Unterlagen und auch Raketenteilen aus Peenemünde abgesetzt und den Amerikanern gestellt. Die siedelten ihn mit 125 weiteren deutschen Raketenforschern zunächst in Texas an und machten

28   *Aufbruch zu den Sternen: Bundeskanzler Willy Brandt und der deutschstämmige Raketenkonstrukteur Wernher von Braun (hinter Brandt mit Sonnenbrille) beobachten am 11. April 1970 den Start von Apollo 13. Links im Bild der amerikanische Vizepräsident Spiro T. Agnew.*

sich deren Wissen und Erfahrung für die eigenen Raumfahrt-programme zunutze. Nach den Mercury- und Gemini-Programmen war von Braun als Chefentwickler auch maßgeblich am Apollo-Projekt beteiligt, und so gesehen galten die ersten Schritte Neil Armstrongs auf dem Mond auch als ganz persönlicher Erfolg des deutschstämmigen Raketenbauers.

•

Auch die Regierung Nixon konnte sich kurzzeitig in diesem Erfolg sonnen. Doch schon sehr bald und in dem Maße, in dem die Mondflüge zur Routine wurden, holte die raue irdische Wirklichkeit das Land und seinen Präsidenten wieder ein. Vor allem in der Innenpolitik. Anders als von Nixon erhofft und bis zu seinem Amtsantritt auch behauptet, wurde der Präsident der Vereinigten Staaten eben nicht nur für die Außenpolitik gebraucht. Es gehört zu den Merkmalen seiner Amtszeit, dass sich sein Name mit Fortschritten, beispielsweise in der Rassen- oder auch in der Frauenpolitik, verbindet, obgleich Nixon die entsprechenden Urteile des Obersten Gerichtshofes ablehnte.

Das galt für das 1971 durch das Gericht gebilligte so genannte *busing*, also den gemeinsamen Bustransport von Schulkindern unterschiedlicher Rassen, wodurch nicht nur die Rassentrennung an den Schulen überwunden, sondern auch die Chancengleichheit durch eine möglichst gute Schulausbildung erhöht werden sollten. Und es galt für das Urteil über die Privatsphäre der Frau, mit dem die Obersten Richter 1973 im Fall »Roe gegen Wade« faktisch den Schwangerschaftsabbruch während der ersten drei Monate legalisierten. Was übrigens nicht bedeutete, dass das Thema Abtreibung damit erledigt gewesen wäre. Immer wieder schob es sich während der kommenden Jahrzehnte in den Vordergrund der öffentlichen Debatte. Zuletzt suchte sich George W. Bush im Wahlkampf des Jahres 2004 als Gegner des bestehenden Abtreibungsrechts zu profilieren.

Auch andere Reformthemen der Ära Nixon blieben weit über das Ende seiner Amtszeit hinaus im Gespräch, so der Umweltschutz. Hier war es der Präsident selbst, der die Initiative ergriff und wegweisende Entscheidungen traf. Dass es Nixon dabei auch um eine weitere Machtkonzentration in Washington, also quasi um eine Revision des von Eisenhower eingeschlagenen Kurses ging, stand auf einem anderen Blatt. Bereits 1970 richtete der Präsident eine zentrale Umweltbehörde ein, die *Environmental Protection Agency*. Seit In-Kraft-Treten des entsprechenden Gesetzes war und ist der Präsident verpflichtet, jährlich einen Bericht zur Lage des Umweltschutzes vorzulegen. In rascher Taktzahl folgten Gesetze zur Reinhaltung der Luft, zur Reinhaltung der Gewässer oder auch das so genannte Pestizid-Gesetz, das der Umweltbehörde die Möglichkeit gab, gefährliche Schädlingsbekämpfungsmittel aus dem Verkehr zu ziehen. Dass es dann der Kongress war, der seinerseits 1972 gegen Nixons Veto ein Wasserschutzgesetz verabschiedete, lag auch an den Kosten von knapp 25 Milliarden US-Dollar für die kommenden zehn Jahre.

Das war zwar, für sich genommen und gemessen an der Leistungsfähigkeit der amerikanischen Wirtschaft, ein überschaubarer Betrag. Allerdings befand sich die Wirtschaft Anfang der Siebzigerjahre in der schwersten Rezession seit der Weltwirtschaftskrise von 1929. Kurz nach Nixons Rücktritt erreichte die Arbeitslosenquote mit 8,5 Prozent den höchsten Stand seit 1941, und im letzten Jahr seiner Präsidentschaft kletterte die Inflationsrate auf astronomische 12,2 Prozent. Viele Ursachen zeichneten dafür verantwortlich, auch hausgemachte – allen voran der Vietnam-Krieg, das alles bestimmende Thema der amerikanischen Innen- und Außenpolitik jener Jahre.

Zum Glück war der 37. Präsident der Vereinigten Staaten von Amerika auf dem Gebiet der Außen- und Sicherheitspolitik ein Profi. Hier lag seine politische Heimat; hier kannte er sich schon bei seinem Amtsantritt aus wie kaum ein Zweiter. Das erklärt, warum gerade in dieser Administration das State Department und sein Hausherr, William P. Rogers, praktisch zu Statistenrollen verurteilt waren. Der Einzige, der sich auf dem außenpolitischen Terrain neben seinem Präsidenten nicht nur behaupten, sondern auch profilieren konnte, war dessen Sicherheitsberater, der dann auch seit August 1973 neben diesem Amt das des Außenministers innehatte: Henry A. Kissinger, 1923 im fränkischen Fürth geboren und 1938 den zusehends brutaleren antisemitischen Übergriffen der Nazis nach Amerika entkommen, hatte eine akademische Bilderbuchkarriere, zuletzt als ordentlicher Professor für Politische Wissenschaft in Harvard, hinter sich, als Nixon ihn in dieses Amt berief.

Während der ersten Jahre wurden die Energien der beiden fast vollständig durch den Vietnam-Krieg und die mit ihm zusammenhängenden Probleme gebunden. Nixon hatte während des Wahlkampfes einen »ehrenvollen« Abzug der USA von den südostasiatischen Schlachtfeldern in Aussicht gestellt, ohne zu sagen, wie er das umsetzen wollte. Im März 1969 ließ Verteidigungsminister Melvin Laird die Katze aus dem Sack und kündigte die »Vietnamisierung« des Krieges an. Danach sollte das Land parallel zum amerikanischen Rückzug aus Süd-Vietnam in die Lage versetzt werden, sich aus eigener Kraft politisch, wirtschaftlich, insbesondere aber natürlich militärisch gegen Nord-Vietnam und den Vietcong zu behaupten und seine Unabhängigkeit zu wahren. Der Abmarsch der amerikanischen Verbände begann umgehend. Am Ende des Jahres 1970 befanden sich noch 280 000 US-Soldaten in Südostasien. Damit hatte sich ihre Zahl seit der Amtsübernahme Nixons fast halbiert. Mit ihr sank die Zahl der Opfer. Waren allein 1968 etwa 16 000 amerikanische Soldaten in Vietnam gefallen, so vier Jahre darauf noch 600. Vor allem diese Entwicklung haben die Wähler honoriert, als sie Richard Nixon am 7. November 1972 mit gut 60 Prozent im Amt bestätigten.

•

Gleichwohl erreichte die Protestwelle gegen den Krieg in der Nixon-Ära ihren Höhepunkt – daheim und im Ausland. Auch in der Bundesrepublik. Hier begannen die Anti-Vietnam-Demonstrationen mit einem Kongress zum Thema »Vietnam – Analyse eines Exempels«, den der Sozialistische Deutsche Studentenbund im Mai 1966 in Frankfurt veranstaltete. Der SDS, die vormalige politische Studentenorganisation der Sozialdemokraten, war 1960 aus der SPD ausgeschlossen worden und hatte sich zum Vorreiter und Sprecher einer rebellischen, vornehmlich studentischen Jugend entwickelt. Der politische Protest stand und fiel mit dem SDS und verflachte folglich in dem Maße, in dem sich der Studentenbund spaltete und schließlich 1970 auflöste.

Die vom SDS organisierten Demonstrationen gegen die amerikanische Kriegführung in Vietnam bildeten zeitweilig den Mittelpunkt einer Bewegung, die als Achtundsechziger in die Geschichtsbücher eingegangen ist. Vieles kam hier zusammen, zunächst die Empörung über eine tatsächlich oder vermeintlich unzureichende Beschäftigung der deutschen Politik und Gesellschaft mit ihrer jüngsten, der nationalsozialistischen Vergangenheit. Nicht zufällig lagen frühe Wurzeln dieser Kritik im so genannten Auschwitzprozess, in dem sich von Dezember 1963 bis August 1965 in Frankfurt am Main 22 ehemalige Mitglieder der Wachmannschaften des größten und berüchtigtsten deutschen Konzentrations- und Vernichtungslagers vor Gericht zu verantworten hatten.

Kein Wunder, dass sich der Protest der Achtundsechziger auch gegen die Große Koalition, namentlich gegen diejenigen ihrer Repräsentanten richtete, die, wie zum Beispiel Kanzler Kiesinger, in ihrer Biografie ein nationalsozialistisches Kapitel hatten. Anderes kam hinzu: Die Empörung über den Tod des Studenten Benno Ohnesorg, der Anfang Juni 1967 bei einer Demonstration gegen den Besuch des Schahs von Persien durch den Kopfschuss eines Polizisten getötet wurde; die gewalttätigen Reaktionen auf den Anschlag, bei dem Rudi Dutschke, der wohl populärste Führer

29   Gegen Amerika, für den Vietcong: In Deutschland erreichen die
Anti-Vietnam-Demonstrationen 1968 ihren Höhepunkt, hier auf dem
Berliner Kurfürstendamm.

der Bewegung, Mitte April 1968 durch mehrere Kopfschüsse eines rechtsgerichteten Malergesellen lebensgefährlich verletzt wurde; oder auch die Ausschreitungen gegen den Springer-Konzern, dessen Zeitungen vieles, auch die Schicksale Ohnesorgs und Dutschkes, angelastet wurde.

Eine herausragende Bedeutung für die Bewegung hatte ihr Protest gegen die so genannte Notstandsgesetzgebung. Dabei wurde übersehen, dass die Gesetze, die am 28. Juni 1968 in Kraft traten, unter anderem eine größere Bewegungsfreiheit der deutschen Politik gegenüber den Alliierten, auch gegenüber den Vereinigten Staaten, zum Ziel hatten. Mit ihnen entfielen nämlich unter anderem die Rechte der Alliierten »in Bezug auf den Schutz der Sicherheit« ihrer in der Bundesrepublik stationierten Streitkräfte. Diesen Schutz, und damit faktisch ein Interventionsrecht im Krisenfall, hatten sich vor allem die Amerikaner mit Artikel 5.2 des so genannten Deutschland-Vertrages ausdrücklich vorbehalten.

Unter diesen Aspekten war der Feldzug der Achtundsechziger gegen die Notstandsgesetze nicht recht mit jenem Antiamerikanismus vereinbar, der ohne Zweifel eine dominante Triebkraft ihres Protestes war und der sich vordergründig an der amerikanischen Kriegführung in Südostasien festmachte. Tatsächlich verschaffte sich hier erstmals ein tief sitzendes Ressentiment gegen Amerika und die Amerikaner Luft. Man kannte das schon aus dem 19. Jahrhundert, in dem die USA mehr und mehr zum Inbegriff von Vermassung und Kommerzialisierung geworden waren. Seit 1945 verdichtete sich der Antiamerikanismus zu einem wachsenden Unbehagen an der dominanten, hegemonialen Stellung der USA in Europa und insbesondere in Westdeutschland. Die Anti-Vietnam-Demonstrationen waren die erste Eruption dieser Art, die erste Welle einer Protestflut, die fortan in mehr oder weniger regelmäßigen Abständen die Republik erfasste: So 1981 im Massenprotest gegen die Umsetzung des so genannten NATO-Doppelbeschlusses, 1991 gegen den Zweiten und 2003 gegen den Dritten Golfkrieg.

Die deutschen Demonstrationen gegen den Vietnam-Krieg waren mithin Teil eines umfassenden Protestes, aufgeführt in sicherer transatlantischer Distanz zu den Vorgängen und zu den unmittelbar Betroffenen. Das unterschied sie von den Demonstrationen in Amerika. Hier ging es ums Ganze. Immerhin gab es in den USA damals noch die Wehrpflicht, sodass grundsätzlich jeder Mann im entsprechenden Alter damit zu rechnen hatte, in den Krieg ziehen zu müssen. Hinzu kam das wachsende Unbehagen vieler Amerikaner an der Art und Weise, in der ihr Land in Südostasien diesen Krieg führte.

Schon vor Nixons Amtsantritt hatten am 15. November 1969 in Washington 300 000 Menschen demonstriert, ein in der amerikanischen Geschichte in diesen Dimensionen unerhörtes Ereignis. Einen Tag darauf wurden die Massaker von My Lai bekannt, bei denen 1968 etwa 300 vietnamesische Zivilisten durch amerikanische Soldaten getötet worden waren. Spätestens jetzt dämmerte vielen, dass in Vietnam nicht nur ein militärisch kaum zu gewinnender Krieg geführt wurde, sondern auch ein brutaler Guerillakampf, der gerade unter der Zivilbevölkerung große Opfer forderte.

Als Nixon am 30. April 1970 den vorübergehenden Einmarsch amerikanischer und südvietnamesischer Verbände in Kambodscha bekannt gab, eskalierte die Situation innerhalb weniger Tage: Am 4. Mai 1970 eröffnete die Nationalgarde auf dem Campus der Kent State University in Ohio das Feuer auf demonstrierende Studenten und erschoss vier von ihnen. Jetzt wurden die USA von einer regelrechten Protestwelle erfasst. Bei einer dieser Demonstrationen schleuderte am 23. April 1971 auch der mit acht amerikanischen und drei südvietnamesischen Auszeichnungen hoch dekorierte Vietnam-Veteran John Kerry zwei Tapferkeitsmedaillen von sich. Allerdings warf der Herausforderer von Präsident George W. Bush im Wahlkampf des Jahres 2004 damals nicht seine eigenen Auszeichnungen auf die Stufen des Kapitols, sondern die eines Kameraden.

•

Ziel der völkerrechtlich fragwürdigen Kambodscha-Operation war die Zerstörung militärischer Basen des Vietcong beziehungsweise Nord-Vietnams. Zu diesem Zweck entschlossen sich Nixon und Kissinger zu Angriffen »mit allem, was fliegen kann, auf alles, was sich bewegt«. In diesem Zusammenhang ist auch die Verschärfung der militärischen Maßnahmen gegen Nord-Vietnam selbst zu sehen, zu denen neben Seeblockaden und der Verminung der Küstengewässer vor allem schwere Bombereinsätze gegen militärische und zivile Ziele gehörten. Die westliche Vormacht scheute selbst vor dem Einsatz von Napalm oder auch von Chemikalien nicht zurück, mit denen weite Landstriche Vietnams zum Zweck der Kriegführung entlaubt und verwüstet wurden. Besondere Empörung riefen die Bombardements von Hanoi und anderen Städten hervor, mit denen die USA am 18. Dezember 1972 wieder begannen. Es waren die schwersten Angriffe seit Kriegsbeginn, und sie richteten sich in erster Linie gegen die Zivilbevölkerung. Mit diesen brutalen Operationen verfolgten Nixon und Kissinger nicht zuletzt das Ziel, die vietnamesische Führung im wahrsten Sinne des Wortes zu einem Waffenstillstand zu bomben.

Seit Anfang 1969 wurde in Paris auf zwei Ebenen sondiert: Öffentlich sprachen Vertreter der Vereinigten Staaten, Süd-Vietnams, Nord-Vietnams sowie des Vietcong im Hotel »Majestic« über die Beendigung des Krieges – ohne jeden greifbaren Erfolg. Daneben verhandelte Henry Kissinger mit seinem nordvietnamesischen Partner Le Duc Tho – geheim und im Ergebnis erfolgreich. Diese Verhandlungen, die Nixon erst Ende Januar 1972 öffentlich bekannt machte und für deren Ergebnis die beiden Unterhändler mit dem Friedensnobelpreis ausgezeichnet wurden, brachten am 27. Januar 1973 die Unterzeichnung des Waffenstillstandes. Acht Wochen später verließen die letzten amerikanischen Soldaten die Schlachtfelder Südostasiens. Gemessen an der Vorgabe, mit der Nixon die politische Arena betreten hatte, war das ein Erfolg; gemessen an dem Anspruch, mit dem Amerika in Südostasien

30   Bild des Grauens: Opfer eines amerikanischen Napalmangriffs auf
ein vietnamesisches Dorf, 8. Juni 1972.

angetreten war, bedeutete der Rückzug für die westliche Vormacht eine traumatisch wirkende Niederlage.

Henry Kissinger hat dafür an erster Stelle die öffentliche beziehungsweise veröffentlichte Meinung seines Landes verantwortlich gemacht. Tatsächlich entfalteten die täglichen Bilder von den südostasiatischen Schlachtfeldern eine enorme Wirkung, ein regelrechtes Eigenleben. So gesehen ging der Krieg in Vietnam für die Vereinigten Staaten auch an den heimischen Bildschirmen verloren. Und wenn es eine Lehre aus dieser Geschichte gab, dann die, dass Amerika seine Kriege nie mehr ohne eine angemessene, kontrollierte Einbindung der Medien, allen voran des Fernsehens, würde führen können. Das war die eine Seite.

Es gab eine andere. Denn selbstverständlich bedeutete der Rückzug Amerikas aus Vietnam auch eine schwere militärische Niederlage, wenn nicht die schwerste seiner Geschichte. Dafür sind viele Gründe ins Feld geführt worden, vor allem einer: Um einen Sieg zu erzwingen, hätte Amerika die Truppenstärke noch einmal verdoppeln, den Krieg direkt nach Nord-Vietnam tragen und die Schwächen des Gegners, zum Beispiel während der Tet-Offensive, entschlossen ausnutzen müssen. Dabei war Vietnam mit einem beispiellosen Einsatz von Kampfstoffen beinahe aller Art in dem beinahe zehnjährigen Krieg in eine Kraterlandschaft verwandelt worden: In dieser Zeit wurden über dem kleinen südostasiatischen Land 7,5 Millionen Tonnen Sprengstoff abgeworfen – dreimal mehr als während des gesamten Zweiten Weltkrieges. Etwa zwei Millionen Vietnamesen kostete der Krieg das Leben, und die Zahl der Witwen und Waisen, die er zurückließ, überstieg noch die der Toten.

Wie kein zweites Ereignis der neueren Geschichte haben die Dauer des Krieges, die Art der Kriegführung, die Zahl seiner Opfer, darunter 58 000 Amerikaner, und sein Ausgang die amerikanische Außen- und Sicherheitspolitik beeinflusst und belastet, aber auch das Ansehen der USA in der Welt beschädigt. Es trug nicht gerade

31   Das Schiff sinkt: Die letzten Amerikaner retten sich vor den an-
rückenden Verbänden Nord-Vietnams und des Vietcong auf das Dach
ihrer Botschaft in Saigon, 29. April 1975.

zur Stärkung des ohnehin schwer angeschlagenen Selbstbewusstseins bei, dass sich Nord-Vietnam und der Vietcong nicht an die Vereinbarungen des Waffenstillstandes hielten. Am 29. April 1975 wurden die letzten Amerikaner aus Saigon evakuiert. Einen Tag später, am 30. April, marschierten die kommunistischen Verbände in die Hauptstadt Süd-Vietnams ein, die fortan Ho-Chi-Minh-Stadt hieß. Als die Hubschrauber vor laufenden Kameras das amerikanische Botschaftsgelände verließen, war das Scheitern der amerikanischen Südostasienpolitik besiegelt. Zu diesem Zeitpunkt allerdings war Nixon schon nicht mehr im Amt.

•

Dass Nixon das Weiße Haus mit einer erfolgreichen außenpolitischen Bilanz verlassen konnte, lag weniger am Rückzug aus Vietnam als vielmehr an der neuen Qualität der Beziehungen, welche die USA seit Anfang der Siebzigerjahre zu den beiden kommunistischen Führungsmächten unterhielten. Sowohl die Volksrepublik China als auch die Sowjetunion, die beiden wichtigsten, allerdings auch hier miteinander konkurrierenden Verbündeten Vietnams, hatten sich nämlich beim Abzug der Amerikaner aus Südostasien in Zurückhaltung geübt und damit der Versuchung widerstanden, die Schwäche der westlichen Führungsmacht zu eigenen Gunsten zu nutzen.

Dafür gab es einen handfesten Grund: Maos Volksrepublik und Breschnews Union Sozialistischer Sowjetrepubliken hielten sich gegenseitig in Schach. Am gemeinsamen Grenzfluss Ussuri standen sie sich bis an die Zähne bewaffnet gegenüber. Im März 1969 eskalierte dort der seit Jahren und auf verschiedenen Ebenen schwelende Konflikt in einer direkten militärischen Konfrontation. Vorerst waren es zwar nur Scharmützel. Alles deutete aber auf eine Verschärfung der Lage hin. Nach Beobachtung des amerikanischen Geheimdienstes hatten die Sowjets an der Grenze bald 40 Divisionen zusammengezogen.

Erfahrene Beobachter der internationalen Szene wie etwa Konrad Adenauer hatten das kommen sehen. Seit seinem Besuch in Moskau, seit dem Sommer 1955 wusste der damalige Bundeskanzler, wie er 1961 einem amerikanischen Journalisten auseinander legte, dass die Sowjets ein Problem hatten: »Russland wird eines Tages einmal froh sein, wenn die Länder westlich von ihm und auch Amerika nicht seine Gegner sind, damit es sich gegen das viel stärkere China zur Wehr setzen kann. Wenn Sie einmal die Karte zur Hand nehmen und sich das alles in Ruhe überlegen, dann werden Sie auch … zu der Überzeugung kommen, dass Rotchina für Sowjetrussland ein sehr unangenehmer Nachbar werden kann. Wann diese Entwicklung einsetzt, so habe ich mir damals gesagt, ob nach 10 Jahren, ob nach 20 Jahren, das kann kein Mensch wissen.«

Es sollte knapp 15 Jahre dauern. Und zu diesem Zeitpunkt eröffnete der Ausbruch des Konflikts für den Westen, vor allem aber für Amerika, tatsächlich eine große Chance. Nixon und sein Außenminister nutzten sie, um nicht nur mit der Sowjetunion, sondern auch mit China ins Reine zu kommen, so weit das unter den gegebenen Umständen möglich war. In beiden Fällen reiste der Präsident persönlich an, um die Ergebnisse hochkomplexer, teilweise geheimer Verhandlungen mit seiner Unterschrift zu besiegeln.

Der Weg Nixons nach Peking war durch Kissinger geebnet worden. Zu den bisweilen skurrilen Etappen gehörten unter anderem die Teilnahme einer chinesischen und einer amerikanischen Mannschaft an einem Tischtennisturnier in Japan, mit der die bald so genannte Ping-Pong-Diplomatie begann, aber auch eine geheime Mission des Sicherheitsberaters in die chinesische Hauptstadt. Die direkten Ergebnisse der Präsidenten-Visite vom Februar 1972 selbst waren eher bescheiden; die außenpolitischen Wirkungen hingegen beträchtlich. Denn die Aufnahme diplomatischer Beziehungen zur Volksrepublik China war gleichbedeutend mit der Aufgabe Taiwans, das unter dem Eindruck dieser Entwicklung schon im

Oktober seinen Sitz in den Vereinten Nationen zugunsten der Volksrepublik hatte räumen müssen.

Anders als sein Besuch in Peking hatte Nixons Visite in Moskau tatsächlich eine enorme symbolische Bedeutung. Nicht nur fand sie erst drei Monate nach der China-Reise des Präsidenten statt; es handelte sich außerdem – die Kriegskonferenz von Jalta nicht mitgerechnet – um den ersten Besuch eines amerikanischen Präsidenten in der Sowjetunion, seit es diese gab. Vor allem aber setzte Nixon am 26. Mai 1972 seine Unterschrift sowohl unter ein militärisches als auch unter ein politisches Abkommen. Damit attestierten die Amerikaner den Sowjets, was diese seit den Tagen Chruschtschows anstrebten: die Gleichrangigkeit als zweite Welt- beziehungsweise Supermacht neben den USA. Dass sie diese Position, beispielsweise in wirtschaftlicher oder technologischer Hinsicht, tatsächlich nie erreicht haben, änderte nichts an der Bedeutung des amerikanischen Zugeständnisses. Im Gegenteil wurde dieses dadurch noch wertvoller.

Dafür ließen sich die Sowjets auf ein Abkommen ein, das dem Präsidenten innenpolitisch sehr gelegen kam. Mehr denn je drängten sowohl das Repräsentantenhaus als auch der Senat mit ihren üppigen demokratischen Mehrheiten auf erkennbare Fortschritte bei den Abrüstungsverhandlungen, gerade auch im besonders kostspieligen nuklearen Bereich. Und eben dort gelang Anfang 1972 der Durchbruch. Das erste amerikanisch-sowjetische Abkommen über eine Begrenzung der strategischen Atomwaffen – SALT I – sah zwar noch keinen Abbau der monströsen Projektile mit einer Reichweite von mindestens 5500 Kilometern und ihrer nuklearen Last vor, wohl aber innerhalb der kommenden fünf Jahre den kontrollierten, verlangsamten Aufbau bis zu einer bestimmten Obergrenze. Keiner zeitlichen Begrenzung unterlag der zweite Teil dieser Absprachen, der ABM-Vertrag über die Abwehr der besagten Raketen. Er stellte sicher, dass beide Seiten ihre Zweitschlagfähigkeit behielten, also weder die eine noch die andere Seite in die Versuchung kommen konnte, als Erste loszuschlagen. Eine perverse Logik, gewiss; aber sie trug der Tatsache Rechnung, dass es die Vernichtungspotenziale nun einmal gab und dass unter den obwaltenden Umständen an eine substanzielle Abrüstung nicht zu denken war.

Die Sowjets hatten mehrere Gründe, sich auf den Raketenvertrag einzulassen. Neben dem genannten auch den, dass ihre Bereitschaft wiederum die Neigung der Amerikaner förderte, sich zu bewegen. Und zwar in einer Frage, die mit Raketen und Atomsprengköpfen nichts zu tun hatte, jedenfalls nicht unmittelbar: Schon am 3. September 1971 war im »früher vom Alliierten Kontrollrat in Berlin benutzten Gebäude« ein Abkommen unterzeichnet worden, mit dem die vier alliierten Siegermächte des Zweiten Weltkrieges einen Dauerbrenner des Kalten Krieges, die Berlin-Frage, ruhig zu stellen gedachten. Diese Festschreibung der gegebenen Lage entsprach einer alten sowjetischen Forderung. Allerdings brachte das komplexe Viermächteabkommen, wie es in Bonn genannt wurde, vor allem den Menschen der seit mehr als zehn Jahren definitiv geteilten Stadt manche Erleichterung. Das wiederum kam der Bundesregierung sehr entgegen, denn es ergänzte ihre eigene Ost- und Deutschland-Politik.

•

Am 21. Oktober 1969 hatte der Deutsche Bundestag erstmals einen Sozialdemokraten zum Bundeskanzler gewählt, damit zugleich eine Koalition aus SPD und FDP bestätigt und die CDU, die aus den Wahlen als stärkste Partei hervorgegangen war, nach 20 Jahren auf die Oppositionsbänke verwiesen. In Washington verfolgte man die Entwicklung mit einiger Reserve. Bei den Christdemokraten und ihrer bayerischen Schwesterpartei hatte man gewusst, woran man war. Gewiss, Konrad Adenauer, Ludwig Erhard und zuletzt Kurt-Georg Kiesinger waren nicht immer pflegeleicht gewesen, aber sie standen für das rechte Weltbild.

Bei dem neuen Kanzler wusste man nicht genau, wofür er stand. Das lag vor allem an seiner frühen Biografie. Willy Brandt hatte am 18. Dezember 1913 in Lübeck als uneheliches Kind unter dem Namen Herbert Ernst Karl Frahm das Licht der Welt erblickt. Bereits als Gymnasiast schloss er sich der sozialistischen Jugendbewegung an, wechselte aber 1931 zur linksoppositionellen Sozialistischen Arbeiterpartei, da ihm die SPD zu staatstragend war. Im April 1933 floh Willy Brandt, wie sein Untergrundname jetzt lautete, vor den nationalsozialistischen Häschern zunächst nach Norwegen, von dort 1940 nach Schweden. Die Wiedereinbürgerung in Deutschland 1948 und nicht zuletzt die Fürsprache des SPD-Vorsitzenden Kurt Schumacher schufen Voraussetzungen für eine bedeutende politische Karriere – in der Partei und in der geteilten ehemaligen Reichshauptstadt, wo Brandt seine politische Heimat fand.

Im Oktober 1957 zum Regierenden Bürgermeister Berlins gewählt, rückte er mit dem Ausbruch der großen Berlin-Krise ins Blickfeld der Weltöffentlichkeit. In diesen Jahren profilierte sich der fließend Englisch sprechende Brandt als verlässlicher Partner der westlichen Vormacht, stattete auch den Vereinigten Staaten wiederholt viel beachtete Besuche ab. Ein enges Verhältnis entwickelte er zu John F. Kennedy. Willy Brandt bewunderte den dreieinhalb Jahre jüngeren Präsidenten, hatte auch zwei Mitarbeiter – darunter den späteren Regierenden Bürgermeister Klaus Schütz – nach Amerika geschickt, um dessen Wahlkampf zu beobachten, und einige Elemente der Kennedy-Kampagne für seinen eigenen Wahlkampf übernommen. Viel genutzt hat das jedoch nicht. Seine Spitzenkandidaturen bei den Bundestagswahlen von 1961 und 1965 blieben ohne Erfolg. Aber sie markierten doch einen Anspruch, der in die Zukunft wies. Unzweideutig der führende Repräsentant seiner Partei, an deren Spitze er seit Mitte Februar 1964 stand, nahm Willy Brandt am 1. Dezember 1966 als Außenminister und Vizekanzler der ersten und einzigen Großen Koalition in der Geschichte der Bundesrepublik neben Bundeskanzler Kurt Georg Kiesinger am Bonner Kabinettstisch Platz.

32 Auf einer Wellenlänge: Nach anfänglichen Schwierigkeiten finden Bundeskanzler Willy Brandt und Präsident Richard Nixon zueinander. Hier mit Sicherheitsberater Henry Kissinger im Mai 1973.

Auf den ersten Blick war gegen den Mann wenig einzuwenden, sah man einmal vom sozialistischen Einschlag seiner Biografie ab. Allerdings waren sich amerikanische Beobachter nicht schlüssig, was sie davon halten sollten, dass Brandt der Ost- und Deutschland-Politik eine neue Note geben wollte. Soweit es dabei um das endgültige Einschwenken auf den amerikanischen Entspannungskurs, um die definitive Anerkennung des Status quo auch in Deutschland ging, war an diesem Kurs nichts zu kritisieren. Konnte man aber ausschließen, dass sich hinter dem »Wandel durch Annäherung« nicht doch heimliche Wiedervereinigungsträume verbargen, womöglich gar die Bereitschaft, diese gegebenenfalls am Westen vorbei zu verwirklichen?

Jetzt also war dieser Mann Kanzler. Dabei hatte es noch in der Wahlnacht zunächst ganz anders ausgesehen. Die ersten Ergebnisse schienen nämlich darauf hinzudeuten, dass die Unionsparteien die absolute Mehrheit der Mandate erringen würden. In der Parteizentrale der CDU hatte man schon die Sektkorken knallen hören, Kanzler Kiesinger hatte bereits seine Wiederwahl gefeiert, und auch die ersten Gratulanten, unter ihnen Richard Nixon, hatten sich telefonisch eingestellt. Dann aber hatte Willy Brandt, eigentlich ein Zögerer und Zauderer, doch die Initiative ergriffen und erklärt, eine mit hauchdünner Mehrheit ausgestattete sozial-liberale Koalition als Kanzler führen zu wollen. Damit bekam auch der amerikanische Präsident über Nacht einen neuen Partner. Der vormalige Linkssozialist und der ehemalige Kommunistenjäger saßen jetzt in einem Boot – eine pikante Konstellation.

Und doch kamen Richard Nixon und Willy Brandt alles in allem gut miteinander zurecht. Sie gehörten dem selben Jahrgang an, teilten die Erfahrung des Aufsteigers und hatten im Übrigen auch kaum eine andere Wahl als den Schulterschluss. Sie waren aufeinander angewiesen. Für die weltpolitischen Aktivitäten des amerikanischen Präsidenten, in diesem Fall für den angestrebten Ausgleich mit der Sowjetunion, war es ausgesprochen nützlich, dass der deutsche Bundeskanzler bereit war, den Status quo in Europa und mit ihm die Teilung Deutschlands faktisch anzuerkennen.

Brandt wiederum wusste, dass er seine Ost- und Deutschland-Politik – die Verträge mit Moskau, Warschau, Prag und Ost-Berlin – nicht ohne oder gar gegen Nixon ins Werk setzen konnte. Außerdem hatte sich ja, was die Sicherheit der Bundesrepublik anging, an ihrer einseitigen Abhängigkeit von den Vereinigten Staaten nichts geändert. Also äußerte Brandt seine wachsende Skepsis über die amerikanische Kriegführung in Vietnam allenfalls hinter verschlossenen Türen. Und was die brachiale Wirtschafts- und Währungspolitik der Nixon-Administration anging, biss er sich, schon weil es nichts mehr rückgängig zu machen oder auch nur zu korrigieren gab, auf die Lippen.

Es entsprach dem Selbstverständnis der Partnerschaft, dass sich Nixon nicht einmal zu einem Staatsbesuch in der Bundesrepublik blicken ließ, Brandt sich hingegen fünfmal offiziell in den USA aufhielt. Dabei war die anfängliche Skepsis der Gastgeber gegenüber dem deutschen Kanzler nicht zu übersehen. Das galt für den Präsidenten, und es galt für seinen Sicherheitsberater. Was die beiden zum Beispiel bei Brandts Besuch im Juni 1971 wirklich von ihm dachten, ist auf den geheimen Tonbandaufzeichnungen des Oval Office festgehalten. Über das »Hauptproblem« waren sich Nixon und Kissinger einig. »Nicht sehr helle« sei er, vielmehr »ein bisschen dumm«, und außerdem, so Kissinger: »Er trinkt.« Immerhin schien sich Brandt zu »benehmen« und zu verstehen, dass er den beiden »eine ganze Menge« schuldete. Offenbar haben sich Präsident und Kanzler dann aber im Laufe der Jahre aneinander gewöhnt, und als Brandt am 6. Mai 1974, erschöpft und zu diesem Zeitpunkt wohl auch überfordert, zurücktrat, versicherte ihm Nixon telegrafisch seiner »wärmsten persönlichen Freundschaft«. Drei Monate später war auch er fällig.

Leicht gemacht haben der Präsident und namentlich sein Sicherheitsberater dem deutschen Kanzler sein Leben nicht, im

Gegenteil. Das lag weniger an ihrer Deutschland- als vor allem an der Europa-Politik, und die wiederum wurde für alle Bundesregierungen umso wichtiger, je weiter die Integration voranschritt. Eine entscheidende Ursache der transatlantischen Irritationen lag im Zahlungs- und Handelsbilanzdefizit der USA, und dafür waren vor allem die hohen Kosten des Vietnam-Krieges verantwortlich. Der Verfall des Dollar führte zu einer Flucht in fremde Währungen, insbesondere in die D-Mark, und dies wiederum veranlasste die Regierung Brandt schon drei Tage nach der Amtseinführung zu einer weiteren Aufwertung, der dritten innerhalb von zweieinhalb Jahren.

Einen vorläufigen Höhepunkt erreichte die Krise der Weltwirtschaft und damit auch des europäisch-amerikanischen Verhältnisses am 15. August 1971, als der Präsident einseitig zwei weit reichende Maßnahmen bekannt gab: Eine Importsteuer von zehn Prozent wurde eingeführt, und die Umtauschverpflichtung von Dollar in Gold wurde außer Kraft gesetzt. Diese Maßnahme, die als »Nixon-Schock« in die Geschichte eingegangen ist, bedeutete nichts anderes als das endgültige Aus für das Währungssystem von Bretton Woods. Dort, im amerikanischen Bundesstaat New Hampshire, hatten sich im Juli 1944 Vertreter von insgesamt 44 Nationen nicht nur auf die Einrichtung einer Internationalen Bank für Wiederaufbau und Entwicklung, der Weltbank, und eines Internationalen Währungsfonds (IWF) verständigt, sondern auch den Wert ihrer nationalen Währungen in den Reservemedien Gold beziehungsweise US-Dollar festgelegt und sich auf feste, gegenüber dem Gold oder dem US-Dollar fixierte Wechselkurse geeinigt.

Gewiss, das Ende von Bretton Woods lag seit geraumer Zeit in der Luft, hatten doch die westlichen Industriestaaten die Wechselkurse immer wieder temporär angepasst. Auch waren im August 1971 die etwa 50 Milliarden-Dollar-Reserven des Auslands nur noch zu etwa 20 Prozent durch amerikanische Goldreserven gedeckt. Was in den europäischen Metropolen einmal mehr Verärgerung auslöste, war der imperiale Stil der amerikanischen Außen-, Sicherheits- und eben auch Wirtschaftspolitik. Doch es kam noch ärger.

Am 23. April 1973 ließ Henry Kissinger den Europäern eine Nachricht zukommen. Darin setzte Nixons Sicherheitsberater – unter diskretem Hinweis auf die unverzichtbare Schutzfunktion der USA – deren regionale Interessen von den globalen der Amerikaner ab und empfahl dem alten Kontinent, sich in das amerikanische Weltmachtkonzept einzufügen. Immerhin sagte Kissinger den Europäern in seiner bald so genannten Osterbotschaft zu, Amerika werde »niemals wissentlich die Interessen anderer opfern« beziehungsweise »verletzen«. Da war nicht nur eine Spur Zynismus im Spiel, sondern auch die Gewissheit, dass Europa über kurz oder lang zur Räson kommen und sich den amerikanischen Spielregeln fügen werde.

So kam es dann auch, schneller als erwartet. Zwar trugen die »Washingtoner Zumutungen«, von denen Willy Brandt später einmal sprach, langfristig zur fortschreitenden »Europäisierung Europas« bei; kurzfristig jedoch wurde das transatlantische Kräftemessen eindeutig zugunsten der USA entschieden, weil die schwere Nahost-Krise die Dinge rasch wieder zurechtrückte. Sie eskalierte am 6. Oktober 1973, dem jüdischen Feiertag Jom Kippur, als ägyptische und syrische Verbände Israel überraschend angriffen. Dieser vierte Nahost-Krieg, der nach drei Wochen durch eine Waffenruhe beendet werden konnte, hatte beträchtliche Folgen. Dazu zählten vor allem die Hinwendung Ägyptens unter seinem Präsidenten Anwar as-Sadat zum Westen und zum Ausgleich mit Israel, aber auch eine Klarstellung des Verhältnisses der Vereinigten Staaten zu Europa – und dort vor allem zur Bundesrepublik.

Die Quelle der Irritationen lag eindeutig in Washington. Ganz selbstverständlich benutzten die Vereinigten Staaten ihre Militärdepots und ihre Basen in der Bundesrepublik, zum Beispiel Bremerhaven, als Drehscheibe für den Nachschub zur Unterstützung der israelischen Kriegführung. Als dies bekannt wurde, sah sich die Bundesregierung zu einem förmlichen Protest in Washington gezwungen. Überdies setzten die Vereinigten Staaten Ende Oktober 1973 ihre Streitkräfte weltweit in Alarmbereitschaft und reagierten damit auf die Entwicklung im Verhältnis zur Sowjetunion, das über den Nahost-Konflikt in eine schwere Krise geriet. Die Verbündeten wurden vorher weder konsultiert noch auch nur informiert. Amerikas Antwort auf die deutschen Bedenken und Vorbehalte war klar: Aus Sicht der Vereinigten Staaten, so wurde dem Bundeskanzler bedeutet, verfüge die Bundesrepublik »nur über beschränkte Souveränität«. Washington behalte »sich das Recht vor, Maßnahmen zu ergreifen, die im Interesse der internationalen Sicherheit als angemessen und notwendig erschienen«. Das ließ keinen Spielraum für Missverständnisse.

Die schwere Öl- und Energiekrise, die sich an den Krieg anschloss, tat ein Übriges. Ausgelöst wurde sie im Herbst 1973 durch eine Serie drastischer Maßnahmen der Erdöl exportierenden Länder des Nahen Ostens, darunter ein Lieferboykott gegen westliche Staaten. Die Konsequenzen ließen nicht lange auf sich warten, auch nicht in den USA. Dabei förderten die Vereinigten Staaten damals selbst weit über 3 Milliarden Barrel Öl. Allerdings hatte sich auch die Einfuhr seit Mitte der Sechzigerjahre auf gut 1,2 Milliarden Barrel fast verdreifacht. Und je höher der Konsum der Nation, die ohnehin den weltweit mit Abstand größten Energie- und insbesondere Ölverbrauch hatte, umso größer wurde ihre Abhängigkeit von Importen.

Im Januar 1974 unterzeichnete Nixon ein Gesetz, das alle Bundesstaaten im Land der scheinbar unbegrenzten automobilen Möglichkeiten verpflichtete, eine Geschwindigkeitsbegrenzung von 55 Meilen pro Stunde einzuführen. Bereits sechs Wochen zuvor, am 19. November 1973, war die Bundesregierung in Bonn noch weitergegangen, und an den folgenden vier Sonntagen konnte man Bilder sehen, die sich im Land des Wirtschaftswunders wohl niemand hatte vorstellen können: Anstelle einer Jahr für Jahr wachsenden Autokarawane waren jetzt auf deutschen Straßen und Autobahnen Fußgänger, Fahrradfahrer und Reiter zu besichtigen. Flankiert wurde dieses viermalige Sonntags-»Fahrverbot« von einer für sechs Monate eingerichteten Geschwindigkeitsbegrenzung auf Landstraßen und Autobahnen.

So gesehen saßen Europäer und Amerikaner zwar in einem Boot, doch konnte es nach der schweren Nahost- und Energiekrise keinen Zweifel mehr geben, wer dieses steuerte. Wenn es um die Sicherheit Europas in einem umfassenden Sinne, wenn es beispielsweise um die Sicherung der Rohstoffzufuhr ging, führte kein Weg an Amerika vorbei. Diese einseitige Abhängigkeit in einem Bereich schuf zwangsläufig Abhängigkeiten in allen übrigen. Nixon hatte kein Problem damit, das öffentlich klarzustellen: »Nun können die Europäer«, sagte er Mitte März 1974 in Chicago, »nicht beides haben. Sie können nicht an der Sicherheitsfront die Beteiligung und Kooperation der USA haben und an der wirtschaftlichen und politischen Front eine Konfrontation oder gar Feindschaft.« Das klang selbstsicher und spiegelte in gewisser Weise das Selbstbewusstsein eines Landes, das sich vom Trauma Vietnam lösen und alten und neuen Horizonten zuwenden wollte. Um den Mann selbst, der solchen Optimismus verbreitete, war es allerdings nicht zum Besten bestellt, im Gegenteil: Richard Nixon stand mit dem Rücken zur Wand.

•

Die Watergate-Affäre gehört zu jenen spektakulären Skandalen, welche die amerikanische und mit ihr die Weltöffentlichkeit in immer kürzeren Abständen in ihren Bann ziehen. In aller Regel sind es, gemessen an den Folgen, nichtige, marginale Anlässe – Seitensprünge, Steuervergehen, Alkohol- oder Drogenkonsum –, aus denen folgenreiche Affären werden. Kaum zu glauben, dass die rechte Brust, die sich Janet Jackson während der Musikeinlage beim *Super Bowl*, dem Football-Ereignis des Jahres, für einige Sekunden entblößen ließ, in Deutschland zu einer derartigen öffentlichen Erregung hätte führen können, wie man sie im Februar 2004 jenseits des Atlantiks beobachten konnte. Geradezu dramatische Konsequenzen zeitigt so etwas, wenn ein Präsident, gar ein amtierender, in eine Affäre verwickelt ist.

Im Falle von Richard Nixon wurde sie Mitte Juni 1972 durch einen Einbruch in das Hauptquartier der Demokraten ausgelöst, das damals im Washingtoner Watergate-Komplex aufgeschlagen war. Wer weiß, wie die Sache ausgegangen wäre, hätte sich der Präsident, als sie ruchbar und durch die »Washington Post« zum Dauerthema gemacht wurde, nicht eingemischt und sich an allen möglichen Verdunklungsversuchen beteiligt. Aber obgleich sich im Laufe der Zeit die Merkwürdigkeiten und Ungereimtheiten häuften, obwohl ein Senatskomitee über die präsidialen Wahlkampfaktivitäten vor Millionen Fernsehzuschauern seine Untersuchungen aufnahm und der Harvard-Jurist Archibald Cox als Sonderermittler eingesetzt wurde, war Nixon nicht wirklich beizukommen. Er blieb dabei, seine Unschuld zu beteuern. Erst Mitte Juli 1973 kam eher zufällig in den Anhörungen des Senatskomitees zur Sprache, dass der Präsident, seiner Gewohnheit entsprechend, auch die Unterredungen mit den Strippenziehern des Einbruchs und der folgenden Affäre auf Tonband festgehalten hatte. In Verbindung mit einer Serie weiterer Skandale und Rücktritte, unter anderem von Nixons Vizepräsident Spiro T. Agnew und seinem Justizminister Elliott Richardson, geriet der Präsident derart unter Druck, dass er Ende April 1974 eine – allerdings frisierte – Abschrift der Bänder herausrücken musste. Eine drohende Amtsenthebung vor Augen, kündigte Nixon am Abend des 8. August im Fernsehen für den nächsten Tag seinen Rücktritt an. Er war der erste Präsident der Vereinigten Staaten von Amerika, der diesen Schritt tat.

Ein bemerkenswerter Vorgang: Als Richard Nixon, beide Hände zum Victory-Zeichen erhoben, den Hubschrauber bestieg, verließ einer der außenpolitisch erfolgreichsten Präsidenten das Weiße

33   *Gescheitert? Richard Nixon, der 37. Präsident der Vereinigten Staaten, verlässt nach seinem Rücktritt das Weiße Haus, 9. August 1974.*

Haus. Und damit das nicht in Vergessenheit geriet, feilte Richard Nixon in den kommenden beiden Jahrzehnten, unter anderem mit einer Serie von Büchern, an diesem Bild und erwarb sich mit Stellungnahmen zu aktuellen Fragen der Außen- und Sicherheitspolitik den Ruf eines *elder statesman*. Das unterschied ihn von seinem Vorgänger Johnson, der sich nach dem Ende seiner Präsidentschaft auf seine texanische Ranch zurückgezogen hatte und dort, mit seinem Schicksal hadernd, im Januar 1973 vereinsamt starb. Beim Tode Nixons im April 1994 hingegen gab es kaum einen Amerikaner, den amtierenden demokratischen Präsidenten Bill Clinton eingeschlossen, der dessen Verdienste nicht zu würdigen gewusst hätte. Kein Wunder, dass sein Nachfolger vor einer schwierigen Aufgabe stand.

SANKTIONEN UND RAKETEN
1974-1989

Auf den Job vorbereitet waren sie nicht. Der eine, weil er durch Zufall in das Amt gekommen war; der andere, weil er sich kaum mit den Themen befasst hatte, auf die es ankam. Aber nicht nur deshalb hatten Nixons Nachfolger innen- und außenpolitisch einen schweren Stand. Gerald R. Ford und Jimmy Carter waren blasse, wenn nicht schwache Präsidenten. Von Anfang an hatte Ford allenfalls eine geringe Chance, das Erbe Nixons ohne große Blessuren zu verwalten. Er war ja im Oktober 1973, nach dem Rücktritt von Agnew, auf Vorschlag Nixons durch den Kongress als Vizepräsident bestätigt, also nicht in das Amt gewählt worden. Ihm fehlte also, wenn man so will, die Legitimation durch das Volk, als er am 9. August das Weiße Haus bezog.

Gerald Rudolph Ford, am 14. Juli 1913 in Omaha, Nebrasca, geboren, gehörte in jene stattliche Riege amerikanischer Präsidenten, die im Zweiten Weltkrieg gedient hatten: Nach dem Jurastudium in Yale, das ihm durch ein Stipendium ermöglicht worden war, leistete er seinen Kriegsdienst auf einem Flugzeugträger im Pazifik und verließ die Armee als Offizier mit hohen Auszeichnungen. Schon 1948 wurde er für den Staat Michigan ins Repräsentantenhaus gewählt und dort 1965 zum Fraktionsführer der Republikaner gekürt. Ford war also ein Politprofi, mit den Verhältnissen in Washington bestens vertraut.

Aber schon im September 1974, nur wenige Wochen nach seiner Amtsübernahme, hatte er mit einem Schlag fast sein gesamtes politisches Kapital verspielt. Ohne dass Nixon sich in der Watergate-Affäre zu einem Schuldeingeständnis durchgerungen hätte, begnadigte Ford seinen Vorgänger. Nach den folgenden Zwischenwahlen sah sich der Präsident im Repräsentantenhaus einer Dreiviertelmehrheit der Demokraten gegenüber. Dieser politischen Falle konnte Ford auch dadurch nicht entkommen, dass er in seiner knapp dreijährigen Amtszeit nicht weniger als 66-mal zum Mittel des Vetos griff.

Der 38. Präsident der Vereinigten Staaten trat sein Amt mit einem doppelten Handicap an. Nicht nur musste er innenpolitisch das Porzellan kitten, das durch den Watergate-Skandal zerschlagen worden war, er hatte auch außenpolitisch das Erbe Nixons zu übernehmen, weil oder obgleich Außenminister Henry Kissinger im Amt blieb. Das galt für die Erfolge seines Vorgängers, an denen er gemessen wurde; es galt aber auch für die Schattenseiten von Nixons außenpolitischer Bilanz, die zum Teil erst jetzt ans Tageslicht kamen: Die überstürzte Flucht der letzten Amerikaner und ihrer vietnamesischen Helfershelfer aus Saigon, ihre Evakuierung auf einen überfüllten Flugzeugträger und der Einmarsch nordvietnamesischer Verbände in Saigon, die sich im April 1975 vor laufenden Kameras abspielten – dies alles waren zwar Spätfolgen der Vietnam-Politik seines Vorgängers, sie fielen aber in Fords Amtszeit.

Ähnliches galt für die Vorgänge in Chile. Der blutige Putsch gegen Salvador Allende Gossens, der 1970 als Kandidat der linken Unidad Popular zum Präsidenten gewählt worden war, die Beendigung seines Sozialisierungs- und Verstaatlichungsprogramms durch die Militärs um Augusto Pinochet und deren brutales Vorgehen gegen tatsächliche oder vermeintliche Gegner fielen zwar in die Amtszeit Nixons. Aber der 1974 eingesetzte »Senatsausschuss für Geheimdienstaktivitäten« legte seine Erkenntnisse und Ergebnisse vor, als Ford im Weißen Haus saß, und Kissinger, dessen Verwicklungen in die Affäre zur Debatte standen, immer noch im Amt war. Wenn auch keine direkte Beteiligung der CIA am Putsch nachgewiesen werden konnte, so war der Geheimdienst doch schon seit Allendes Wahlkampf in erheblichem Maße in die chilenischen Angelegenheiten verwickelt.

Vor diesem Hintergrund gingen einige außenpolitische Erfolge der Ford-Administration fast unter. So die Annäherung Ägyptens an Israel und die USA, die im Zuge des Jom-Kippur-Krieges, also ebenfalls in der Ära Nixon, eingeleitet worden war. Von Oktober 1973 bis August 1975 reiste Kissinger insgesamt elfmal in den Nahen Osten, und sowohl das israelisch-ägyptische Abkommen über eine Truppenentflechtung als auch die entsprechenden Abmachungen Israels mit Syrien von Mitte Januar beziehungsweise Ende Mai 1974 gingen auf amerikanische Vermittlung zurück. Und als Ägyptens Präsident Mohammed Anwar as-Sadat im Oktober 1975 die Vereinigten Staaten besuchte und im März des folgenden Jahres endgültig die Zusammenarbeit mit der Sowjetunion aufkündigte, war das ein beachtlicher politischer Erfolg. Ihn in einen persönlichen umzumünzen, verstand Ford nicht; ebenso wenig wie die trotz allem guten Beziehungen zu Europa, nicht zuletzt zur Bundesrepublik.

Gerald Ford teilte in gewisser Weise das Schicksal Helmut Schmidts: Unter normalen Umständen wäre der eine ebenso wenig amerikanischer Präsident geworden wie der andere deutscher Bundeskanzler. Kein zweiter vor oder nach ihm war besser, war vielseitiger auf das Amt vorbereitet als der fünfte Kanzler. Erste administrative Erfahrungen hatte Helmut Schmidt von 1952 bis 1965 in Hamburg gesammelt, zuletzt als Innensenator, und sich in dieser Funktion einen Namen als Retter aus der Not der Flutkatastrophe des Februar 1962 gemacht. Seine bundespolitische Karriere begann Schmidt mit Mitte dreißig, als sozialdemokratischer Abgeordneter im Bundestag. Seit Februar 1967 leitete er dort die Fraktion. Mit dem Amtsantritt der ersten sozial-liberalen Koalition im Herbst 1969 wurde er Verteidigungs-, 1972 kurzzeitig »Superminister« für Wirtschaft und Finanzen, um dann, vom Dezember 1972 bis zum Rücktritt Willy Brandts im Mai 1974, das Finanzministerium zu verwalten. So gesehen war er der geborene Nachfolger seines gescheiterten Vorgängers und bezog im Mai 1974 das Bundeskanzleramt, was er immer angestrebt hatte. Das unterschied Helmut Schmidt von dem zu diesem Zeitpunkt ein-

34 In einem Boot: Nach den Rücktritten ihrer Vorgänger Willy
Brandt und Richard Nixon tragen Bundeskanzler Helmut Schmidt
und Präsident Gerald Ford unerwartet die Verantwortung für die
Gestaltung der deutsch-amerikanischen Beziehungen. Hier ein erstes
Kennenlernen im Weißen Haus, Dezember 1974.

undsechzigjährigen Gerald Ford, der nie die Ambition besessen hatte, Präsident zu werden.

Und nun sorgten die Umstände dafür, dass sie unvermittelt in einem Boot saßen. Aber nicht nur das: Der integre, mit dieser Aufgabe jedoch überforderte Ford und der krisenerprobte Schmidt sahen sich innenpolitisch vergleichbaren Problemen gegenüber. Ford musste nach den Skandalen und Affären der jüngsten Vergangenheit um die Wiederherstellung des Vertrauens der Amerikaner in die Politik kämpfen; Schmidt hatte angesichts des Terrors der RAF, der Rote-Armee-Fraktion, alle Hände voll zu tun, bei den Bürgern das Vertrauen in die Politik zu erhalten.

Politisch kamen die beiden gut miteinander zurecht, und das war angesichts der beträchtlichen Turbulenzen der Weltwirtschaft keineswegs selbstverständlich. Die Nacht-und-Nebel-Aktion, in der die Regierung Nixon Mitte August 1971 die Umtauschverpflichtung von Gold in Dollar und damit das 1944 installierte internationale Währungssystem von Bretton Woods außer Kraft gesetzt hatte, sorgte für erhebliche Unruhe an der Währungsfront; und die Ölkrise trug das ihre dazu bei, die Weltwirtschaft in schweres Wasser zu bringen. Aus Sicht des Bundeskanzlers war auf den Präsidenten und seinen Außenminister auch in diesen Fragen Verlass: Ford spielte mit, als die Europäer, allen voran Frankreichs Staatspräsident Valéry Giscard d'Estaing und sein deutscher Partner Helmut Schmidt, Mitte November 1975 zum ersten so genannten Weltwirtschaftsgipfel auf Schloss Rambouillet luden. Daraus entwickelten sich übrigens die jährlichen Gipfel der sieben wichtigsten Industrienationen.

•

Zu dem Demokraten Jimmy Carter, der Ford im Januar 1977 folgte, war Schmidts Verhältnis hingegen nie wirklich entspannt. Eigentlich wollte der 1924 im Süden Georgias Geborene die Marinelaufbahn einschlagen, hatte auch an der Marineakademie in Annapolis studiert und eine Karriere als U-Boot-Fahrer begonnen.

Aber dann übernahm er nach dem Tod des Vaters 1953 doch dessen Erdnussfarm in Plains und machte dort auch politisch Karriere, was ihm schließlich von 1971 bis 1975 den Gouverneursposten seines Heimatstaates einbrachte. Ein idealer Kandidat für den Präsidentenposten war er nicht, schon weil er aus dem tiefen Süden stammte. Es war ja kein Zufall, dass seit der letzten Wahl eines Präsidenten mit dieser Herkunft fast 130 Jahre vergangen waren. Und Zachary Taylor aus Virginia, der 1848 das Rennen gemacht hatte, konnte zu diesem Zeitpunkt auf eine beachtliche militärische Karriere, vor allem auf seine Erfolge im Krieg gegen Mexiko zurückblicken.

Jimmy Carter hingegen galt in den großen Fragen, welche die Nation bewegten, als Amateur, und auch im Umgang mit den Medien wirkte er nicht besonders souverän. Wer weiß, wie das Rennen ausgegangen wäre, hätte Gerald Ford nicht mit den besagten Problemen zu kämpfen gehabt und im Fernsehen glücklicher agiert und professioneller gewirkt als sein Herausforderer. Immerhin schmolz dessen anfänglich astronomischer Vorsprung von 30 Prozent auf enge zwei Prozent zusammen.

Und auch nach der Wahl schien der 39. Präsident die Skeptiker eher zu bestätigen. Die Themen Menschenrechte und Dritte Welt, die Carter schon während des Wahlkampfes auf seine Fahnen geschrieben hatte, kollidierten für viele Beobachter im In- und Ausland mit dem Bild, das man sich in der aufziehenden neuen Eiszeit des Kalten Krieges vom führenden Mann der westlichen Welt machte. Ähnliches galt für den neuen Stil, den Carter ins Weiße Haus einführte: Nicht nur legte er den Weg zur Amtseinführung zu Fuß zurück, er verzichtete fortan auch auf das Abspielen der Präsidentenhymne, trug seinen Koffer selbst und verkaufte die Präsidentenyacht.

Eigentlich hätte Carter gute Chancen gehabt, politisch zu reüssieren. Immerhin konnte er sich in beiden Häusern des Kongresses auf haushohe Mehrheiten stützen. An eben diesen aber scheiterten einige seiner Reformprogramme. Vor allem Edward

Kennedy, der letzte der in der aktiven Politik verbliebenen Brüder, organisierte den innerparteilichen Widerstand gegen Carters Versuche, endlich die überfälligen Reformen in der Sozialfürsorge und im Gesundheitswesen in Angriff zu nehmen. Wenige Freunde im Kongress machte sich der Präsident auch mit seinen Vorstößen in der Energiepolitik. Dabei sprach alles dafür, die Abhängigkeit der Vereinigten Staaten von den Energie- und insbesondere Öleinfuhren drastisch zu reduzieren. Die schwere Doppelkrise im Mittleren Osten ließ den Ölpreis bis Januar 1981 innerhalb von gut zwei Jahren auf das zweieinhalbfache ansteigen. Gewiss, diese zweite Ölkrise binnen weniger Jahre war nicht hausgemacht, aber der Präsident hatte die Zeche zu zahlen, zumal die Krise nicht zuletzt seiner Außenpolitik angelastet wurde.

Tatsächlich brachte Jimmy Carter praktisch keinerlei außenpolitische Erfahrungen mit ins Weiße Haus. Sein Außenminister Cyrus Roberts Vance war immerhin schon einmal Heeres- und stellvertretender Verteidigungsminister gewesen, und Sicherheitsberater Zbigniew K. Brzezinski, der mit Vance nicht selten über Kreuz lag, hatte unter anderem als Mitglied des Politischen Planungsstabes des State Department administrative Erfahrungen sammeln können. Angesichts der insgesamt wenig glücklichen Bilanz dieser Präsidentschaft traten ihre beiden großen außenpolitischen Erfolge in den Hintergrund: die Unterzeichnung der Verträge, mit denen die USA im September 1977 ihren Abzug aus Panama und mit ihm das Ende des kolonialen Kapitels ihrer Geschichte ankündigten, sowie der Friede zwischen Israel und Ägypten, den Carter im September 1978 in Camp David anbahnte und der am 26. März des folgenden Jahres im Rosengarten des Weißen Hauses unterzeichnet werden konnte.

•

Für die Europa-Politik lässt sich Vergleichbares nicht sagen. Ganz im Gegenteil verschlechterte sich das Verhältnis der Vereinigten Staaten zum alten Kontinent rapide. Am Ende seiner Amtszeit mussten die ohnehin unterkühlten Beziehungen des amerikanischen Präsidenten insbesondere zum deutschen Bundeskanzler Helmut Schmidt als regelrecht zerrüttet gelten.

Auslöser für diese Talfahrt war ein Thema, das immer wieder für enorme Probleme sorgte: Die amerikanischen Sicherheitsgarantien für Deutschland und ihre wirtschaftlichen und politischen Kosten. Daran hatte sich seit den Sechzigerjahren nichts geändert. Der amerikanische Truppenabzug blieb ein Druckmittel Washingtons. Als der Führer der demokratischen Mehrheit im Senat, Mike Mansfield, im März 1973 seine Fraktion für die Forderung einer Halbierung der Landstreitkräfte in Europa gewann, läuteten am Rhein prompt alle Alarmglocken. Würde der Abzug umgesetzt, so die Befürchtung, waren die gerade von der Bundesregierung angepeilten Verhandlungen über eine beiderseitige, ausgewogene Reduzierung der konventionellen Potenziale von Warschauer Pakt und NATO, die späteren MBFR-Verhandlungen, gefährdet.

Also war wieder einmal das deutsche Einlenken gefordert, vor allem bei den Devisenausgleichszahlungen. Dabei war dort die Schmerzgrenze längst erreicht – sowohl finanziell als auch psychologisch. Immerhin sahen die Offset-Abkommen für die Jahre 1971 bis 1975 Zahlungen in Höhe von insgesamt rund 12,5 Milliarden D-Mark vor, die unter anderem in den Kauf von Phantom-Jagdflugzeugen eingingen. In Zeiten krisenhafter weltwirtschaftlicher Entwicklung waren Zahlungen in derart Schwindel erregender Höhe problematisch genug. Dass nur die Bundesrepublik sie zu leisten hatte, obgleich die Stationierung amerikanischer Truppen in anderen europäischen Ländern die amerikanische Zahlungsbilanz nicht weniger belastete, kam erschwerend hinzu. Erst im Juli 1976 gelang die endgültige Lösung eines für die deutsch-amerikanischen Beziehungen seit mehr als zwei Jahrzehnten höchst widrigen Problems.

Der Unterhalt amerikanischer Truppen in Deutschland und deutsche Waffenkäufe in Amerika waren eine Sache; die Stationierung amerikanischer Waffensysteme in der Bundesrepublik waren eine andere. Und das nicht erst in den späten Siebzigerjahren. Seit dem Frühjahr 1954 verfügte die 7. US-Division über nukleare Granaten, die zunächst in Heilbronn gelagert waren, später auch in Kaiserslautern und Pirmasens. Genaues wusste man nicht, jedenfalls nicht in Bonn. Bis in die Sechzigerjahre hinein waren weder Bundesregierung noch Bundeswehrführung zureichend über die auf deutschem Territorium gelagerten Atomwaffen oder über nukleare Planungen der NATO unterrichtet, die sich auf das Territorium der Bundesrepublik bezogen. Der deutsche General Johann Adolf Graf von Kielmansegg kam nach eigenen Angaben selbst als Oberbefehlshaber der NATO-Landstreitkräfte Mitteleuropa in den Jahren 1963 bis 1966 »an nichts heran«.

Immerhin ahnte man, welche dramatischen Konsequenzen eine nuklear geführte Auseinandersetzung haben würde: Im Juni 1955 war in Frankreich, der Bundesrepublik, den Beneluxstaaten sowie einem Teil Großbritanniens das NATO-Manöver *Carte blanche* durchgeführt worden. Mehr als 3000 Kampfflugzeuge aus elf Nationen flogen 12 000 Einsätze und simulierten dabei den Abwurf von 335 Atombomben. In der deutschen Presse wurde die Zahl der Toten und Verwundeten auf über fünf Millionen hochgerechnet.

Kein Wunder, dass die deutsche Politik seither nicht nur darauf drängte, über die Lagerung und die Einsatzmodalitäten amerikanischer Nuklearwaffen informiert zu werden. Sie forderte auch – so Franz Josef Strauß Anfang April 1962 vor dem Bundestag – »ein gewisses Mitbestimmungsrecht bei den Spielregeln«, also eine Mitsprache bei den entsprechenden Planungen der NATO. Nach einer windungsreichen Geschichte, zu der unter anderem das nie realisierte Projekt einer mit Atomraketen bestückten gemeinsamen Flotte der Allianz gehörte, kam es Mitte Dezember 1966 zur Einrichtung der Nuklearen Planungsgruppe, der die Bundesrepublik bis heute als ständiges Mitglied angehört.

In den Siebzigerjahren wurde dann das Ruder in Washington umgelegt, allerdings so radikal, dass die Bundesregierung in ähnliche Schwierigkeiten geriet wie während der beiden voraufgegangenen Jahrzehnte. Jetzt nämlich sollte sie im Voraus ausdrücklich der Stationierung amerikanischer Atombomben auf dem Territorium der Bundesrepublik zustimmen. Bei den so genannten Neutronenwaffen handelte es sich um Systeme mit erhöhter Strahlenwirksamkeit. Sie sollten vor allem die Überlegenheit der Panzerwaffe des Warschauer Paktes neutralisieren; die Panzerbesatzungen wurden getötet, das Gerät selbst blieb unzerstört.

Die heftige öffentliche Kritik, nicht zuletzt aus den Reihen seiner eigenen Partei, machte es dem Bundeskanzler nicht gerade leicht, der Aufforderung des amerikanischen Präsidenten an die Verbündeten der USA nachzukommen und einen Beschluss über die Lagerung und, im Ernstfall, den Einsatz der Waffe in ihren Ländern durchzusetzen. Doch genau das tat Helmut Schmidt im Frühjahr 1978 mit beträchtlichem persönlichem Engagement. Allerdings musste er auf dem Höhepunkt seines politischen Einsatzes für das neue Waffensystem zur Kenntnis nehmen, dass sich die Regierung Jimmy Carter inzwischen ohne Konsultation ihrer Verbündeten entschlossen hatte, die Entscheidung über die Produktion zu verschieben.

Man geht nicht zu weit, wenn man das Ende der Kanzlerschaft Helmut Schmidts in einen unmittelbaren Zusammenhang mit den politischen Manövern der Vereinigten Staaten bringt: »Sich Schulter an Schulter mit Jimmy Carter zu zeigen«, hat er nach seinem Sturz bilanziert, »wurde ... zu einem innenpolitischen Risiko für manche europäische Regierung – und jedenfalls für mich.« Die deutsche Öffentlichkeit und nicht zuletzt die SPD waren nämlich durch den Umgang der Washingtoner Regierung mit der Neutronenbombe derart sensibilisiert, geradezu emotionalisiert, dass eine sachliche Auseinandersetzung mit solchen Fragen seither kaum mehr möglich war.

35   »*Sich Schulter an Schulter mit Jimmy Carter zu zeigen wurde zu
einem innenpolitischen Risiko*«: *Bundeskanzler Helmut Schmidt mit
dem 39. Präsidenten der* USA, *Juli 1978.*

Dabei wäre sie dringend nötig gewesen, denn seit Mitte der Siebzigerjahre stationierten die Sowjets eine neue sowjetische Mittelstreckenrakete. Dieses im Westen als ss-20 bekannte System galt als besonders gefährlich, weil es von mobilen Rampen abgeschossen wurde und drei unabhängig voneinander steuerbare Atomsprengköpfe ins Ziel bringen konnte. Dem hatte der Westen nichts Vergleichbares entgegenzusetzen, und das irritierte vor allem die Europäer. Seit nämlich Nixon und Breschnew 1972 im Rahmen des ersten salt-Vertrages für ihre Interkontinentalraketen gleiche Obergrenzen beschlossen hatten, musste deren Ersteinsatz als noch unwahrscheinlicher gelten als zuvor. Wenn man das natürlich auch in Europa nur begrüßen konnte, so stellte sich doch die Frage, welche Gefahr die sowjetische Hochrüstung unterhalb dieser strategischen Ebene, welche Bedrohung vor allem die neuen Mittelstreckenraketen darstellten.

Für Helmut Schmidt stand jedenfalls fest, dass diese Waffen dem Kreml ein Erpressungsinstrument in die Hand gaben, solange der Westen nicht auch auf dieser Ebene glaubwürdig mit einer Antwort drohen konnte. Am besten wäre es gewesen, die Sowjets hätten auf ihre ss-20 verzichtet. So wie die Dinge lagen, konnten sie nur durch die Vereinigten Staaten dahin gebracht werden, und zwar im Zuge der salt-Verhandlungen. Das geschah aber gerade nicht. Für eine Einbeziehung in den zweiten salt-Vertrag, der Mitte Juni 1979 von Carter und Breschnew in Wien unterzeichnet wurde, war es ohnehin zu spät. Aber der amerikanische Präsident nutzte nicht einmal die Gelegenheit dieser Begegnung, um den obersten Sowjet auf das Problem hinzuweisen, erwähnte es lediglich einmal am Rande, bei einer gemeinsamen Fahrt im Aufzug.

So kam es, dass aus einer frühen Initiative Schmidts, einer im Oktober 1977 in London gehaltenen Rede, beinahe über Nacht eine Manifestation der nato wurde, die als so genannter Doppelbeschluss in die Geschichte eingegangen ist: Entweder, so die Botschaft vom 12. Dezember 1979, ließ sich Moskau auf Verhandlungen über diese Waffen mit dem Ziel eines Gleichgewichts zwischen Ost und West ein – und das konnte zu diesem Zeitpunkt nur auf den einseitigen Abbau der ss-20 hinauslaufen –, oder der Westen rüstete nach. Ob Schmidt sich so ins Zeug gelegt hätte, wenn die Konsequenzen des Beschlusses für seine Regierung, seine Partei und nicht zuletzt für ihn selbst in ganzem Ausmaß absehbar gewesen wären? So aber wurde aus dem Druck, den ursprünglich die Europäer und speziell die Deutschen auf die Amerikaner ausgeübt hatten, um diese zu einer Reaktion auf die sowjetischen Raketen zu veranlassen, ein Gegendruck der Amerikaner auf die Europäer: Sie sollten nämlich die neuen amerikanischen Raketen in ihren Ländern stationieren.

•

Es hatte mit einer grundlegenden Neubewertung der weltpolitischen Lage zu tun, dass die USA in den ausgehenden Siebzigerjahren die Gangart forcierten. Überall schienen die Sowjets auf dem Vormarsch – politisch und militärisch. Dabei spielten die neuen Mittelstreckenraketen, die den amerikanischen Kontinent nicht erreichen konnten, anfangs keine so entscheidende Rolle. Auch der neue Anspruch Moskaus, auf allen Meeren der Welt mit einer der fünf Flotten präsent zu sein, war angesichts der drückenden maritimen Überlegenheit der USA einstweilen nicht wirklich Besorgnis erregend, wenn man einmal die Wirkung dieser Machtdemonstration auf die Staaten der Dritten Welt außer Acht ließ.

Eben das aber konnte man nicht, denn dort, auf der südlichen Halbkugel, fielen die Sowjets seit Mitte der Siebzigerjahre durch besonders rege Aktivitäten auf. In Afrika, in Südostasien, im Mittleren Osten – wohin man von Washington aus auch schaute, brach der Kreml das Versprechen, das Breschnew Nixon im Mai 1972 gegeben hatte. Damals, bei der Unterzeichnung des ersten SALT-Vertrages, hatte sich nicht nur erstmals überhaupt ein amerikanischer Präsident zu einem offiziellen Besuch in der Sowjetunion aufgehalten, sondern er hatte den Kremlchefs damit auch in aller

Form, schwarz auf weiß, ihre prinzipielle Gleichrangigkeit als Super- beziehungsweise Weltmacht attestiert. Diese Geste war den Sowjets derart wertvoll gewesen, dass sie ihrerseits Zurückhaltung in der Dritten Welt gelobt hatten.

Damit also war es nun vorbei, und vor allem in Afrika unterstützte der Kreml mehr oder weniger offen kommunistische Bewegungen aller Art. Besonders unangenehm fiel ihr Engagement im angolanischen Bürgerkrieg auf, in dem dank einer sowjetischen Luftbrücke Ende der Siebzigerjahre rund 50 000 kubanische Soldaten mitmischten. In Afrika, genauer gesagt im »Sand des Ogaden«, wurde dann auch die gesamte Entspannungspolitik begraben. So jedenfalls sah es Carters Sicherheitsberater Brzezinski.

Das Gebiet war zwischen Somalia und Äthiopien, zu dem es damals gehörte, traditionell umstritten. Als die Situation 1977/78 in einen offenen Krieg zwischen einer von Somalia aus operierenden so genannten Befreiungsfront und Äthiopien mündete, schlug sich Moskau auf die Seite von Addis Abeba. Dort gab inzwischen ein kommunistisch orientiertes Militärregime den Ton an. Die Amerikaner reagierten entsprechend, stellten die Wirtschaftshilfe für Äthiopien ein, ersetzten die davongejagten sowjetischen Militärberater in Somalia durch eigene Leute und übernahmen dort die strategisch wichtige Marinebasis Berbara. Auch sonst gaben die USA ihre zeitweilige Zurückhaltung in der Region auf, rüsteten weitere Länder auf und verstärkten ihre Flottenverbände im Indischen Ozean.

Die Situation spitzte sich zu, als der amerikanische Geheimdienst im Juni 1979 auf Kuba eine Einheit sowjetischer Ausbilder, die »kubanische Brigade«, entdeckte. Das erinnerte manchen an das Jahr 1962. Auch in diesem Falle reagierte Washington rasch und entschlossen. Das Resultat war die Einrichtung einer karibischen Eingreiftruppe, der Joint Task Force, die in Florida stationiert wurde und zum Prototyp der schnellen Eingreiftruppe wurde. Gewiss, die Affäre um die »kubanische Brigade« wurde hochgespielt und dramatisiert. Das war aber nur möglich, weil der Kreml in den ausgehenden Siebzigerjahren einiges unternahm, was diese Lageeinschätzung förderte.

Am 24. Dezember 1979 marschierten Verbände der Roten Armee nach Afghanistan ein. Drei Tage später wurde die Regierung in Kabul gestürzt und der Einmarsch offiziell bekannt gegeben. Washington stand vor einem Rätsel. Dass es dem Kreml nicht, wie von ihm vorgegeben, in erster Linie um die Wiederherstellung der Ordnung in dem von einem Bürgerkrieg erschütterten Vielvölkerstaat des Mittleren Ostens ging, schien klar. Erst später wurde deutlich, dass sich die sowjetische Führung noch im Frühjahr 1979 gegen eine solche Intervention ausgesprochen hatte und sich schließlich dennoch dafür entschied, weil sie vor dem Hintergrund der iranischen Wirren im militanten Islam eine zunehmende regionale Herausforderung sah.

Diese Einschätzung, von der man damals in Washington nichts wusste, wurde von der amerikanischen Führung geteilt, hatte man doch in dieser Region soeben selbst kräftig Lehrgeld zahlen müssen. Als nämlich am 16. Januar 1979 der Schah von Persien, Resa Pahlewi, sein Land verließ, räumte er der religiös-politischen Iranisch-Islamischen Nationalbewegung das Feld, die weit über das Land und die Epoche hinaus ihre Wirkung entfalten sollte. Ayatollah Khomeini, ihr religiöses Oberhaupt und zugleich politisch führender Kopf, hatte die Kampagne gegen das Schah-Regime zuletzt von seinem französischen Exil aus gesteuert. Mit dem Schah verlor Amerika einen seiner zuverlässigsten politischen Partner und nicht zuletzt einen seiner potentesten Öllieferanten. Washington hatte diese Loyalität stets zu honorieren gewusst, bevorzugt durch Waffenlieferungen. In den ausgehenden Siebzigerjahren war Persien der größte Waffenimporteur der Dritten Welt.

Was die Stunde in Teheran geschlagen hatte, erfuhr die Welt spätestens am 4. November 1979. An diesem Tag stürmte ein so genanntes Revolutionskomitee die amerikanische Botschaft in der iranischen Hauptstadt und nahm fast 70 Geiseln, darunter mehr als 50 Botschaftsangehörige. Ein halbherziger Befreiungsversuch durch amerikanische Streitkräfte scheiterte am 24./25. April 1980 kläglich im Wüstensand. Die dilettantische Vorbereitung und Durchführung der Aktion machten weithin sichtbar, wie tief das Vietnam-Trauma nachwirkte, wie angeschlagen das Selbstbewusstsein der Vereinigten Staaten war: Der Schwächeanfall, den Jimmy Carter Mitte September 1979 bei einer Joggingtour in Maryland, unweit von Camp David, vor laufender Kamera erlitt, war symptomatisch. Frei kamen die Teheraner Geiseln übrigens erst am Tag der Amtseinführung des neuen Präsidenten Ronald Reagan, also am 20. Januar 1981.

Zu diesem Zeitpunkt hatte sich die Lage am Persischen Golf erneut zugespitzt. Am 22. September 1980 griff der Irak seinen Nachbarn Iran an und eröffnete damit einen jahrelangen Zermürbungskrieg. Denn anders als von der irakischen Führung, namentlich von dem inzwischen tonangebenden Saddam Hussein, erhofft, brach der revolutionserschütterte Iran nicht sofort zusammen, sondern entwickelte unter der äußeren Bedrohung eine beträchtliche Widerstandskraft und konnte in den ersten Monaten des Jahres 1982 sogar zum Gegenangriff übergehen.

In den darauf folgenden Jahren wurde der Irak durch die USA systematisch zum Partner und Bollwerk aufgerüstet. Vor allem nach Wiederaufnahme der diplomatischen Beziehungen im Dezember 1984 fand ein breiter Strom von Gütern seinen Weg an den Tigris: moderne Kampfflugzeuge, unter anderem der Typen F-15 und F-16, Flugabwehrbatterien und Raketensysteme, aber auch kreditfinanzierte Lebensmittellieferungen in Milliardenhöhe. So trug die massive Unterstützung durch Washington entscheidend dazu bei, dass Saddam Hussein seine Terrorherrschaft über den Waffenstillstand vom August 1988 hinaus festigen, das Land bis zum Beginn der Neunzigerjahre zu einer der größten Militärmächte ausbauen und schließlich selbst die USA herausfordern konnte.

36 Chaos im Wüstensand: Beim Versuch, die Geiseln in der Teheraner Botschaft zu befreien, kollidieren ein Hubschrauber und eine Transportmaschine der amerikanischen Streitkräfte, April 1980.

Natürlich war das Anfang der Achtzigerjahre nicht absehbar. Erkennbar war aber, dass die Vereinigten Staaten an allen Enden und Ecken der Dritten Welt Flagge zeigten und dass es sich dabei keineswegs nur um Reaktionen auf sowjetische Manöver handelte. So auch in Südostasien. Hier zog Vietnam gegen das seit 1976 von Pol Pot geführte Terrorregime in Kambodscha zu Felde. Bei dieser Intervention, die seit Jahresende 1978 als offener Angriffskrieg mit bis zu 250 000 Mann geführt wurde, verfolgte Vietnam wohl zuallerletzt ein humanitäres Anliegen. Immerhin stand außer Frage, dass der Einmarsch die Massaker der Roten Khmer an der kambodschanischen Bevölkerung beendete.

Das konnte man auch in Washington nicht ignorieren, zumal das amerikanische Repräsentantenhaus im April die Vorgänge in Kambodscha scharf verurteilt hatte. Gleichwohl stießen die Militäraktion und der Sturz des Pol-Pot-Regimes im Januar 1979 in den Vereinigten Staaten auf heftigen Protest: Mit Vietnam intervenierte nicht nur der vormalige Kriegsgegner der USA im benachbarten Kambodscha, sondern auch ein besonders enger Verbündeter der Sowjetunion in der Dritten Welt.

Die USA reagierten unmissverständlich. Am 1. Januar 1979 nahmen sie volle diplomatische Beziehungen zur Volksrepublik China auf und brachen diejenigen zu Taiwan ab. Erster Leiter des amerikanischen Verbindungsbüros in Peking war übrigens der spätere Präsident George Bush. Seit dem 28. Januar hielt sich dann der stellvertretende chinesische Ministerpräsident Deng Xiaoping zu einem Besuch in Washington auf; und als die Volksrepublik am 14. Februar 1979 ihren südlichen Nachbarn Vietnam angriff, hielten sich die Vereinigten Staaten, anders als im Falle der vietnamesischen Intervention in Kambodscha, auffallend bedeckt. Der Vorgang, hieß es in Washington, berühre nicht ihr »besonderes nationales Interesse«. Dabei ging es in diesem chinesisch-vietnamesischen Krieg, den Peking am 16. März nicht ohne Gesichtsverlust einstellen musste, um eine ganze Menge. Zum Beispiel um

Antworten auf die Frage, ob sich die Volksrepublik über kurz oder lang als Vormacht der Region, als Konkurrent der Sowjetunion in der Dritten Welt, womöglich gar als dritte Weltmacht etablieren konnte. Ende der Siebzigerjahre setzte Washington, stärker als je zuvor, auf China.

Das alles spielte sich in der ausgehenden Ära Carter ab. Er war es, der das Land aus einer Position der Defensive heraus in eine neue Runde der Hochrüstung führte, der zudem den Senat aufforderte, das von ihm selbst unterzeichnete zweite SALT-Abkommen nicht zu ratifizieren. Jimmy Carter war es auch, der die Grundlagen für das dauerhafte Engagement der USA am Persischen Golf schuf: »Ein Versuch irgendeiner auswärtigen Macht«, erklärte der Präsident am 23. Januar 1980 öffentlich, »die Kontrolle über die Region des Persischen Golfes zu erlangen, wird als ein Angriff auf die lebenswichtigen Interessen der Vereinigten Staaten betrachtet werden. Und solch ein Angriff wird unter Einsatz aller notwendigen Mittel, einschließlich militärischer Macht, zurückgewiesen werden.« Jimmy Carter schließlich war es, der Amerikas Verbündete zum Schulterschluss zwang. Auch die skeptischeren, unter ihnen die Deutschen.

Die waren von den amerikanischen Reaktionen auf die weltpolitische Entwicklung, vor allem von den Boykott- und Sanktionsmaßnahmen gegenüber den Staaten des Ostblocks, wenig begeistert. Immerhin waren hier Rückschläge in der Ost- beziehungsweise Entspannungspolitik, dem Vorzeigeobjekt der sozial-liberalen Koalitionäre, zu befürchten. Washington störte das wenig. Dort wurde im Verlauf des Jahres 1980 das gesamte Repertoire durchgespielt – vom Weizenembargo gegen die Sowjetunion, Fangverbot für ihre Fischereiflotte und einer Exportbeschränkung von Hochtechnologieprodukten, über die Abberufung des amerikanischen Botschafters aus Moskau bis hin zum Boykott der XXII. Olympischen Spiele in der sowjetischen Hauptstadt. Auch dieser Maßnahme schlossen sich eine Reihe von Verbündeten, unter ihnen die Deutschen, an.

Das traf nicht nur diejenigen hart, die jahrelang für das Ereignis trainiert und sich gute Medaillenchancen ausgerechnet hatten. Für einige von ihnen brach, wie der Hürdenläufer Harald Schmid berichtete, »eine Welt zusammen«; andere, wie der Zehnkämpfer Guido Kratschmer, ließen es nicht dabei bewenden. Sie reisten privat nach Moskau und wohnten dem abgespeckten Spektakel gemeinsam mit 7000 bundesdeutschen Olympia-Touristen von der Stadiontribüne aus bei. Im Übrigen wurden die populären Spiele während der Achtzigerjahre auf Blockveranstaltungen reduziert, weil die Sowjets und ihre Verbündeten ihrerseits 1984 die Spiele von Los Angeles boykottierten.

Waren diese Boykotte noch als Schaukämpfe abzutun, ging es auf der Bühne der Weltpolitik ums Ganze, auch für Bonn. Kanzler Schmidt suchte dem wachsenden Druck auszuweichen, so gut es ging, und propagierte, bezogen auf den Großkonflikt im Mittleren Osten, eine Art Arbeitsteilung im westlichen Bündnis. Konkret bedeutete das eine Verstärkung der deutschen Rüstungshilfe für den NATO-Partner Türkei, die auch deshalb besonders wichtig war, weil die Griechenland-Lobby im amerikanischen Kongress nach der Invasion Zyperns 1974 ein vorübergehendes Waffenembargo gegen die Türkei durchgesetzt hatte. Eine noch größere Bedeutung kam der deutschen Hilfe für Pakistan zu, da das Land als Nachbar Afghanistans nicht nur einen enormen Flüchtlingsstrom zu bewältigen hatte, sondern auch als Ausgangsbasis für die Mudschaheddin, die afghanischen Freiheitskämpfer gegen die sowjetischen Besatzer, diente.

Unversehens fand sich die deutsche Politik damit in einer Situation wieder, die sie schon deshalb vermeiden wollte, weil sie damit durchweg schlechte Erfahrungen gemacht hatte. Es war ja nicht das erste Mal, dass Washington Bonn mehr oder weniger direkt zwang, sich in Weltgegenden zu engagieren, in denen man selbst, aus welchen Gründen auch immer, zurzeit lieber nicht Flagge zeigen wollte. Wer hätte hier nicht an das Nahost-Debakel der deutschen Politik Mitte der Sechzigerjahre gedacht? Es war Präsident Johnson gewesen, der Kanzler Erhard im Juni 1964 dräng-te, die streng geheimen und politisch hochproblematischen deutschen Waffenlieferungen an Israel noch einmal aufzustocken. Die USA wollten sich angesichts ihres wachsenden Engagements in Vietnam in der nahöstlichen Krisenregion bedeckt halten. Außerdem mussten solche Waffengeschäfte ihr Verhältnis zu den arabischen Staaten der Region belasten, wenn nicht dauerhaft schädigen.

Bonn hatte keine Wahl. Auf abenteuerlichen Umwegen und in Einzelteile zerlegt, wurden damals die Waffen, vor allem Panzer, nach Israel verschifft. Die Spuren waren so gut verwischt, dass Verteidigungsminister Kai-Uwe von Hassel am 22. Februar 1965, einem Sonntag, vom Kanzler den Auftrag erhielt, »bis Mittwoch dieser Woche festzustellen, wo sich die 60 Panzer« eigentlich befanden, die »bereits nach Italien verladen« worden waren. Anlass für diese hektische Suchaktion waren Pressemeldungen, die das delikate Thema Ende Oktober 1964 erstmals an die Öffentlichkeit gebracht hatten. Nun schlug die Stunde des ägyptischen Staatspräsidenten.

Gamal Abd el-Nasser wusste, dass die Androhung einer Anerkennung der DDR damals das schwerste Geschütz war, das gegen die Bundesrepublik in Stellung gebracht werden konnte. Also fuhr er dieses auf, zwang die Bundesregierung zur Einstellung der Panzerlieferungen an Israel und versetzte Tel Aviv damit in die Lage, seinerseits als Kompensation die Aufnahme diplomatischer Beziehungen zu Bonn fordern zu können. Was die Panzerlieferungen an Israel anging, sprangen die USA jetzt mit 110 Exemplaren ein, ohne ein besonderes politisches Risiko einzugehen: Mit dem Abbruch ihrer diplomatischen Beziehungen zur Bundesrepublik demonstrierten zehn arabische Staaten, wo sie einstweilen den Übeltäter ausmachten.

Fünfzehn Jahre später war die Situation zwar nicht so dramatisch, dafür aber komplexer und für die Bundesregierung auch deshalb unangenehm, weil der sicherheitspolitische Schulterschluss mit Amerika im Innern zu dramatischen Verwerfungen führte. Das galt vor allem für die Umsetzung des NATO-Doppelbeschlusses. So sehr Kanzler Schmidt ihn befürwortete, so wenig konnte er verhindern, dass sich in den Protesten der Bürger gegen die Stationierung neuer amerikanischer Raketen ein lange angestauter Unmut gegen die Regieanweisungen Washingtons Luft machte. Unter den 250 000 Teilnehmern der Bonner Großdemonstration vom 10. Oktober 1981 befanden sich auch zahlreiche prominente Persönlichkeiten aus Kultur und Politik, nicht zuletzt aus Schmidts eigener Partei.

Genau genommen flossen in den Massenprotest zwei Grundströmungen ein: die administrative Skepsis und die öffentliche Empörung über die Attitüden der amerikanischen Sicherheitspolitik. Waren es nicht die Bundesregierungen selbst gewesen, die immer wieder, wenn auch verhalten, gefordert hatten, über die Lagerung namentlich atomarer Waffen auf deutschem Territorium informiert oder vor der Nutzung amerikanischer Basen für Einsätze in Krisen und Kriegen jedenfalls konsultiert zu werden? Von dort war es zwar ein qualitativer, aber eben nur ein Sprung hin zu jenem öffentlichen Protest, der sich erstmals Mitte der Sechzigerjahre gegen die Kriegführung der USA in Vietnam formiert hatte. So gesehen waren die Massenproteste der frühen Achtzigerjahre Ausdruck eines landesweiten Unmuts, das Ergebnis gewachsener Vorbehalte.

Hier, in der Friedensbewegung der Siebziger- und Achtzigerjahre, liegt neben dem Umweltschutz auch eine der Wurzeln der Grünen. Im Januar 1980 organisierten sie sich auf Bundesebene in einer eigenen Partei. Im März 1983 gelang ihnen erstmals, wenn auch knapp, der Einzug in den Bundestag. Dort votierten sie wie früher auf der Straße nicht nur gegen die neuen amerikanischen

37 Kanzlerdämmerung: In Bonn demonstrieren 250 000 Menschen gegen die Stationierung neuer amerikanischer Atomraketen und leiten damit den Sturz von Bundeskanzler Helmut Schmidt ein, 10. Oktober 1981.

Raketen, sondern auch für die Auflösung des Warschauer Paktes und der NATO und forderten von der Bundesregierung einseitige Abrüstungsmaßnahmen. So gesehen gilt für die Grünen, was für die Friedensbewegung insgesamt festzuhalten ist: Amerika war ihr Geburtshelfer. Und kaum jemand hätte sich damals vorstellen können, dass ausgerechnet ein grüner Außenminister im Schulterschluss mit einem sozialdemokratischen Bundeskanzler die Verantwortung für den ersten Kampfeinsatz deutscher Soldaten seit dem Zweiten Weltkrieg tragen würde – im Rahmen der NATO und an der Seite Amerikas.

Anfang der Achtzigerjahre sah das alles ganz anders aus. Damals zogen die Grünen als Teil der Friedensbewegung gegen die Politik des sozialdemokratischen Bundeskanzlers und der Vereinigten Staaten zu Felde. Dabei ging der Protest an der konkreten Problemlage vorbei. Die Demonstranten vermittelten den Eindruck – so Schmidt im Januar 1982 –, als ob »vorhandene sowjetische SS-20-Raketen«, die unter anderem auf Ziele in Deutschland gerichtet waren, »weniger gefährlich seien als amerikanische Raketen«, die es dort noch gar nicht gab.

An dieser Schieflage, an diesem Missverhältnis von Protestanlass und tiefer liegendem Protestgrund hat sich auch in den kommenden beiden Jahrzehnten wenig geändert. Selten aber war es so offenkundig wie während des Zweiten Golfkrieges von 1991, als sich ein tief sitzendes Unbehagen an der amerikanischen Außen- und Sicherheitspolitik in Massenprotesten gegen einen Krieg Luft verschaffte, den eine alliierte Koalition im Auftrag der Vereinten Nationen unter amerikanischer Führung zur Befreiung eines vom Irak gewaltsam besetzten Landes führte. Erst im Vorfeld des Dritten Golfkrieges, als es um die Frage eines Einsatzes deutscher Soldaten in einem von Amerika provozierten Krieg ging, kamen am Ende des Jahres 2002 der Anlass und der Grund für den Massenprotest zur Deckung.

•

Die Großdemonstrationen der frühen Achtzigerjahre richteten sich zwar in erster Linie gegen die Umsetzung des NATO-Doppelbeschlusses, also gegen eine Stationierung neuer amerikanischer Nuklearraketen in Deutschland, sie lebten aber auch von dem Feindbild, dass die nicht zuletzt aus Ost-Berlin gesteuerte Friedensbewegung in Jimmy Carters Nachfolger entdeckte.

Am 20. Januar 1981 hatte der Republikaner Ronald Reagan sein Amt als neuer Präsident der Vereinigten Staaten angetreten. Der furiose Wahlsieg, den er gegen Carter errang, war die Quittung nicht nur für die blamable außen-, sondern auch für eine ernüchternde innen- und insbesondere die wirtschaftspolitische Bilanz des Amtsinhabers: Acht Prozent Arbeitslosigkeit und eine vierzehnprozentige Inflationsrate waren eine enorme Bürde.

In Europa war der 1911 in Tampico, Illinois, geborene Reagan bis zum Wahlkampf praktisch unbekannt und allenfalls einigen Cineasten als Schauspieler in eher zweitklassigen Streifen der Fünfziger- und Sechzigerjahre ein Begriff. Für seine politische Laufbahn war diese Erfahrung von unschätzbarem Wert. In bescheidenen Verhältnissen aufgewachsen, hatte Reagan neben den Wirtschafts- und Sozialwissenschaften auch Theaterwissenschaften studiert. Während er nach eigener Aussage später immer wieder mit der Frage konfrontiert wurde, wie es möglich sei, dass ein Schauspieler Präsident werde, hat sich Reagan selbst »des Öfteren gefragt, wie man als Nicht-Schauspieler Präsident sein kann«. Das war indessen nur ein, wenn auch sehr wichtiges Kapitel eines dreißigjährigen Berufslebens, das bereits hinter Reagan lag, als er bei den Republikanern eine steile politische Karriere begann.

Dabei kamen ihm nicht nur seine langjährigen Hollywood-Erfahrungen zugute, sondern auch seine Tätigkeiten als Rundfunkreporter, Fernsehmoderator, Funktionär und Präsident der Filmschauspielergewerkschaft, professioneller Lobbyist für den Konzern General Electric und nicht zuletzt als Repräsentant der Demokratischen Partei, der Reagan bis 1962 angehörte. Als er 1976 zum ersten Mal als Präsidentschaftskandidat antrat und knapp die Nominierung gegen den amtierenden Präsidenten Ford verlor, hatte er sich bereits von 1967 bis 1975 als Gouverneur von Kalifornien einen Namen gemacht und damit unter Beweis gestellt, dass die Vereinigten Staaten, auch im Bereich der Politik, ein Land fast unbegrenzter Möglichkeiten sind: Mit Arnold Schwarzenegger eroberte im Oktober 2003 zum zweiten Mal ein Schauspieler den Gouverneursposten in Kalifornien.

Nachdem Ronald Reagan das Weiße Haus bezogen hatte, eilte ihm bald ein zweifelhafter Ruf als kalter Krieger und Ultrakonservativer voraus. Dass er seine bleibenden Erfolge vorwiegend auf dem Gebiet der Außen- und Sicherheitspolitik erringen würde, hätte im Januar 1981 kaum jemand vermutet; und dass er als einer der populärsten amerikanischen Präsidenten des 20. Jahrhunderts in die Geschichte eingehen würde, auch nicht. Als Ronald Reagan Anfang Juni 2004 dreiundneunzigjährig verstarb, waren sich seine Landsleute einig: Er war der Präsident, der Amerika nach den traumatischen Erfahrungen von Vietnam, Watergate und Iran sein Selbstvertrauen wiedergebracht hatte.

Bei seinem Einzug ins Weiße Haus verfügte Reagan auf den Feldern der Außen- und Sicherheitspolitik praktisch über keine Erfahrung. Anders sein erster Außenminister: Alexander Haig blickte auf eine lange politische und militärische Karriere zurück, zuletzt von 1974 bis 1979 als NATO-Oberbefehlshaber und Oberbefehlshaber der US-Truppen in Europa. Allerdings gab er im regierungsinternen Kampf um Positionen und Konzeptionen schon Ende Juni 1982 auf. Sein Nachfolger wurde George Shultz, der von 1972 bis 1974, also unter Nixon, als Finanzminister gearbeitet hatte und der amerikanischen Außenpolitik der Achtzigerjahre durch seine gleichermaßen ruhige wie – hinter den Kulissen – bestimmte Art seinen Stempel aufdrückte.

Den Gegnern der Nachrüstung in Europa, vor allem den deutschen unter ihnen, war der 40. Präsident der Vereinigten Staaten von Anfang an ein Dorn im Auge. In diesen Kreisen interessierte es wenig, dass sich Reagan immer wieder für das Selbstbestimmungsrecht der Deutschen einsetzte, auch wiederholt nach Berlin reiste und im Juni 1987, bei einem seiner Besuche in der geteilten Stadt, die sowjetische Führung aufforderte, die Mauer einzureißen. Die deutschen Kritiker des Präsidenten störte vor allem sein anfänglich dezidiert antisowjetischer Kurs, mit dem Reagan für viele Beobachter das Rad der Geschichte zurückzudrehen schien. Dabei wurde übersehen, dass er zunächst ziemlich nahtlos an die Vorgaben der Carter-Administration anknüpfte. Es war sein demokratischer Vorgänger gewesen, der vor dem Hintergrund der Entwicklung in Äthiopien, Afghanistan und Kambodscha die Kehrtwende der amerikanischen Außenpolitik eingeleitet, auch in der Rüstungspolitik neue Akzente gesetzt und unter anderem grünes Licht für die neuen Mittelstreckenraketen oder auch den Bau des B-2-Bombers gegeben hatte.

Allerdings radikalisierte Reagan die Ansätze Carters. Seine Rüstungsprogramme zielten eindeutig auf die Wiederherstellung der militärischen Überlegenheit der USA. Moskau sollte durch forcierte Rüstung und massiven Druck gerade zur Abrüstung gezwungen werden. Vor allem bei den Seestreitkräften nahm Reagan die sowjetische Herausforderung der Siebzigerjahre offensiv an. Als gelernter Schauspieler hate er Sinn für Symbole und Worte, auch in der Politik. So hatte die erneute Indienstnahme und vollständige Modernisierung von vier Schlachtschiffen aus dem Zweiten Weltkrieg nicht nur militärische, sondern natürlich auch symbolische Bedeutung, und als er im März 1983 im sonnigen Florida die Sowjetunion als das »Reich des Bösen« brandmarkte, konnte er sicher sein, bei den meisten seiner Landsleute ein offenes Ohr zu finden.

Rasch ließ Reagan seinen Worten Taten folgen und kündigte zwei Wochen später groß angelegte Forschungs- und Entwicklungsarbeiten auf dem Gebiet der Raketenabwehr an. Das war die

38 Auch ein Berliner: Präsident Ronald Reagan bei einem seiner
Besuche in der geteilten Stadt, hier mit Frau Nancy, Juni 1982.

heftig umstrittene *Strategic Defense Initiative* (SDI), durch die der Traum der Militärstrategen Wirklichkeit werden sollte, eines Tages feindliche Nuklearraketen während des Anfluges ausschalten zu können. Weil ein Teil des Systems im Weltraum stationiert sein sollte, ist das Projekt auch als »Krieg der Sterne« in die Geschichte eingegangen.

Kritikern in der westlichen Welt war ebenso wie den Sowjets klar, dass es von der Ankündigung des Programms bis zu seiner Realisierung noch ein weiter Weg sein würde, dennoch herrschte ein gärender Rest von Unsicherheit. Sollte SDI nämlich allen Widrigkeiten zum Trotz eines Tages doch Wirklichkeit werden, war die sowjetische Zweitschlagsfähigkeit akut bedroht und damit die gesamte Abschreckungslogik des Kalten Krieges gefährdet. Außerdem ließ SDI die im Zuge der Nachrüstung für Westeuropa geplanten amerikanischen Mittelstreckenraketen aus sowjetischer Sicht zu Offensivwaffen werden.

War dieser Präsident also wirklich an einer durchgreifenden Abrüstung interessiert? Oder steckte hinter seinen spektakulären Vorschlägen eine mediengerecht aufgearbeitete Strategie, der perfide Versuch, der Friedensbewegung in Europa und insbesondere in der Bundesrepublik den Wind aus den Segeln zu nehmen? Jedenfalls hatte Reagan am 18. November 1981 öffentlich einen Vorschlag an den sowjetischen Generalsekretär Breschnew wiederholt, sowohl über eine substanzielle Verringerung – also nicht mehr nur eine Begrenzung – der strategischen Waffen zu verhandeln, sondern auch über eine »Null-Lösung« im Bereich der nuklearen Mittelstreckenraketen in Europa. Konkret bot er den völligen Verzicht auf die Stationierung von amerikanischen Pershing II und Cruise-Missiles an, sofern die sowjetischen Raketen, allen voran die SS-20, verschrottet würden. Tatsächlich begannen schon zwei Wochen später in Genf entsprechende Verhandlungen über die Mittelstreckenraketen. Sie führten aber zu keinem für Amerikaner und Sowjets akzeptablen Ergebnis.

Damit blieb der NATO keine Wahl. Am 14. November 1983 begann die Allianz mit der Stationierung amerikanischer Marschflugkörper in Großbritannien. Eine Woche später, am 22. November, beschloss der Bundestag nach heftigen Debatten, am NATO-Doppelbeschluss festzuhalten. Die Entscheidung fiel gegen die Stimmen der SPD, die sich drei Tage zuvor auf einem Sonderparteitag mit überwältigender Mehrheit gegen den Beschluss, gegen die Nachrüstung und damit auch gegen den Kurs von Helmut Schmidt ausgesprochen hatte.

•

Der aber war zu diesem Zeitpunkt schon seit einem Jahr nicht mehr Kanzler der Bundesrepublik Deutschland. Am 1. Oktober 1982 hatte ihm der Deutsche Bundestag mit den Stimmen von CDU/CSU und FDP das Misstrauen ausgesprochen und Helmut Kohl, den Fraktionsvorsitzenden der CDU/CSU, zum neuen Bundeskanzler gewählt. Für Helmut Kohl, Jahrgang 1930, galt Ähnliches wie für Ronald Reagan: Der Pfälzer hatte sich zwar seit 1959 als Mitglied des Landtages und dann von 1969 bis 1976 als Ministerpräsident von Rheinland-Pfalz in der Landespolitik einen Namen gemacht. Mit der Außenpolitik war er aber allenfalls am Rande in Berührung gekommen, und zwar seit 1973 als Bundesvorsitzender der CDU, seit 1976 als Mitglied des Deutschen Bundestages und zugleich als Vorsitzender der CDU/CSU-Fraktion.

Sechzehn Jahre, so lange wie keiner vor ihm, hat Kohl als Bundeskanzler amtiert und es in dieser Zeit mit drei amerikanischen Präsidenten zu tun gehabt. So unterschiedlich sie auch waren, der Kanzler hatte sowohl zu Ronald Reagan als auch zu George Bush und Bill Clinton durchweg ein sehr gutes Verhältnis. Das lag nicht zuletzt an seiner Persönlichkeit, an seiner Fähigkeit, auf Menschen zuzugehen und eine familiär anmutende Atmosphäre zu schaffen, ohne sein Gegenüber zu vereinnahmen. Der Bundeskanzler, erinnerte sich Hillary Rodham Clinton, Gattin des letzten Präsidenten

39   »Ein enger Freund und politischer Partner«: Bundeskanzler Kohl
hatte es während seiner sechzehnjährigen Amtszeit mit drei amerikanischen Präsidenten zu tun. Hier mit Bill Clinton und seiner Frau
Hillary im Weißen Haus, 10. Februar 1995.

während Kohls Amtszeit, »war ein gewinnender, emotionaler und unterhaltsamer Mann und wurde ein enger Freund und politischer Partner für Bill. Er schätzte das große außenpolitische Wissen des Bundeskanzlers.« Der wiederum ließ zu keinem Zeitpunkt einen grundsätzlichen Zweifel an der bedingungslosen Gefolgschaft der deutschen Politik gegenüber Amerika, auch noch zu einer Zeit, als die transatlantische Epoche Vergangenheit und das vereinigte Deutschland ein vollständig souveräner und so gesehen gleichrangiger Partner der Vereinigten Staaten war.

In der Schlussphase des Kalten Krieges, von der damals freilich noch niemand ahnte, dass man sie gerade durchlebte, sprach vieles für die unbedingte Loyalität, jedenfalls in der Sicherheitspolitik. Und so stand der neue Kanzler für die Umsetzung des NATO-Doppelbeschlusses und brachte ihn über die parlamentarischen Hürden, obgleich der öffentliche Protest weiter zunahm. Kein Wunder, dass Kohl die Situation in der Rückschau als »eine der schwersten« seines politischen Lebens bezeichnet hat. Denn in den Augen der friedensbewegten Raketengegner ging der Kanzler in dieser Frage ja auch einen Pakt mit dem Mann ein, den sie als ihren gefährlichsten Gegner ausgemacht hatten. Als Ronald Reagan anderthalb Jahre später, am 5. Mai 1985, dann auch noch Seite an Seite mit Helmut Kohl über den Soldatenfriedhof in Bitburg schritt, hatten die beiden nicht nur in diesen Kreisen ihren Ruf verspielt.

Dabei stand hinter dem Besuch ursprünglich eine nachvollziehbare Überlegung: Ähnlich wie sich Kohl und Mitterrand kurz zuvor über den Schlachtfeldern des Ersten Weltkrieges symbolisch die Hand zur Versöhnung gereicht hatten, wollten Kohl und Reagan, wie der Präsident in seinem Tagebuch festhielt, mit dem Besuch »am vierzigsten Jahrestag des Kriegsendes sowohl an das Ende des Hasses als auch an den Beginn einer nun bereits vierzig Jahre währenden Epoche der Freundschaft und des Friedens ... erinnern«. Bei der Wahl des Ortes war allerdings übersehen worden, dass in

Bitburg nicht nur 2000 gefallene deutsche Soldaten, sondern auch 48 Angehörige der Waffen-ss beigesetzt sind. Gleichwohl weigerte sich der Präsident gegen allen Rat – auch den seiner Frau Nancy –, den Besuch abzusagen. In den Augen einer aufgebrachten Öffentlichkeit beiderseits des Atlantiks wog das umso schwerer, weil Reagan, so sein Tagebuch, »die nicht-offizielle Einladung eines westdeutschen Politikers zu einem Besuch in Dachau abgelehnt« hatte. Der Besuch des ehemaligen Konzentrationslagers Bergen-Belsen vermochte daran kaum etwas zu ändern.

Was Kohl anging, wurde der Besuch auf das Konto einer ganzen Reihe von Pannen und Ungeschicklichkeiten verbucht, durch die er zu Beginn seiner Kanzlerschaft auffiel. Dabei wurde oft übersehen, dass seine Partner, darunter der amerikanische Präsident, ihm das Leben nicht gerade leicht machten. Nicht nur, dass Ronald Reagan in diesen Wochen und Monaten rhetorisch zum Angriff auf das »Reich des Bösen« blies und damit Wasser auf die Mühlen der deutschen Raketengegner goss. Derselbe Präsident, der von den Europäern an der Sicherheitsfront den engen Schulterschluss verlangte, verfolgte gleichzeitig eine Wirtschaftspolitik, die man auf der anderen Seite des Atlantiks durchaus als Kampfansage verstehen konnte.

Natürlich war die amerikanische Haushaltspolitik zunächst eine nationale Angelegenheit; aber ebenso selbstverständlich musste jede radikale Kurskorrektur der führenden Wirtschaftsmacht der Welt international Konsequenzen zeitigen. Und Reagans auch für dieses Gebiet angekündigten Reformen, die *Reaganomics*, waren radikal. Das galt für die schon 1981 beschlossenen Steuersenkungen von insgesamt 25 Prozent, die nicht zuletzt durch drastische Kürzungen bei den Sozialausgaben gegenfinanziert wurden; es galt für die deutliche Erhöhung des Bundeshaushalts, allen voran der Verteidigungsausgaben, und die Hochzinspolitik der Notenbank, die dazu führte, dass sich der Wert eines us-Dollars zwischen 1980 und 1985 auf beinahe 3,50 D-Mark verdoppelte; und es galt vor allem für

40   Von der Vergangenheit eingeholt: Präsident Ronald Reagan und
Kanzler Helmut Kohl mit ihren Ehefrauen Nancy und Hannelore
beim Besuch des Soldatenfriedhofs in Bitburg, 5. Mai 1985, flankiert
von Soldaten der amerikanischen Streitkräfte und der Bundeswehr.

die atemberaubende Verschuldung: 1986 hatte das Haushaltsdefizit eine Rekordhöhe von 221 Milliarden US-Dollar erreicht. Über die langfristigen Folgen, die Ronald Reagans Hochzins- und Verschuldungspolitik für Europa haben musste, konnte man einstweilen nur spekulieren. Klar und eindeutig waren hingegen die Maßnahmen der neuen Administration, die sich unmittelbar auf Europa bezogen. So die im Juni 1982 verhängte Importausgleichsabgabe für europäischen Stahl – ein Vorgang, der in den Beziehungen zwischen Amerika und Europa nicht etwa eine Ausnahme, sondern durchaus die Regel darstellte. Denn Amerika und Deutschland beziehungsweise die Europäische Gemeinschaft waren zwar notgedrungen Partner, wenn es um die Verteidigung der Freiheit und die Behauptung der gemeinsamen Sicherheit ging. Auf dem weiten Feld der Weltwirtschaft aber waren sie Konkurrenten. Hier trugen sie ihren Wettbewerb mit allen Mitteln aus, und dazu gehörte immer wieder einmal die Abschottung der eigenen Märkte oder auch der Versuch insbesondere der USA, die Europäer von der Lieferung tatsächlich oder vermeintlich strategisch wichtiger Güter in den Ostblock abzuhalten.

So ein Fall waren deutsche Großrohre. Seit Ende der Fünfzigerjahre belieferten deutsche Firmen die Sowjetunion mit solchen Röhren, durch die diese wiederum Erdöl und Erdgas von den sibirischen Lagerstätten zunächst in einige Staaten des Ostblocks, später auch zu westlichen Abnehmern pumpte. 1962 wurde die Regierung Adenauer durch die NATO unter Druck gesetzt, ein bereits geschlossenes Geschäft der Firmen Mannesmann, Hoesch und Phoenix-Rheinrohr mit der Sowjetunion über die Lieferung von Stahlröhren zu unterbinden. Das dann tatsächlich am 18. Dezember 1962 durch die Bundesregierung verhängte Exportverbot betraf die noch vor dem entsprechenden NATO-Beschluss vom 21. November vereinbarte Lieferung von immerhin 163 000 Tonnen. Dass britische und amerikanische Firmen versuchten, ihrerseits an die Aufträge zu kommen, zeigt nur, dass hinter der Sache mehr steckte als die weltpolitische Zuspitzung in der Zeit der Berlin- und der Kuba-Krise.

Umgekehrt waren auch die Deutschen beziehungsweise die Europäer in dieser Hinsicht keine Kinder von Traurigkeit: 1963 führten sie ihrerseits einen »Hähnchenkrieg« mit den USA, der sogar die bevorstehenden GATT-Verhandlungen zu gefährden drohte. In diesem Fall ging es um die Abschottung des eigenen Marktes. Grundlage bildete eine Verordnung des Ministerrates der damaligen Europäischen Wirtschaftsgemeinschaft vom Juni 1962 »über die Festsetzung des Einschleusungspreises für geschlachtete Enten, Puten, Gänse, Perlhühner und Legehühner«. Damit wurden die Produkte amerikanischer Geflügelzüchter vom lukrativen deutschen Markt weitgehend ausgeschlossen. Und weil die USA entsprechend reagierten und Zollkonzessionen für die EWG aufhoben, bedurfte es intensiver diplomatischer Anstrengungen, um den Streit beizulegen.

Alles in allem bewegte sich Reagans Wirtschaftspolitik gegenüber Europa also in vertrauten Bahnen. Das galt für den Streit über die Stahlimporte, der im Oktober 1982 beigelegt werden konnte, und es galt für einen neuerlichen Versuch, die Bundesrepublik von einem geplanten Erdgas-Röhren-Geschäft abzuhalten. Dabei handelte es sich, wie schon bei ähnlichen Vereinbarungen in den vorangegangenen Jahren, um ein Unternehmen, das zwar unter deutscher Führung stand, an dem sich aber auch zahlreiche westeuropäische Firmen beteiligten. Deshalb schwenkten insbesondere der französische Präsident François Mitterrand, aber auch die britische Premierministerin Margaret Thatcher auf eine Art europäische Einheitsfront ein, um dem amerikanischen Ansinnen wirkungsvoller entgegentreten zu können. Zwar ließ die Wirtschaftspolitik Thatchers durchaus manche Ähnlichkeiten mit derjenigen Reagans erkennen; hier aber ging es um eine grundsätzliche Frage.

Denn die Argumente, mit denen der Präsident die Deutschen zur Aufgabe ihrer Ostgeschäfte zu bewegen suchte, stammten nach dem Geschmack vieler Europäer aus einer vergangenen Phase des Kalten Krieges. Gewiss, Reagans Vorhaltungen, wonach sich Westeuropa in eine immer stärkere Abhängigkeit von russischen Erdgaslieferungen begebe und damit potenziell erpressbar sei, mochte – isoliert betrachtet – nicht falsch sein. Ähnliches galt auch für sein Argument, dass durch solche Geschäfte die Deviseneinnahmen der Sowjetunion erhöht und mit diesen wiederum die Stärkung des militärischen Potenzials gefördert werde. Aber in den Metropolen Westeuropas konnte man sich nicht des Eindrucks erwehren, dass es dem Präsidenten eigentlich um etwas anderes ging, dass er nämlich die Europäer auf seinen Kreuzzug gegen die Sowjetunion verpflichten und zugleich im transatlantischen Wettbewerb um die Weltmärkte die europäische Konkurrenz schwächen wollte.

Als besonders problematisch erwies sich Reagans Kurs auch deshalb, weil er sich nicht nur auf das Gebiet der Wirtschaftspolitik erstreckte, sondern auch auf andere Bereiche wie etwa die KSZE, die Konferenz über Sicherheit und Zusammenarbeit in Europa. Diese war nie ein Lieblingskind der Amerikaner gewesen, schon weil sie auf sowjetische Vorschläge zurückging. Gleichwohl waren die USA seit den Verhandlungen der frühen Siebzigerjahre und dann auch bei der Unterzeichnung der KSZE-Schlussakte von Helsinki am 1. August 1975 mit von der Partie. Die Aussicht, die dort fixierten Menschenrechte als Druckmittel gegenüber der Sowjetunion nutzen zu können, hatte einiges für sich. So sah es auch Reagan. Den Westeuropäern, vor allem der Bundesregierung, bot die KSZE eine Möglichkeit, in stürmischen weltpolitischen Situationen mit den Vertretern des Ostblocks im Gespräch zu bleiben. Reagan und seiner Administration gab sie aber noch ein zusätzliches Mittel an die Hand, um den Druck auf die Sowjets und ihre Verbündeten zu erhöhen: Nach Verhängung des Kriegsrechts in Polen am 13. Dezember 1981 stand das zweite Folgetreffen der KSZE in Madrid kurz vor dem Abbruch.

·

Aber auch dieser Präsident warf das Steuer noch einmal herum, entwickelte sich, scheinbar über Nacht, vom Kreuzritter gegen das »Reich des Bösen« zum engsten Partner von dessen führenden Repräsentanten. Seit Januar 1984 setzte sich der Präsident nicht nur mehrfach, so zum Beispiel in seiner *State of the Union Message*, für eine Verbesserung der Beziehungen Washingtons zu Moskau ein. Er ließ seinen Worten auch alsbald Taten folgen: Am 17. Juli wurde das Abkommen über die Modernisierung des »Heißen Drahtes« paraphiert, der nach der Berlin- und der Kuba-Krise installiert worden war, um in Zukunft einer Eskalation gefährlicher Vorgänge begegnen zu können. Wenige Tage später hoben die USA das Fangverbot für die sowjetische Fischereiflotte in amerikanischen Gewässern auf, das 1980 nach dem Einmarsch in Afghanistan verhängt worden war. Und als der amerikanische Präsident am 28. September 1984, zum ersten Mal in seiner Amtszeit überhaupt, den sowjetischen Außenminister empfing, hatte das mehr als nur symbolische Bedeutung. Andrei A. Gromyko repräsentierte das »Reich des Bösen« wie kaum ein Zweiter. Schon auf der Potsdamer Konferenz war er als sowjetischer Botschafter in Washington mit von der Partie gewesen, und seit mehr als einem Vierteljahrhundert, seit Februar 1957, leitete er das sowjetische Außenministerium.

Danach ging es Schlag auf Schlag: Am 22. November 1984 gaben Washington und Moskau ihre Absicht bekannt, die Verhandlungen über die Kern- und Weltraumwaffen wieder aufzunehmen, die 1983 im Konflikt um den NATO-Doppelbeschluss vom Kreml abgebrochen worden waren; seit dem 12. März 1985 verhandelte man wieder in Genf, und zwar sowohl über einen Abbau der nuklearen Mittelstreckenwaffen in Europa (INF) und über eine Reduktion der strategischen Nuklearwaffen (START) als auch über Defensivund Weltraumwaffen – einschließlich des Raketenabwehrsystems SDI; drei Monate später, am 10. Juni, erklärte Ronald Reagan, dass die USA die Bestimmungen des zweiten SALT-Vertrages einhalten würden, obgleich dieser in Washington nicht ratifiziert worden war.

Acht Tage darauf wurde das amerikanisch-sowjetische Abkommen über landwirtschaftliche Zusammenarbeit wieder in Kraft gesetzt, das Carter nach dem sowjetischen Einmarsch in Afghanistan auf Eis gelegt hatte, und vom 19. bis zum 21. November 1985 traf der Präsident der USA in Genf mit dem Generalsekretär der KPdSU zusammen.

Der Mann, der Reagan am Verhandlungstisch gegenübersaß, war nicht mehr jener oberste Sowjet, der den Kurs des Imperiums seit fast 20 Jahren nachhaltig bestimmt und tiefe Spuren in der internationalen Politik der Siebzigerjahre hinterlassen hatte. Leonid Iljitsch Breschnew war im November 1982 nach einer längeren Phase des physischen und geistigen Kräfteverfalls gestorben. Seine Nachfolger Juri W. Andropow und Konstantin Tschernenko hatten kaum eine Chance, der sowjetischen Politik ihren Stempel aufzudrücken. Andropow starb im Februar 1984, Tschernenko im März des folgenden Jahres.

Der neue Mann, den das Politbüro am 11. März 1985 auf den Sessel des Generalsekretärs der Partei hievte, war gerade einmal 54 Jahre alt, also für sowjetische Verhältnisse ein Nachwuchsstar. Seinem Auftrag gemäß trat er mit dem Anspruch an, Partei und Staat durch grundlegende Reformen zu erneuern, die Sowjetunion im internationalen Wettbewerb konkurrenzfähig zu machen und damit endlich den Beweis zu liefern, dass sie den USA und dem von ihr repräsentierten System, wenn nicht überlegen, so doch jedenfalls gewachsen war.

Dass Michail Sergejewitsch Gorbatschow bei seinem Amtsantritt im Westen besonders populär gewesen wäre, lässt sich nicht sagen. Ganz im Gegenteil stieß er bei vielen Vertretern aus Politik und Publizistik auf große Skepsis. Sei es, dass sie ihn wörtlich nahmen und eine neue Runde im Konkurrenzkampf der Systeme erwarteten; sei es, dass sie hinter Gorbatschows politischer Offensive ein groß angelegtes Täuschungsmanöver vermuteten. Mit den Worten des deutschen Bundeskanzlers: Auch Hitlers Propagandaminister

41   Zweckgemeinschaft: Seit Mitte der Achtzigerjahre sind der amerikanische Präsident, Ronald Reagan (rechts), und der oberste Sowjet,
Michail Gorbatschow, aufeinander angewiesen.

Joseph Goebbels sei ein »Experte für Öffentlichkeitsarbeit« gewesen. Das sagte Helmut Kohl – zwar *off the record*, also vertraulich, aber immerhin – Ende Oktober 1986 in einem Interview mit dem amerikanischen Magazin »Newsweek«. Dass der Kanzler, wie viele andere auch, seine Meinung bald änderte, lag nicht zuletzt am amerikanischen Präsidenten. Ausgerechnet Ronald Reagan machte nämlich einen Schritt auf Gorbatschow zu. Genau genommen trat Reagan im Herbst 1986 die Flucht nach vorn an und begann mit der Umsetzung seiner eigenen Abrüstungsvorschläge vom November 1981.

Für seine Volte hatte der Präsident eine Reihe zwingender Gründe, nicht zuletzt seine Wiederwahl am 6. November 1984 mit spektakulärem Ergebnis: Fast 59 Prozent der Wähler – gut 10 Millionen mehr als 1980 – hatten ihm ihre Stimme gegeben. Für Reagan war die breite Unterstützung im Volk Grund genug, um die Lösung von Problemen anzupeilen, die ihm einen Platz in den Geschichtsbüchern sichern konnte, übrigens eine Ambition, die alle Präsidenten der Vereinigten Staaten in ihrer zweiten Amtszeit entwickelt haben. In seinem Anliegen unterstützt wurde Reagan nicht nur durch seine Frau Nancy, deren Rolle im politischen Leben des Präsidenten kaum hoch genug zu veranschlagen ist, sondern auch von einigen seiner engsten Berater, allen voran James Baker, der Reagan auf dem wichtigen Feld der Außen- und Sicherheitspolitik zur Seite stand.

Anderes kam hinzu und bestärkte den Präsidenten in seiner Absicht einer radikalen Abrüstung, allen voran die Mehrheiten im Kongress. Nicht nur blieb sie im Repräsentantenhaus da, wo sie seit 1955 ohne Unterbrechung lag, nämlich bei den auf Abrüstung und Entspannung drängenden Demokraten; seit 1987 hatten diese auch im Senat die Mehrheit. Vor allem aber entfaltete sich im Umfeld des Präsidenten eine jener dubiosen Affären, die ihm, wenn er nicht aufpasste, gefährlich werden konnte: Am 5. Oktober 1986 wurde über Nicaragua ein Flugzeug der CIA mit Waffen an Bord abgeschossen, und eine der abenteuerlichsten Geschichten des Kalten Krieges bekam Konturen.

Danach unterstützten einige Mitglieder des Nationalen Sicherheitsrates der USA auf eigene Faust die Contras in Nicaragua, die einen Kampf gegen das sozialistisch orientierte Regime, die Sandinisten unter Daniel Ortega, führten. Ihnen hatte Reagan öffentlich den Kampf angesagt. Weil ihm aber ein direktes Eingreifen durch das Parlament verwehrt war, verlegte sich der Präsident auf Warnungen, Drohungen oder auch die indirekte Unterstützung der Contras. Zu den Warnungen gehörte unter anderem die Landung amerikanischer Marinetruppen auf Grenada, mit der im Oktober 1983 das marxistische Usurpationsregime beseitigt und zugleich deutlich gemacht wurde, was Kräften in der Region drohen konnte, die nach amerikanischer Interpretation die Ruhe und den Frieden gefährdeten.

Die finanzielle Unterstützung der Contras in Nicaragua durch einige Mitglieder des Nationalen Sicherheitsrates war nur die Spitze eines Eisbergs von Skandalen. Aus den Papieren, die an Bord des abgestürzten CIA-Flugzeuges gefunden wurden, und auf Flugblättern, die zur gleichen Zeit in Teheran auftauchten, ging des Weiteren hervor, dass diese Gelder zum Teil aus amerikanischen Waffenverkäufen an den Iran stammten. Begreiflicherweise zeigte sich der Staat der Mullahs außerordentlich an den Lieferungen interessiert, war doch die iranische Armee zu Zeiten des Schahs fast ausschließlich mit amerikanischen Waffensystemen ausgerüstet worden, für die man nun Ersatzteile, Munition und passende Ergänzungen benötigte. So wurden zwischen Februar 1985 und Oktober 1986 unter anderem auch Raketen der Typen Hawk und Tow an Teheran geliefert. Im Gegenzug gab es Geld und die Zusage, einzelne im Iran festgehaltene amerikanische Geiseln freizulassen. Das war auch deshalb äußerst delikat, weil Washington zur gleichen Zeit den Gegner des Iran im Ersten Golfkrieg, den Irak, mehr oder weniger offen unterstützte.

Die so genannte Iran-Contra-Affäre brachte den amerikanischen Präsidenten in die allergrößte Verlegenheit. Denn selbst wenn es zutraf, dass er nur vom ersten Teil des Geschäfts, den Waffenverkäufen an den Iran, nicht aber vom zweiten, der Verwendung der Gelder in Nicaragua, wusste, so machte das die Sache ja nicht besser. Musste man dann nicht davon ausgehen, dass Ronald Reagan keine Ahnung davon hatte, was in seiner engsten Umgebung, zum Beispiel dem Nationalen Sicherheitsrat, vor sich ging? Wie dem auch gewesen sein mag, der Präsident brauchte Luft, und die verschafften ihm die Verhandlungen mit Gorbatschow in eben jener Frage, die eine über die Iran-Contra-Affäre sensibilisierte Öffentlichkeit zusehends als vordringlich betrachtete: die Frage der Rüstungskontrolle.

Das Problem war, dass Gorbatschow seinerseits die Reformgeister, die er gerufen hatte, nicht mehr loswurde, dass auch er Erfolge brauchte, die zu Hause vorzeigbar waren, und dass er deshalb beim zweiten Treffen der beiden Mitte Oktober 1986 im isländischen Reykjavik vor allem beim Thema SDI nur eingeschränkt Konzessionsbereitschaft zeigen konnte. Was wiederum Reagan derart irritierte, dass er sein schauspielerisches Repertoire bemühte, zu seinem Außenminister Shulz sagte: »Gehen wir, George« und mit ihm den Raum verließ. Indessen war der folgende Rückfall, der in beiderseitigen Spionagevorwürfen und der Ausweisung von Diplomaten gipfelte, nur von kurzer Dauer.

Nicht nur hatten spektakuläre Unfälle, wie die Explosion der amerikanischen Raumfähre Challenger und vor allem der Reaktorunfall im ukrainischen Tschernobyl, schon in den ersten Monaten des Jahres 1986 auf die Grenzen des technisch Machbaren verwiesen. Reagan und Gorbatschow brauchten – nach wie vor und nicht zuletzt aus innenpolitischen Gründen – einen außenpolitischen Erfolg, je früher, desto besser. Nachdem sich der Generalsekretär bewegt hatte und Verhandlungsfortschritte nicht mehr von Konzessionen des Präsidenten bei SDI abhängig machte, konnten die

beiden am 8. Dezember 1987 in Washington den INF-Vertrag über
die vollständige Vernichtung aller landgestützten Mittelstreckenraketen kürzerer und größerer Reichweite in Europa unterzeichnen.
Ein spektakuläres Ergebnis. Erstmals in der Geschichte der Abrüstung und der Rüstungskontrolle hatte ein Staat, die Sowjetunion,
der asymmetrischen Reduktion eines Waffensystems und damit
dem Abbau seiner diesbezüglichen Überlegenheit zugestimmt.
Erstmals wurde ein hochmodernes Waffensystem vollständig zur
Verschrottung freigegeben.

Vor allem an einem Ort Europas hätte ob dieser »doppelten Null-
Lösung« Feierstimmung herrschen müssen: in Bonn. Gewiss, die
Friedensbewegung verbuchte die sensationelle Kehrtwendung als
Erfolg auf ihrem Konto. Anders die Politik, anders die Regierung
Kohl. Ausgerechnet mit dem INF-Vertrag begann in den Dämmer-
stunden des Kalten Krieges eine weitere Phase deutsch-amerika-
nischer Irritationen, und einmal mehr ging es dabei um ein altes
Thema: Waffen, in diesem Fall um die in deutschem Besitz befind-
lichen Pershing Ia. Der Kreml bestand auf der Einbeziehung dieser
Mittelstreckenraketen in das Gesamtpaket. Erst Ende August 1987
erklärte sich die Bundesregierung bereit, nach In-Kraft-Treten des
INF-Vertrages auch die deutschen Pershing Ia abzubauen. Natürlich gab es keine Alternative: Formal handelte es sich zwar um eine
autonome deutsche Entscheidung. Da aber die Atomsprengköpfe
unter amerikanischer Verfügungsgewalt standen, gab es in der
Sache letztlich nichts zu entscheiden.

Hinter der anfänglichen deutschen Skepsis gegenüber der
»doppelten Null-Lösung« steckte ein grundsätzliches Problem.
Zwar war absehbar, dass es bald keine gefährlichen SS-20 mehr
geben würde; die letzte Rakete dieses Typs wurde tatsächlich im
Mai 1991 verschrottet. Allerdings hatte sich dadurch an der sowjetischen Überlegenheit nichts geändert. Denn die Vernichtungs-
aktion betraf weder die konventionellen Waffen noch die atoma-

ren Kurzstreckenraketen beziehungsweise Gefechtsfeldwaffen mit einer Reichweite von weniger als 500 Kilometern. Damals verfügte die NATO über 88 vergleichsweise veraltete Kurzstreckenraketen vom Typ Lance; in den Arsenalen des Warschauer Paktes hingegen lagerten knapp 1400 zum Teil hochmoderne Systeme. Damit stand die NATO vor der Alternative, entweder auf dem Gebiet der atomaren Kurzstreckenwaffen ihrerseits nachzurüsten oder aber einen vollständigen Abbau dieser Systeme in Europa, also eine dritte »Null-Lösung«, herbeizuführen. Die Bundesregierung sprach sich anfangs entschieden gegen eine solche dritte »Null-Lösung« aus und wusste sich damit in vollständiger Übereinstimmung mit ihren wichtigsten Partnern. In diesem Sinne stellte der Bundeskanzler auf der NATO-Gipfelkonferenz Anfang März 1988 in Brüssel klar: »Die Bundesregierung wünscht keine weitere ›Null-Lösung‹, keine kernwaffenfreien Zonen und schon gar nicht eine Denuklearisierung Europas. Sie wird auch künftig die nach eingehender und umfassender Prüfung im Bündnis gemeinsam beschlossenen Maßnahmen mittragen und durchführen … Das Verhandlungsziel ist klar: Gleiche Obergrenzen, aber nicht Null.«

An eben diesem Punkt entzündete sich im Winter 1988/89 die Kontroverse. Während Washington auf einer Modernisierung der Lance-Raketen bestand, wollte Bonn mit Moskau über eine Reduzierung oder sogar den vollständigen Abbau der sowjetischen Raketen verhandeln und bündnisintern nicht vor 1992 über die Einführung eines Nachfolgesystems entscheiden. Zur Begründung erklärte der Bundeskanzler, der sich diese Position allerdings nur zögernd zu Eigen gemacht hatte, am 27. April 1989 vor dem Bundestag, dass die Bundesrepublik angesichts der Reichweite der Kurzstreckensysteme stärker berührt sei als alle anderen NATO-Partner: »Von daher ist es für mich selbstverständlich, dass unsere Freunde für unsere Interessen das gleiche Verständnis haben, wie wir es bei vielen Gelegenheiten ebenso selbstverständlich für sie bewiesen haben.« Das war ein Irrtum.

Der Ton wurde gereizter, die Kritik vor allem der amerikanischen Presse an der Bündnispolitik der Bundesregierung wurde lauter. Ganz offensichtlich ging es im Frühjahr 1989 nur noch am Rande um die Raketen beziehungsweise ihre Modernisierung, zumal Ende Mai ein Kompromiss gefunden werden konnte. Vielmehr brachen sich starke Zweifel der Verbündeten an der Zuverlässigkeit des deutschen Partners Bahn. Tatsächlich wurde die Frage, ob die Bundesrepublik auch weiter eng an der Seite Amerikas stehen solle, im Dezember 1987 nur noch von 32 Prozent der Bundesbürger bejaht; im November 1980 waren es noch 56 Prozent gewesen. Und die Frage, ob die Bundesrepublik eine Politik der Neutralität in Ost und West führen solle, die sieben Jahre zuvor von nur 31 Prozent bejaht worden war, fand jetzt bereits bei 44 Prozent Zustimmung.

Diesem Trend der öffentlichen Meinung, wonach die Sowjetunion immer weniger als eine Bedrohung wahrgenommen wurde, wollten sich auch die Politiker aller Parteien – die nächsten Wahlen stets im Visier – nicht mehr entziehen. In diesem Klima konnten Klischees prächtig gedeihen. Schon bald kursierten sie in der blumigen Wortschöpfung »Genscherismus«. Hier lagen die Wurzeln der Skepsis gegenüber diesem deutschen Außenminister, die nie mehr ganz ausgeräumt werden konnte. Vielmehr erhielt sie nach dem Mauerfall, vor allem in der Frage der Bündniszugehörigkeit des vereinigten Deutschland, neue Nahrung. Um die Jahreswende 1988/89, so die »New York Times« Anfang April 1989, bezeichnete man damit in Washington »abfällig« eine spezifische »Servilität« und die »Sehnsucht« vieler Deutscher, »der Wirklichkeit aus dem Weg zu gehen«.

So oder so ähnlich stellten sich die Dinge auch für den neuen Präsidenten dar. Weil George Bush aber die atemberaubenden Entwicklungen in der Sowjetunion und ihrem Imperium konzentriert beobachtete und weil er nicht riskieren wollte, dass die Deutschen ihm in dieser Situation von der Stange gingen, schritt er seinerseits zur Offensive und schlug Kohl und seiner Regierung Ende

Mai 1989 eine neue Form der Partnerschaft vor: »Partner in der Führung« sollten die Deutschen fortan sein. Damit honorierte der Präsident Deutschlands führende Rolle nicht nur in Technologie und Wirtschaft, sondern auch bei der Förderung von »Menschenrechten, Demokratie und Freiheit«. George Bush war – anders als sein Vorgänger und sein Nachfolger – kein Mann großer Worte und theatralischer Gesten. Er wusste genau, was er tat. Er war ein Vollprofi.

PARTNER OHNE FÜHRUNG
1989–2000

Die Vorbereitung auf das Amt konnte nicht besser sein. George Herbert Walker Bush, 1924 als Sohn des Bankiers, Geschäftsmannes und Senators Prescott Bush in Milton, Massachusetts, geboren, blickte auf eine Bilderbuchlaufbahn zurück, als er im Januar 1989 das Weiße Haus bezog. Allerdings stand auch bei ihm am Anfang der Krieg. An seinem achtzehnten Geburtstag, also zum frühestmöglichen Zeitpunkt, meldete sich George Bush zum Kriegsdienst und ging als Kampfflieger zur Marine. Beinahe 60 Einsätze hatte der jüngste Pilot seiner Staffel hinter sich, als er von den Japanern abgeschossen und von der Besatzung eines amerikanischen U-Bootes aus dem Pazifik gefischt wurde. Selbstverständlich hat auch dieser Präsident den Kriegsdienst stets als maßgebliches Kapitel seines Lebens betrachtet. An seinem achtzigsten Geburtstag traf er per Fallschirm bei seinen 5200 geladenen Gästen in Houston ein.

Dort hatte George Bush nach dem Studium der Volkswirtschaft in Yale 1948 eine Karriere in der texanischen Ölindustrie begonnen, die bald von einer politischen Laufbahn flankiert wurde. Der Weg führte ihn einerseits über den Parteivorsitz der Republikaner in Houston ins Repräsentantenhaus, dem er von 1960 bis 1970 angehörte, und an die Spitze seiner Partei in Washington. Andererseits konnte Bush auf eine beachtliche administrative Karriere zurückblicken, als Reagan ihn 1980 zu seinem Vizepräsidenten machte. So hatte er sein Land 1971/72 als Botschafter bei den Vereinten Nationen und 1974/75 als Leiter des Verbindungsbüros in Peking vertreten. In den Jahren 1975 und 1976, also in der Ära Ford, stand er als Direktor an der Spitze der CIA.

Acht Jahre lang diente Bush unter Präsident Reagan, und obgleich er keineswegs immer mit dessen windungsreicher Politik namentlich gegenüber der Sowjetunion konform ging, blieb er unauffällig und loyal. Die Wähler wussten das zu honorieren. Sie wollten die Kontinuität. Auch konnten sie Michael Dukakis, dem unglücklich agierenden Kandidaten der Demokraten und vormaligen Gouverneur von Massachusetts, keine Konturen abgewinnen, die ihn für das höchste Amt prädestiniert hätten. Dass Bush, anders als sein Herausforderer, ein intaktes Familienleben vorweisen konnte, war nicht wahlentscheidend, trug aber zum Erfolg bei: Mit gut 53 Prozent entschied Reagans Vizepräsident die Kampagne deutlich für sich.

Bush wusste, was auf ihn zukommen würde, und auch deshalb umgab er sich mit Leuten, die ihrerseits einschlägige Erfahrungen in ihre Ämter mitbrachten. Das galt für Außenminister James Baker, der bereits Reagan, unter anderem als Stabschef, zur Seite gestanden hatte, sowie für dessen Stellvertreter Lawrence Eagleburger, der seit den Tagen Henry Kissingers im außenpolitischen Geschäft war. Es galt für Verteidigungsminister Richard Cheney und Sicherheitsberater Brent Scowcroft, die schon der Ford-Administration angehört hatten, und es galt nicht zuletzt für Reagans letzten Sicherheitsberater Colin Powell, den Bush an die Spitze der Vereinigten Stabschefs holte.

Die Erfahrung und Kompetenz, die der neue Mann und seine wichtigsten Mitarbeiter einbrachten, waren alsbald in einem Maße gefragt, wie sich das Bush bei seinem Einzug ins Weiße Haus gewiss nicht vorgestellt hatte. Das lag an den Hinterlassenschaften seines Vorgängers, und es lag an der weltpolitischen Entwicklung, die während der Amtszeit dieses Präsidenten einen atemberaubenden, geradezu revolutionären Verlauf nahm. Was Reagans Erbe angeht, so hatte es Bush zunächst und vor allem mit Problemen zu tun, an denen er und damit seine Wiederwahl vier Jahre später schließlich scheiterten: Haushaltsdefizit und Staatsverschuldung waren in kurzer Zeit schon deshalb kaum in den Griff zu bekommen, weil die weltpolitische Entwicklung den USA unter anderem einen enormen finanziellen Einsatz abforderte.

Aber Reagan hatte seinem Nachfolger noch ein weiteres, gewissermaßen atmosphärisches Erbe hinterlassen: jene konservative Grundstimmung, die auch Bush bei der Wahl genutzt und der er nunmehr Rechnung zu tragen hatte. Das gilt zum Beispiel für die militärische Intervention in Panama, die am 20. Dezember 1989 begann und am 3. Januar 1990 mit der Gefangennahme des Diktators Manuel Antonio Noriega im Sinne Washingtons erfolgreich abgeschlossen wurde. Zwar konnte man die Aktion mit den politischen Morden der jüngsten Zeit, mit Übergriffen auf Amerikaner, mit Noriegas »Kriegserklärung« und vor allem mit der Drogenpolitik des Landes legitimieren; aber wirklich zu überzeugen vermochten diese Begründungen nicht. Schließlich waren die panamaischen Militärs, seit sie sich 1968 an die Macht geputscht hatten, jahrelang von den USA, nicht zuletzt vom CIA-Chef Bush, hofiert und honoriert worden. Aber hier ging es nicht nur um die Beseitigung einer Altlast aus dem Kalten Krieg; hier ging es auch um eine Demonstration, um den Beweis, dass der Präsident durchaus Flagge zeigen und amerikanische Interessen mit Nachdruck vertreten konnte.

Zweifel daran waren aufgekommen, weil Bush während seines ersten Amtsjahres auf die Vorgänge in der Sowjetunion und ihrem zerbröselnden Imperium, vor allem aber in China, ausgesprochen zurückhaltend reagiert hatte. Das entsprach auf der einen Seite seinem persönlichen Stil, lag aber auch an der großen Sympathie, die der Präsident seit seinen Tagen als Botschafter für das Land empfand. Anfang Juni 1989 hatten sich auf dem Platz des Himmlischen Friedens in Peking Zehntausende eingefunden, um ihren Forderungen nach einer demokratischen Öffnung des Systems Nachdruck zu verleihen. In der Nacht vom 3. zum 4. Juni rückte die Armee mit Panzern gegen die vorwiegend jungen Demonstranten vor und richtete unter ihnen ein Blutbad an. Zuverlässige Angaben über die Opfer waren nicht zu bekommen, aber die Zahl der Toten, Verwundeten und Inhaftierten ging in die Tausende.

Bush reagierte zurückhaltend – weil es seiner Art entsprach und weil er als Botschafter in Peking Erfahrung mit der chinesischen Führung gesammelt hatte: Einerseits verurteilte er die Anwendung von Gewalt, setzte auch Waffenlieferungen an China und Treffen zwischen den Militärs beider Länder aus. Andererseits warnte der Präsident vor »emotionalen Antworten« und warb für eine »vernünftige, vorsichtige Aktion, die die langfristigen Interessen der beiden Länder berücksichtigt und die komplexe innenpolitische Lage in China anerkennt«.

Diesem Stil blieb er auch gegenüber der Sowjetunion und ihrer Führung treu, weil diese mit dem Rücken zur Wand stand und nicht auszuschließen war, dass Gorbatschow oder andere versucht sein könnten, der verhängnisvollen inneren Entwicklung des Landes durch einen äußeren Befreiungsschlag zu entfliehen. Deshalb verzichteten Bush und Baker auf Siegerposen und boten stattdessen Zusammenarbeit und Unterstützung an – auch in der Deutschen Frage. Denn die schob sich in der zweiten Jahreshälfte, für die allermeisten unerwartet, in den Vordergrund der Weltpolitik. Ohne die Erosionserscheinungen in der Sowjetunion und im Warschauer Pakt wäre die Entwicklung in der DDR, eine Begleiterscheinung des allgemeinen Zerfallsprozesses, schwerlich vorstellbar gewesen.

•

Dass etwas in der Luft lag, wurde am 27. Juni 1989 spürbar. An diesem Frühsommertag machten sich zwei europäische Politiker demonstrativ am Eisernen Vorhang, dem Symbol für die Teilung der Welt, Europas und damit auch Deutschlands, zu schaffen. Zum Abschluss seines Besuchs in Österreich schnitt der ungarische Außenminister Gyula Horn mit seinem Amtskollegen Alois Mock ein Loch in den Stacheldrahtzaun an der gemeinsamen Grenze, mit dessen Abbau ungarische Soldaten schon Anfang Mai begonnen hatten. Fortan gab es für die Menschen kein Halten mehr, auch und vor allem nicht für die Bürger der DDR. Auf allen möglichen

Wegen suchten sie in den kommenden Wochen und Monaten in die Bundesrepublik zu entkommen. Der Druck auf das SED-Regime wuchs, und mit ihm der Druck auf die Mauer.

Als in der Nacht des 9. November 1989 Zehntausende vor Ort prüfen wollten, wie es um die kurz zuvor angekündigte Reisefreiheit bestellt war, öffneten die verunsicherten Grenzsoldaten um 23.14 Uhr die ersten Schlagbäume. Damit war es um das monströse Bauwerk geschehen, ohne dass auch nur ein Schuss gefallen wäre. Für die allermeisten Beobachter kam das zu diesem Zeitpunkt unerwartet. Auch für den Bundeskanzler. Kohl, der sich gerade in Warschau aufhielt, beschloss, seinen Besuch zu unterbrechen und nach Berlin zu fliegen. Das war leichter gesagt als getan, da die Maschine der Bundeswehr weder DDR-Territorium überfliegen noch in Berlin landen durfte. Also flog der Kanzler zunächst mit der eigenen Maschine über Schweden nach Hamburg und von dort weiter nach Berlin – an Bord einer amerikanischen Militärmaschine.

Im Schöneberger Rathaus traf Kohl dann auf die versammelte bundesdeutsche Politprominenz, unter ihnen der langjährige Regierende Bürgermeister der Stadt, Willy Brandt. Wo ein Vierteljahrhundert zuvor John F. Kennedy sein Bekenntnis zu Berlin abgelegt hatte, mühten sich jetzt die Spitzenvertreter der deutschen Politik vergeblich um eine harmonische Darbietung des Deutschlandliedes. Die Kakophonie – untermalt von einem Pfeifkonzert überwiegend linker Demonstranten – reflektierte die Ratlosigkeit in der Frage, wie es mit Deutschland und den Deutschen weitergehen würde. Die Antwort stand vorerst in den Sternen.

Sicher war nur: Ohne oder gar gegen die Amerikaner war keine Lösung vorstellbar. Wie würden sie sich verhalten? Die ersten Reaktionen des Präsidenten fielen jedenfalls unterkühlt aus. George Bush, der die Vorgänge in Berlin vom Oval Office aus verfolgte, wollte sich »nicht auf die Brust schlagen und auf der Mauer tanzen«. Er wusste, warum. »Wir werden«, sagte Bush eine Woche später

42 »*Ich will nicht auf der Mauer tanzen*«: *Präsident George Bush, der die Ereignisse des 9. November im Weißen Haus verfolgt, verzichtet auf Gesten des Triumphs.*

während eines Telefonats zu Kohl, »nicht mit großen Reden zur Wiedervereinigung ermuntern und auch keine Zeitpläne aufstellen. Wir werden das Problem nicht verschärfen, indem der Präsident der Vereinigten Staaten vor der Mauer posiert.« Das wirkte wie eine kalte Dusche, war es aber nicht.

Bei Lichte besehen gab es für Bonn auch gar keine Veranlassung, ausgerechnet in dieser Situation an Washington zu zweifeln. Hatten nicht die Amerikaner den Deutschen stets die Stange gehalten, wenn es um ihre Anliegen ging? Hatten sie nicht, bis zuletzt, den Wunsch der Deutschen nach einer Wiedervereinigung ihres geteilten Landes mitgetragen? Gewiss, ohne das vorab gegebene öffentliche Einverständnis Kennedys wäre es kaum zum Mauerbau gekommen, jedenfalls nicht zu diesem Zeitpunkt. Aber hatte der Präsident nicht lediglich der faktisch längst vollzogenen Teilung Rechnung getragen? Und war die Anerkennung der durch den Zweiten Weltkrieg geschaffenen Verhältnisse nicht eine Voraussetzung dafür, dass der Westen Deutschlands und Berlins auch weiterhin in Freiheit leben konnten? Konnte man denn überhören, dass sich das Bekenntnis deutscher Politiker zur Wiedervereinigung längst auf ein ritualisiertes Lippenbekenntnis reduziert, dass selbst ein Mann wie Willy Brandt schon 1984 von der »spezifischen Lebenslüge der zweiten deutschen Republik« gesprochen hatte? Und war es nicht der amerikanische Präsident, war es nicht Ronald Reagan gewesen, der im Juni 1987 seinem sowjetischen Partner Gorbatschow zugerufen hatte, das Brandenburger Tor zu öffnen und die Mauer einzureißen?

Gewiss, bis zu einem bestimmten Punkt war der Weg zur Einigung Deutschlands ein Alleingang des deutschen Bundeskanzlers. Am 28. November 1989 legte Helmut Kohl in der Haushaltsdebatte des Bundestages ein mit niemandem, jedenfalls mit keinem Vertreter der für Deutschland zuständigen Mächte, abgesprochenes »Zehn-Punkte-Programm« vor und markierte darin einige »Etappen« auf dem Weg zur deutschen »Einheit«. Auch bemühte er sich in den folgenden Wochen und Monaten intensiv, diesen Weg, so weit er von Bonn aus eingeschlagen und verfolgt werden konnte, in enger Absprache mit allen infrage kommenden größeren und kleineren Partner abzustimmen. Dabei ließ er keinen Zweifel aufkommen, dass auch ein vereinigtes Deutschland fest in den internationalen Gemeinschaften, allen voran der Europäischen, verankert bleiben werde.

Dennoch stand außer Frage: Den Vereinigten Staaten fiel in diesem Prozess die Schlüsselrolle zu, nicht zuletzt in Bezug auf die Position der Sowjetunion. Für diese wiederum war das zurückhaltende Auftreten des amerikanischen Präsidenten von entscheidender Bedeutung. Bush verzichtete auch weiterhin auf triumphale Gesten, kam vielmehr Gorbatschow mit Zusagen und Versicherungen so weit als irgend möglich entgegen. Sei es, dass die Staats- und Regierungschefs der Atlantischen Allianz am 5. und 6. Juli 1990 in ihrer so genannten Londoner Erklärung bekräftigten, »niemals und unter keinen Umständen als Erste Gewalt anwenden« zu wollen; sei es, dass sich die Teilnehmer des Weltwirtschaftsgipfels in Houston wenige Tage später zur Hilfe für die taumelnde Sowjetunion bekannten.

Nicht minder wichtig war Bushs vermittelnde Rolle gegenüber den eigenen Verbündeten, allen voran der britischen Premierministerin und dem französischen Staatspräsidenten. Keinen Augenblick ließ der Präsident Margaret Thatcher und François Mitterrand im Zweifel, dass er die Vereinigung Deutschlands befürwortete und unterstützte, auf der NATO-Mitgliedschaft des vereinigten Deutschlands bestehen werde und entschlossen war, die amerikanischen Truppen in Deutschland zu belassen – wenn auch möglicherweise in reduziertem Umfang. Es sei dahingestellt, ob es überhaupt eine Alternative gegeben hat. Jedenfalls wirkte Washingtons klare Linie in Paris und London beruhigend. Die NATO blieb nach der Revolution der Weltpolitik weiterhin das, was sie stets auch gewesen war: eine Sicherheitsgarantie vor Deutschland.

Entsprechend unmissverständlich und für seine Verhältnisse kompromisslos war die Position, die Bush und Baker gegenüber Kohl und Genscher bezogen. Zeitweilig war nämlich von Moskau eine »Doppelmitgliedschaft« Deutschlands in NATO und Warschauer Pakt ins Gespräch gebracht worden, mit der auch deutsche Politiker geliebäugelt hatten. Das galt vor allem für den Außenminister, dessen zögernde Haltung in dieser Frage die alte Skepsis in der Washingtoner Regierung weiter verstärkte. Es galt aber auch für den deutschen Bundeskanzler.

Ende Februar hielt sich Kohl unter anderem zur Klärung dieser Frage auf dem Landsitz des amerikanischen Präsidenten in Camp David auf. Mit von der Partie waren auf amerikanischer Seite unter anderem Sicherheitsberater Scowcroft und – für die Bonner Emissäre überraschend – Außenminister Baker sowie auf deutscher Seite drei Beamte des Kanzleramtes, unter ihnen Horst Teltschik. Angehörige des Auswärtigen Amtes waren nicht dabei, vor allem auch nicht der Außenminister.

Die Gespräche begannen am Nachmittag des 24. Februar und wurden am folgenden Sonntagmorgen fortgesetzt. Auf seine amerikanischen Gesprächspartner machte der Kanzler einen aufgeräumten Eindruck. Natürlich wusste Kohl, was er tat, als er den Präsidenten fragte, ob das vereinigte Deutschland nicht wie Frankreich behandelt werden, sprich außerhalb der militärisch integrierten Struktur der NATO bleiben könne. Die Antwort des Präsidenten war eindeutig: kein zweites Frankreich, und die Vollmitgliedschaft Deutschlands in der NATO war ein Muss. Für Kohl war die Sache damit erledigt. Zwei Wochen später reiste er ins Hauptquartier der Allianz nach Brüssel und versicherte den Ständigen Vertretern, Bonn werde in dieser Frage ein verlässlicher Partner bleiben.

Dass dann auch die letzte Hürde genommen werden konnte, weil auch Gorbatschow Mitte Juli 1990 seine Zustimmung zur NATO-Mitgliedschaft des vereinigten Deutschland gab, war weniger überraschend, als es sich für die meisten Zeitgenossen darstellte.

43 Entspannt, aber hart: Präsident George Bush und Außenminister James Baker machen Bundeskanzler Helmut Kohl in Camp David klar, dass es zur Vollmitgliedschaft des vereinigten Deutschland in der NATO keine Alternative gibt, 24. Februar 1990.

Schon in Camp David hatte Kohl zu Bush und Baker gesagt, letztlich sei alles eine Frage von *cash*: »Die brauchen Geld.« Und tatsächlich haben, von politischen und militärischen Vereinbarungen zwischen Bonn und Moskau abgesehen, Kredite und Finanzhilfen in zweistelliger Milliardenhöhe – zum Beispiel zur Unterstützung des Abzugs der sowjetischen Streitkräfte aus Deutschland – den Weg für Gorbatschows Zustimmung freigemacht.

Verglichen mit der Lösung dieser Probleme war die Herstellung der Einheit fast Routine. Mitte Februar 1990 beschlossen die alliierten Sieger des Zweiten Weltkrieges, gemeinsam mit Vertretern der beiden deutschen Teilstaaten »die äußeren Aspekte« des Prozesses zu besprechen. Diese so genannten Zwei-plus-Vier-Verhandlungen begannen am 5. Mai und konnten schon vier Monate darauf abgeschlossen werden. Der Vertrag vom 12. September 1990 über die »abschließende Regelung in Bezug auf Deutschland« schrieb die Vereinigung »der Bundesrepublik Deutschland, der Deutschen Demokratischen Republik und ganz Berlins« fest.

Kohl wusste, warum er das Tempo und den Erfolg der Verhandlungen in erster Linie dem amerikanischen Präsidenten gutschrieb, und Bush wusste, warum er an einem raschen Abschluss der Verhandlungen und damit auch an einer vorübergehenden Beruhigung der Lage in Ostmittel- und Osteuropa interessiert war: Im Nahen Osten zog eine gefährliche Sturmfront auf.

•

Am 2. August 1990 hatte der Irak Kuwait überfallen und sechs Tage darauf als 19. Provinz annektiert. Die Militäraktion war auch eine Quittung für die systematische Hochrüstung des Landes durch den Westen, allen voran die USA. Als der Erste Golfkrieg am 20. August 1988 mit der Unterzeichnung des Waffenstillstandes zwischen Irak und Iran zu Ende ging, stand Saddam Hussein eine Armee von einer Million Mann zur Verfügung, die in 55 Divisionen aufgestellt waren und über ein Arsenal moderner, auch biologischer und chemischer Waffen verfügten. Dass der Diktator nicht vor deren Einsatz zurückscheute, hatte sein Rachefeldzug gegen die Kurden gezeigt, dem während der Endphase des Ersten Golfkrieges mindestens 150 000 Menschen zum Opfer fielen.

Die Kosten des Iran-Krieges und der maßlosen Aufrüstung waren hoch. Sie bestanden nicht zuletzt in der enormen Verschuldung eines Landes, dessen Rücklagen 1980 noch die der USA oder Japans übertroffen hatten. Daher sollte die Besetzung Kuwaits dem Irak nicht nur die Ölvorkommen des Scheichtums, sondern auch seine Währungsreserven sichern. Am 29. November forderte der Sicherheitsrat der Vereinten Nationen den Irak ultimativ auf, Kuwait bis zum 15. Januar 1991 zu räumen. Die Initiative war vom amerikanischen Präsidenten ausgegangen, der damals in dieser Frage die Weltöffentlichkeit hinter sich wusste.

Hier begann die Kehrtwende der amerikanischen Irak-Politik. Hier lagen die Ursprünge des Kreuzzuges, den George Bush und später sein Sohn gegen Saddam Hussein führten. Hier wurde auch die amerikanisch-britische Koalition ins Leben gerufen, die bis über das Ende des Dritten Golfkrieges hinaus Bestand hatte. George Bush war damit der erste republikanische Präsident, der sein Land in einen der großen Kriege des 20. Jahrhunderts führte. In alle anderen – die beiden Weltkriege, den Kalten Krieg oder auch den Korea- und der Vietnam-Krieg – waren die Vereinigten Staaten durch demokratische Präsidenten geführt worden.

Die militärischen Vorbereitungen begannen bereits fünf Tage nach der Besetzung Kuwaits. Wohl wissend, über welche militärischen Möglichkeiten der von ihnen hoch gerüstete Irak verfügte, verlegten die USA in der größten logistischen Operation seit dem Korea-Krieg fast eine halbe Million Soldaten und etwa zwei Millionen Tonnen Ausrüstung in die Golfregion. Und weil Saddam Hussein anscheinend erwog, sein Arsenal an bakteriologischen und chemischen Waffen auch während der bevorstehenden Operation *Desert Storm* einzusetzen, drohte der amerikanische Außenminister Baker seinem irakischen Amtskollegen Aziz bei ihrem letzten Genfer Zusammentreffen für diesen Fall unmissverständlich mit einer nuklearen Antwort. In der Nacht vom 16. auf den 17. Januar 1991 eröffnete eine alliierte Koalition aus 33 Staaten mit einer Luftoffensive die Kampfhandlungen gegen den Irak; in den frühen Morgenstunden des 24. Februar begann die Bodenoffensive. Deutschland war an der Aktion nicht beteiligt, jedenfalls nicht unmittelbar. Unbestritten war, dass unter den gegebenen politischen Bedingungen keine Bundeswehreinheiten in die alliierte Koalition, also zur Teilnahme an Kampfhandlungen außerhalb des NATO-Gebietes, entsandt werden konnten. Allerdings beteiligte sich die Bundesrepublik diskret, aber in erheblichem Umfang an den alliierten Maßnahmen – von der Bereitstellung ihres Territoriums als Drehscheibe für den Nachschub bis hin zu umfangreichen Material- und Waffenlieferungen und, nach einiger Diskussion, der Zahlung beträchtlicher Summen in die alliierten Kriegskassen. Bis Februar 1991 stellte Bonn etwa 17 Milliarden D-Mark für diverse Zwecke, darunter vor allem die Kriegführung der Koalition, zur Verfügung.

Es war diese indirekte Art der Unterstützung, die der deutschen Politik in amerikanischen Medien die klischeehafte Charakterisierung als »Scheckbuchdiplomatie« eintrug. Dabei beschränkten sich die deutschen Aktivitäten keineswegs nur auf die materielle Unterstützung. So beteiligten sich Bundeswehreinheiten an vorsorglichen militärischen Maßnahmen der NATO zur Verhinderung eines Angriffs auf den Bündnispartner Türkei, und einige Wochen nach der Beendigung der Kampfhandlungen, aber noch vor Unterzeichnung des endgültigen Waffenstillstandes, wurden deutsche Minensuchboote in den Persischen Golf entsandt.

Aus amerikanischer Sicht galt die deutsche Unterstützung als selbstverständlich. Erwartet wurde sogar mehr, vor allem eine umgehende öffentliche Solidarisierung führender Repräsentanten aller politischen Parteien und insbesondere der Bundesregierung mit den Alliierten. Doch die ließ lange auf sich warten. Buchstäblich in letzter Minute, unmittelbar vor Eröffnung der alliierten Bodenoffensive zur Befreiung Kuwaits, fand die deutsche Politik ihre Sprache wieder. Noch wenige Tage und Stunden zuvor hatten sich ihre Vertreter als einziger größerer Partner der westlichen Allianz für einen nicht akzeptablen sowjetischen Friedensplan ausgesprochen. Aber nun ließ die Bundesregierung in mehreren öffentlichen Stellungnahmen keinen Zweifel mehr daran, dass die Aktion in dieser Form und zu diesem Zeitpunkt legitim und notwendig sei und dass man in politischer Solidarität »fest und unverbrüchlich« an der Seite der alliierten Koalition stehe.

Gewiss, Bonn mochte gute Gründe für seine reservierte Haltung haben. Denn in Moskau verzögerte sich nicht nur die Ratifizierung der deutsch-sowjetischen Verträge, sondern auch des Zwei-plus-Vier-Vertrages. Der Einigungsprozess war also noch nicht endgültig unter Dach und Fach. Vor allem aber zeichnete sich, seit Kroatien und Slowenien im Dezember 1990 den Weg zur Unabhängigkeit eingeschlagen hatten, ein Zerfall Jugoslawiens und damit die Entstehung eines neuen Konfliktherdes in Europa ab. Das war auch jenseits des Atlantiks erkennbar, und so gesehen hatte man durchaus Verständnis für die Zugzwänge der deutschen Politik.

Nicht nachvollziehbar war allerdings, warum sie die Außendarstellung der Republik zeitweilig einer sich lautstark gegen die Alliierten, allen voran die Amerikaner, artikulierenden Minderheit überließ. Die Rosenmontagszüge wurden abgesagt; stattdessen gingen die Menschen auf die Straße und ließen ihrem seit Jahrzehnten angestauten Unmut über ein anmaßendes Verhalten der westlichen Vormacht freien Lauf. Wie zuletzt beim Massenprotest gegen die Umsetzung des NATO-Doppelbeschlusses geschah dies also einmal mehr aus falschem Anlass.

Die Bodenoffensive der überlegenen alliierten Koalition, die am 24. Februar nach einem sechswöchigen Bombardement durch die Luftstreitkräfte begann, konnte bereits nach vier Tagen mit einer

Feuerpause erfolgreich abgeschlossen werden. Zuvor hatte die alliierte Streitmacht Kuwait befreit und der Irak seine Bereitschaft zur Annahme aller zwölf UNO-Resolutionen erklärt. Auf die Einnahme Bagdads wurde aus nie ganz geklärten Gründen verzichtet. Vom Fehlen eines entsprechenden UNO-Mandats abgesehen, spekulierten die Sieger, allen voran die USA, zwar auf einen Zusammenbruch des geschwächten Regimes. Aber sie waren in jedem Fall am Erhalt der territorialen Integrität des Irak interessiert. Jedenfalls verweigerten sie im März, als sich Schiiten und Kurden gegen Saddam Husseins Terrorherrschaft erhoben, die erhoffte Unterstützung und beließen es bei der Bereitstellung von Schutz- und der Einrichtung von Flugverbotszonen. Was immer die Motive waren – George Bush stand fortan in dem Ruf, klein beigegeben, den Diktator von Bagdad nicht wirklich bezwungen zu haben.

•

Dieser Eindruck hat das Bild eines unentschlossenen, insgesamt erfolglosen Präsidenten nicht unerheblich beeinflusst, auch wenn dessen Konturen vor allem auf dem Gebiet der Wirtschafts- und Sozialpolitik entstanden sind. Um die schleppende Konjunktur zu beleben, zugleich sein Image aufzupolieren und damit seine Chancen für den aufziehenden Wahlkampf zu verbessern, begab sich der Präsident im Januar 1992 auf eine Fernostreise, die ihren End- und Höhepunkt in Tokio fand. Die Konkurrenzfähigkeit der amerikanischen Wirtschaft, namentlich der dahinsiechenden Automobilindustrie, unter Beweis zu stellen, den japanischen Markt für amerikanische Produkte zu öffnen und so zu Hause Arbeitsplätze zu schaffen – das waren Bushs erklärte Ziele.

Es hatte für viele Beobachter symbolische Bedeutung, dass der von den Strapazen eines Riesenprogramms sowie einer Virusinfektion angegriffene Präsident auf dem Staatsbankett in Tokio vor laufenden Kameras zusammenbrach: Statt eines starken, hart auftretenden Amerika, das Japan zu wirtschaftlichen Konzessionen

44 *Weltmacht am Boden: Präsident George Bush erleidet auf einem Staatsbankett in Tokio einen Schwächeanfall. Ehefrau Barbara leistet erste Hilfe, 8. Januar 1992.*

zwang, so kommentierte die »Washington Post« das Drama, sah man »auf den Bildschirmen der Welt einen kranken amerikanischen Führer auf dem Rücken und zu Füßen eines japanischen Premierministers« liegen.

Die Szene spiegelte die innenpolitische Bilanz dieses 41. Präsidenten der USA wider. Sie sagte nichts über seine beachtlichen außenpolitischen Erfolge, zu denen insbesondere die geräuschlose Beendigung des Kalten Krieges zählte. Wer hätte das, bis es geschah, für möglich gehalten? Wer hätte noch in den Achtzigerjahren geglaubt, dass der Rücktritt des sowjetischen Staatspräsidenten und mit ihm die Auflösung der UdSSR zum Jahresende 1991 die Folge einer Implosion und nicht eines apokalyptischen Kräftemessens sein würde? Diesen Prozess diplomatisch zu flankieren, dabei vor allem ein Vagabundieren der sowjetischen Nuklearwaffen zu verhindern und sogar Ende Juli 1991 noch ein erstes Abkommen über den Abbau der strategischen Nuklearwaffen (START) unter Dach und Fach zu bringen – das war kein geringes Verdienst des amerikanischen Präsidenten und seines Außenministers, der sich allein 1990 neunzehnmal mit seinem sowjetischen Kollegen getroffen hatte.

Die innenpolitische Erfolgsbilanz des im Ausland populären Präsidenten konnte da nicht annähernd mithalten. Die Bildungs- und Umweltpolitik, mit denen Bush reüssieren wollte, blieben praktisch unbearbeitet; ein Luftreinhaltungs- und ein Behindertengesetz, die er durchbrachte, waren nicht dazu angetan, die Amerikaner hinter dem Ofen hervor- und für seine Wiederwahl an die Urnen zu locken. Vor allem aber scheiterte George Bush an der Wirtschaftspolitik – auch da, wo er eigentlich erfolgreich war. Aber die zukunftsweisende NAFTA, die Nordamerikanische Freihandelszone, die er Mitte Dezember 1992 mit Kanada und Mexiko aus der Taufe hob, war bei seinen Landsleuten nicht gerade populär.

Für die Amerikaner zählte, dass es am Ende von Bushs Amtszeit drei Millionen Arbeitslose mehr gab als zu Beginn und die

Wirtschaft wie auch die Realeinkommen stagnierten. Vor allem aber sah sich der Präsident gezwungen, zur Begrenzung des Haushaltsdefizits die Steuern zu erhöhen und damit ein öffentlich gegebenes Versprechen zurückzunehmen. Kein Wunder, dass sein Herausforderer Bill Clinton seinen Wahlkampf auf diese Themen abstellte.

•

Dennoch war der Wahlausgang keineswegs sicher, und wer weiß, wie die Geschichte ausgegangen wäre, hätte nicht Ross Perot seinen Hut in den Ring geworfen. Auf Anhieb konnte der parteilose Unternehmer beinahe 20 Millionen Wähler für sich gewinnen und damit fast 20 Prozent der Stimmen holen. So wie die Dinge lagen, gingen die meisten zu Lasten von Amtsinhaber Bush, der auf 38 Prozent der Stimmen kam, während der Herausforderer 43 Prozent holte, also auch seinerseits weit von der absoluten Mehrheit entfernt blieb. Vergleichbares hatte es zuletzt 1968 gegeben, als mit George C. Wallace ein unabhängiger Kandidat die Grundstimmung nutzen konnte, mit einem stark chauvinistisch und rassistisch eingefärbten Programm 13,5 Prozent der Stimmen auf sich vereinigte und Richard Nixon fast zum zweiten Mal um seinen Wahlsieg gebracht hätte.

Auch weil die Außenpolitik im Wahlkampf deutlich hinter innen- und vor allem wirtschaftspolitischen Themen rangiert hatte, war Bill Clinton, als er am 20. Januar 1993 das Weiße Haus bezog, außerhalb Amerikas ein ziemlich unbeschriebenes Blatt. Außerdem war er erst Mitte vierzig, also einer der jüngsten Präsidenten in der neueren Geschichte der Vereinigten Staaten. Der am 19. August 1946 in Hope, Arkansas, geborene William Jefferson Blythe IV, der als Fünfzehnjähriger den Namen seines Stiefvaters Roger Clinton annahm, hatte eine schwierige Kindheit. Offenbar entwickelte er auch deshalb jenen beträchtlichen Ehrgeiz, durch den er schon als Schüler auffiel. Nach dem Studium an der Georgetown University und in Yale, unterbrochen durch einen zweijährigen Aufenthalt als Rhodes-Stipendiat in Oxford, ging Clinton zurück in seinen Heimatstaat und dort in die Politik. Zwei Begegnungen haben diese Entscheidung und die weitere politische Karriere des Mannes entscheidend mitbestimmt. Einmal die mit Hillary Rodham, seiner späteren Ehefrau, deren Ehrgeiz dem des Gatten in nichts nachstand; und dann ein fotografisch festgehaltenes Zusammentreffen mit Präsident John F. Kennedy, dem der Sechzehnjährige im Juli 1963 als Mitglied einer Jugenddelegation die Hand schütteln durfte. Kein Wunder also, dass Clinton seine politische Heimat bei den Demokraten fand. 1976 wurde er Generalstaatsanwalt von Arkansas; zwei Jahre darauf war er mit 32 der jüngste Gouverneur in der amerikanischen Geschichte. Von dort aus Anfang Oktober 1991 die Kandidatur für die Präsidentschaft anzukündigen und dieses Ziel ein Jahr später im ersten Anlauf zu erreichen, war eine beachtliche Leistung.

Nicht nur war Arkansas alles andere als ein Vorzeigestaat, der Kandidat sah sich während des Wahlkampfes auch einer Serie von Vorwürfen ausgesetzt: Die Umgehung der Einberufung nach Vietnam, Marihuana-Konsum oder auch diverse Seitensprünge zählen normalerweise zu jenen Affären, die amerikanischen Karrieren, zumal politischen, ein vorzeitiges Ende bereiten. Im Falle Clintons war das anders. Es zeugte von seinem enormen Stehvermögen, dass er sogar während seiner Präsidentschaft eine ganze Serie von Skandalen oder auch bei den Zwischenwahlen vom November 1994 eine sensationelle Niederlage für seine Partei politisch überlebte. In Verbindung mit einem ungewöhnlich stark ausgeprägten kommunikativen Talent trugen diese Nehmerqualitäten dazu bei, dass der 42. Präsident der USA als einer ihrer populärsten in die Geschichte einging. Das gilt auch für Deutschland.

Kaum jemanden überraschte, dass der Schwerpunkt seiner Politik auf der Innen- und insbesondere auf der Wirtschaftspolitik lag. Hier war Clinton zu Hause. Hier gab es auch den größten Handlungsbedarf. Der neue Präsident übernahm von seinen bei-

45   Die Zukunft vor Augen: Bill Clinton, der spätere Präsident der Vereinigten Staaten, trifft John F. Kennedy, den amtierenden Präsidenten der USA, Juli 1963.

den Vorgängern die höchste Verschuldung, die es in der Geschichte der Vereinigten Staaten bis dahin gegeben hatte. Allein die Zinszahlungen schlugen jährlich mit 200 Milliarden US-Dollar zu Buche. Der erste Schritt auf dem Weg zur Besserung sollte daher in einer entschlossenen Haushaltskonsolidierung bestehen – keine geringe Herausforderung.

Anfänglich improvisiert, vor allem nach der Verpflichtung des Strategieberaters Dick Morris konsequent geplant, erreichte der Präsident tatsächlich dieses Ziel. Mit einer kombinierten Strategie aus maßvollen Steuererhöhungen und Budgetkürzungen gelang es Clinton, das Haushaltsdefizit kontinuierlich zu senken und am Ende seiner Amtszeit sogar einen Überschuss von mehr als 200 Milliarden US-Dollar vorzuweisen. Eine beachtliche Leistung, die von weiteren Erfolgen flankiert wurde, allen voran einer kontinuierlichen Erhöhung des Bruttosozialprodukts und einem Rückgang der Arbeitslosenquote durch die Schaffung von mehr als 20 Millionen Arbeitsplätzen.

Die Bilanz seiner Reformpolitik war dagegen gespalten: Erfolgen bei der gesetzlichen Neuregelung der Verbrechensbekämpfung, unter anderem durch das Verbot einer ganzen Reihe von halbautomatischen Waffen, stand das Scheitern der großen Gesundheitsreform gegenüber. Clinton hatte geplant, dem unzureichenden Sozialsystem die erste große Sanierungskur seit den Tagen Lyndon B. Johnsons zu verpassen. Dabei ging es zunächst einmal darum, allen Bürgern zu einer Krankenversicherung zu verhelfen. In den Neunzigerjahren waren 16 Prozent der Amerikaner unter 65 nicht krankenversichert – Tendenz steigend. Die fehlende oder unzureichende Versicherung war auch deshalb ein großes Problem, weil der Umgang der Amerikaner mit ihrer Gesundheit zu wünschen übrig ließ: Etwa zwei Drittel aller Erwachsenen litten an Übergewicht; die Zahl der Fettsüchtigen verdoppelte sich innerhalb eines Jahrzehnts auf gut 30 Prozent im Jahr 2001. Etwa 400 000 starben jährlich an den Folgen.

Es gab also Handlungsbedarf – bei der Vorsorge und bei der Versicherung. Was die Vorsorge anging, so schritt Clintons Nachfolger George W. Bush mit einem Fitnessprogramm für die Nation zur Tat; im Falle der Versicherung wollte schon Clinton handeln. Allerdings blieb seine Gesundheitsreform, von einzelnen Fortschritten wie einer Krankenversicherung für Kinder einkommensschwacher Familien abgesehen, nur bedrucktes Papier – und das, obgleich sich seine ehrgeizige Gattin der Sache angenommen und die Leitung einer entsprechenden Arbeitsgruppe im Weißen Haus übernommen hatte.

Hier begann die politische Karriere der Hillary Rodham Clinton, die über die eigenwillig gestaltete Rolle der First Lady und den anschließend erkämpften Senatssitz für New York zur hoch gehandelten Anwärterin für die demokratische Präsidentschaftskandidatur führte. Gegen die Mehrheitsverhältnisse im Kongress, die seit Jahresende 1994 bei den Republikanern lag, kam allerdings auch die Reforminitiative der Clintons nicht an. Außerdem musste sich der Präsident die republikanische Zustimmung zu seinem Weg der Haushaltskonsolidierung unter anderem mit Konzessionen bei seinem Reformprogramm sichern.

•

Außenpolitisch hielt sich der Präsident bedeckt, überließ die Geschäfte vorerst den dafür zuständigen Leuten. Allen voran Außenminister Warren Christopher, der unter dem letzten demokratischen Amtsinhaber Jimmy Carter das Amt aus der Sicht des Stellvertreters kennen gelernt hatte, und seinem Sicherheitsberater Anthony Lake. Der hatte zum Stab Kissingers gehört, war allerdings aus Protest gegen die Invasion Kambodschas gegangen. Insgesamt machte die Truppe, zumal im Vergleich mit Bushs Leuten, einen eher blassen Eindruck. Die wenigen außenpolitischen Themen, denen der Präsident von Anfang an eine hohe Bedeutung zumaß, nahm er selbst in die Hand, und es war kein Zufall, dass

46   Präsident mit Gattin: Bill Clinton überträgt Ehefrau Hillary im
Weißen Haus die Leitung der Arbeitsgruppe zur Gesundheitsreform,
Februar 1993.

diese – wie die Ratifizierung von NAFTA oder der Abschluss der jüngsten GATT-Runde – durchweg die Wirtschaft betrafen. Allerdings gab es in der Außen- und Sicherheitspolitik einstweilen auch wenig zu tun. Die großen Themen, wie die Auflösung der Sowjetunion und ihre Begleit- und Folgeerscheinungen, waren von Clintons Vorgänger angepackt, so weit als möglich behandelt und vorerst zu den Akten gelegt worden. Clinton und der dafür zuständige stellvertretende Außenminister Strobe Talbott, ein Freund aus gemeinsamen Oxforder Studienzeiten, konzentrierten sich dann auch darauf, zur Stabilisierung der russischen Verhältnisse beizutragen, so weit das von außen möglich war. Eine direkte wirtschaftliche Unterstützung kam nur in bescheidenem Umfang infrage und wurde vor allem gezielt für die Sicherung des vormals sowjetischen Nukleararsenals verwendet.

Vorrangig setzte Clinton darauf, das Ansehen Russlands und seines Präsidenten Jelzin zu stärken, zum Beispiel durch die Installierung eines so genannten NATO-Russland-Rates oder durch die Einbeziehung Russlands in den Klub der sieben wichtigsten Industriestaaten. Im Übrigen drängte Clinton Russland ähnlich wie die Volksrepublik China zur Einführung beziehungsweise Umsetzung von Demokratie und Menschenrechten. In seiner zweiten Amtszeit erhöhte der Präsident – auch hier – den Druck. So beantwortete er den russischen Tschetschenien-Feldzug unter anderem mit einer Aufstockung der Wirtschaftshilfe für die Ukraine und reagierte auf den Export chinesischer Raketentechnologie nach Nord-Korea und in den Iran mit einer symbolischen Aufwertung Taiwans.

Insgesamt aber ließ sich, insbesondere während der ersten Amtszeit, schwerlich ein außenpolitisches Konzept erkennen. Das hatte Folgen. Denn schon bald wurde Clinton von einer Reihe lokaler Konflikte, vor allem in der Dritten Welt, regelrecht überrascht. Die Reaktion bestand entweder in beschämender Tatenlosigkeit wie in Zentral- und Westafrika, namentlich in Ruanda, wo 1994 innerhalb von drei Monaten bis zu einer Million Menschen zu Opfern eines der größten Massenmorde der Nachkriegszeit wurden. Oder aber Amerika trat den Rückzug an, wie 1993/94 auf Haiti und in Somalia.

Vieles spricht dafür, dass die Zwischenwahlen vom 8. November 1994 auch eine Quittung für diese ernüchternde außenpolitische Bilanz gewesen sind: Im Senat wie im Repräsentantenhaus stellten fortan die Republikaner die Mehrheit, in Letzterem sogar erstmals wieder seit Jahrzehnten. In dem spektakulären Wahlergebnis spiegelte sich nicht zuletzt eine neue konservative Wende der amerikanischen Gesellschaft. Mancher Beobachter hat darin den Anlass für den außenpolitischen Kurswechsel Clintons gesehen. Es war eine regelrechte Flucht nach vorn, die der Präsident antrat, um seine Wiederwahl im November 1996 nach dieser Seite hin abzusichern.

Außerdem wusste natürlich auch Clinton, dass die Stellung der amerikanischen Weltmacht dauerhaft Schaden nehmen konnte, wenn ihre Soldaten immer wieder vor laufenden Kameras durch einen gewalttätigen Mob gedemütigt und zum Rückzug gezwungen wurden. So in Somalia, wo Anfang Oktober 1993 der Leichnam eines Marineinfanteristen von triumphierenden Somalis durch den Staub gezogen wurde; so auf Haiti, wo wenige Tage später 200 amerikanische und kanadische Sicherheitskräfte, welche die Wiedereinsetzung des gewählten, aber von Militärs gestürzten Präsidenten Jean-Bertrand Aristide überwachen sollten, unverrichteter Dinge wieder abdrehen mussten: Eine bewaffnete Menge hatte das eingelaufene amerikanische Schiff unter anderem mit der Parole »Kein zweites Somalia« empfangen. Dass die USA in diesen und anderen Fällen im Auftrag der Vereinten Nationen handelten, kam erschwerend hinzu und verstärkte die Skepsis der Amerikaner gegenüber der Weltorganisation.

Die Konsequenzen, die Clinton zog, waren folgenreich: Washington war in Zukunft nicht mehr zu umfassenden militärischen Operationen wie im Zweiten Golfkrieg gegen den Irak oder während des Bürgerkrieges in Somalia bereit, wenn es dabei nicht um vitale amerikanische Interessen ging. Zudem musste jeder militärische Einsatz, an dem sich die Vereinigten Staaten beteiligten, immer auch unter deren Führung stehen – und nicht etwa unter derjenigen der Vereinten Nationen. In letzter Konsequenz hieß das nichts anderes, als dass auch die Entscheidung über den Einsatz bei den Vereinigten Staaten liegen und diese wiederum im Zweifelsfall ohne eine Ermächtigung der UNO oder gar gegen deren Votum getroffen werden würde.

So gesehen gilt für Clinton, was schon für Carter gegolten hatte: Es waren die demokratischen Präsidenten, die den Hebel in der Außen- und Sicherheitspolitik des Landes umlegten, die ihren republikanischen Nachfolgern die Steilvorlage unter anderem für drastische Erhöhungen der Verteidigungshaushalte lieferten. Clinton selbst hat zweimal eine größere militärische Operation ohne Zustimmung der Vereinten Nationen beziehungsweise gegen deren ausdrückliches Votum angeordnet. Beide fielen in seine zweite Amtszeit, in der Madeleine Albright Außenministerin und Samuel Berger Sicherheitsberater waren. In beiden Fällen, im Irak und im Kosovo, stand Clinton unter Druck.

Was den Irak anging, so erhielt der Präsident am 26. Januar 1998 Post von einer Gruppe renommierter Persönlichkeiten. In einem offenen Brief bat ein Kreis bekannter Konservativer, die sich im *Project for the New American Century* zusammengeschlossen hatten, Bill Clinton »dringend«, die Aufmerksamkeit seiner Regierung »auf die Entwicklung einer Strategie zu richten, die auf eine Ablösung des Regimes von Saddam zielt ... Wir glauben, dass die Vereinigten Staaten unter den bereits bestehenden UN-Resolutionen das Recht haben, die nötigen Schritte, einschließlich militärischer, zu unternehmen, um unsere vitalen Interessen im Golf zu sichern. In jedem Fall darf sich die amerikanische Politik nicht länger durch das fehlgeleitete Beharren des UN-Sicherheitsrates auf Einstimmigkeit lähmen lassen.« Nicht einmal zwölf Monate später schritt der Präsident zur Tat: Mitte Dezember 1998 versuchten die USA, schon damals von Großbritannien unterstützt, einen renitenten Saddam Hussein mit Marschflugkörpern und lasergesteuerten Bomben zur Einsicht in ihr Verständnis der UN-Resolutionen zu bekehren. Dabei hatte die breite Mehrheit im Sicherheitsrat der Vereinten Nationen zuvor zweimal, im Februar und November, die Anwendung von Gewalt abgelehnt.

Die Weltgegend aber, in der Amerika den Übergang von der kollektiv durchgeführten und verantworteten Militäraktion zur national bestimmten Kriegführung probte und praktizierte, war der Balkan. Ursprünglich und anders als im Wahlkampf angedeutet, wollte sich Clinton wie schon Bush in diesem Konflikt bedeckt halten. Einmal mehr waren es Fernsehbilder, die den Präsidenten zur Reaktion, in diesem Falle zur Intervention zwangen. Auslöser war der serbische Feldzug gegen die muslimische Bevölkerung in Bosnien und der Herzegowina, der im Juli 1995 mit der Ermordung von mehr als 7500 Gefangenen in Srebrenica eine brutale Eskalation erfuhr.

Damit begann ein umfassendes Engagement der USA in Südosteuropa. Es hatte durchaus auch eine politische Komponente, wie zum Beispiel bei der Beilegung des griechisch-mazedonischen Konflikts im September 1995. Vor allem aber war es der Einsatz militärischer Macht, der für Klärung sorgte: Dass die Serben sich zu einem Waffenstillstand in Bosnien-Herzegowina und zur Respektierung der UN-Schutzzone Sarajevo bereit fanden, ging in erster Linie auf die schweren Luftangriffe zurück, welche die NATO, im Wesentlichen amerikanische Kampfbomber, im Auftrag der UNO gegen serbische Stellungen flogen. Militäreinsätze hatten in wenigen Wochen erreicht, was mit Plänen, Verhandlungen und Vermittlungsaktionen in Jahren nicht gelungen war: Im November unterzeichneten die Konfliktparteien in Dayton, Ohio, ein Abkommen, für dessen Einhaltung eine mit UN-Mandat versehene Schutztruppe der NATO sorgen sollte. Dieser 60 000 Mann starken Einheit, die zunächst als Implementation Force (IFOR), seit Dezember 1996 als Stabilization Force (SFOR) für die Einhaltung des zerbrechlichen Friedens sorgte, gehörten zeitweilig bis zu 20 000 Amerikaner an.

•

Das Ganze war eine bittere Lektion für die Europäer, vor allem auch die Deutschen: Ohne die Amerikaner ging es offenbar auch nach dem Ende des Ost-West-Konflikts selbst dann nicht, wenn es sich um einen rein innereuropäischen Konflikt handelte. Entsprechend selbstbewusst und in manchem hemdsärmelig traten sie gegenüber ihren europäischen Partnern auf. Wer geglaubt hatte, die jenseits des Atlantiks ausgerufene neue Weltordnung hätte in den Methoden amerikanischer Außen- und Sicherheitspolitik erkennbare Spuren hinterlassen, sah sich unangenehm überrascht.

Das galt schon für Bill Clinton. Gewiss, sein persönliches Verhältnis zu Kanzler Helmut Kohl war gut, geradezu freundschaftlich. Und bei seinen wiederholten Besuchen in der Bundesrepublik, so auch anlässlich der Feierlichkeiten zum fünfzigjährigen Jubiläum der Berliner Luftbrücke im Mai 1998, ließen es die Deutschen nicht an Sympathiekundgebungen fehlen. Doch bei aller Verbindlichkeit dieses beweglichen und charmanten Präsidenten konnte man in seiner zweiten Amtszeit keinen Zweifel haben, wo die Musik spielte.

Kompromisslos setzten die Amerikaner im Verlauf des Jahres 1997, und zwar sowohl auf der politischen als auch auf der militärischen Ebene, ihre Weigerung durch, den Posten des NATO-Oberbefehlshabers in Südeuropa einem Europäer zu übertragen. Das traf vor allem die Bundesregierung ziemlich hart. Kohl hatte nämlich die Franzosen nachdrücklich darin bestärkt, über diese Brücke zu gehen und nach mehr als 30 Jahren wieder in die Militärorganisation der Atlantischen Allianz zurückzukehren. So aber wurde schon in den ausgehenden Neunzigerjahren deutlich, dass der amerikanisch-französische Interessengegensatz, eine Art Konstante des Kalten Krieges, auch in der neuen weltpolitischen

Epoche nicht ohne weiteres überwindbar war. Was das wiederum für Deutschland bedeutete, zeigte der Dritte Golfkrieg.

Kurzfristig zeitigten die Kehrtwendung der amerikanischen Europa-Politik und insbesondere die Intervention im Bosnien-Konflikt in Deutschland den vertrauten Reflex: Im Dezember 1996 stimmte der Bundestag mit überwältigender Mehrheit, darunter auch die Stimmen der SPD-Fraktion, einer Beteiligung an der SFOR-Mission zu. Nicht einmal zweieinhalb Jahre später, seit dem 24. März 1999, flogen deutsche Tornado-Kampfflugzeuge im Rahmen der NATO-Operation »Verbündete Kraft« hunderte Einsätze gegen strategische Ziele in der Bundesrepublik Jugoslawien. Die Initiative dazu hatte bei den Vereinigten Staaten, hatte bei Bill Clinton gelegen. Nachdem sämtliche diplomatischen Mittel ausgeschöpft waren, sollten die schweren Luftangriffe, unter anderem auf Belgrad, Präsident Slobodan Milošević zwingen, den serbischen Vernichtungsfeldzug gegen die albanische Minderheit im Kosovo einzustellen. Damit standen erstmals seit Ende des Zweiten Weltkrieges deutsche Soldaten wieder direkt in einem Kampfeinsatz. Berlin war kaum eine Wahl geblieben. Jedenfalls hatte die Scheckbuchdiplomatie, die für die Ära der Außenminister Genscher und Kinkel charakteristisch war, ausgedient.

Dennoch war die Entscheidung nicht selbstverständlich, denn sie wurde von einer neuen Bundesregierung verantwortet, der man, gerade jenseits des Atlantiks, solch rigoroses Vorgehen zunächst nicht zugetraut hätte. Am 27. September 1998 hatten die Wähler, zum ersten Mal in der Geschichte der Bundesrepublik, einen Kanzler abgewählt und mit knapp 41 Prozent der Stimmen die SPD in die Lage versetzt, Gerhard Schröder als Nachfolger Helmut Kohls im Kanzleramt zu platzieren. Auch Schröder, Jahrgang 1944, war über die Innen-, Partei- und Landespolitik dorthin gelangt. Der Rechtsanwalt hatte von 1978 bis 1980 den Jungsozialisten vorgesessen, war 1980 in den Bundestag, 1986 in den niedersächsischen Landtag eingezogen und hatte seit 1990 als Ministerpräsident in Hannover residiert. Schröder war der erste Bundeskanzler, der nicht mehr durch das Erlebnis des Zweiten Weltkrieges geprägt war, wenn er dort auch seinen Vater verloren hatte.

Vier Wochen nach der Wahl stellte mit ihm und Außenminister Joschka Fischer erstmals eine rot-grüne Koalition die Weichen deutscher Außen- und Sicherheitspolitik. Dass die beiden auf diesem Feld ein eigenes Profil, eine nennenswerte Kompetenz besessen hätten, ließ sich zu diesem Zeitpunkt nicht sagen. Außerdem hatten sich ihre Parteien, jedenfalls bis Ende 1996, mehr oder weniger strikt gegen eine auch nur indirekte Beteiligung des vereinigten Deutschland an einer militärischen Lösung des Balkan-Problems gewandt. Diese Verweigerung wurde mit dem Missbrauch begründet, den die Großmacht Deutsches Reich bis 1945 auch in dieser Region mit ihrer Machtfülle getrieben hatte. Und auch bei der überfälligen Kehrtwende der deutschen Außenpolitik musste diese Geschichte herhalten: »Nie wieder Auschwitz«, so der Außenminister, heiße »heute ›Wehret den Anfängen‹«.

Zwar wurde der Krieg gegen Serbien ohne Mandat der Vereinten Nationen geführt, doch heiligte das Ziel die Mittel, zumal das Kalkül der NATO aufging: Nach mehr als 40 000 Einsätzen, die vor allem von den amerikanischen Streitkräften geflogen wurden, lenkte Milošević ein und stimmte nach finnischer Vermittlung am 3. Juni 1999 einem Friedensplan der führenden westlichen Nationen sowie Russlands zu. Allen Beteiligten, auch in Deutschland, war klar, dass Friede und Wiederaufbau des Kosovo nicht aus eigener Kraft ins Werk gesetzt werden konnten. Spätestens mit dem Ende Februar 1999 gefassten Beschluss des Bundestages, Bundeswehrsoldaten zur Durchsetzung eines Kosovo-Vertrages einsetzen zu wollen, wusste man, dass es sich um ein umfassendes und langfristiges Engagement handeln werde. Tatsächlich stimmte das Parlament am 6. Juni 1999 der Teilnahme von bis zu 8500 Soldaten an der Kosovo Force (KFOR) zu, welche die UNO einen Tag zuvor mit ihrer Resolution 1244 beschlossen hatte. Das vereinigte

Deutschland war außen- und sicherheitspolitisch einstweilen wieder dort angekommen, wo sich die Bundesrepublik während des Kalten Krieges stets befunden hatte: im Schlepptau Amerikas. Das war die eine Seite. Aber es gab auch eine andere. Denn zur gleichen Zeit kühlten die Beziehungen zwischen Deutschland und Amerika in dem Maße ab, in dem sich die Konkurrenz zwischen den Vereinigten Staaten und der Europäischen Union verschärfte. Das galt für die Sicherheitspolitik, und es galt vor allem für die Wirtschaftspolitik. Gewiss, wie alle seine Vorgänger hatte auch Clinton die Europäer zu einer Intensivierung ihrer militärischen Kooperation ermuntert. Wie stets seit den Anfängen des Kalten Krieges stand auch jetzt der Gedanke einer effektiveren Lastenteilung Pate, also einer Entlastung der Amerikaner. Was allerdings weder Clinton noch seine Vorgänger oder sein Nachfolger mit ihren Anforderungen im Sinne hatten, war eine eigenständige Handlungsfähigkeit, geschweige denn die militärische Unabhängigkeit der Europäer.

Entsprechend ablehnend reagierte schon Clinton auf die Ankündigung der Außen- und Verteidigungsminister der EU vom 20. November 2000, innerhalb von drei Jahren die volle Operationsfähigkeit einer schnellen Eingreiftruppe von mindestens 60 000 Mann sicherzustellen. Dabei war das eine logische Konsequenz aus dem Balkan-Debakel der Neunzigerjahre, also aus der Erkenntnis, dass man ohne die USA nicht einmal in der Lage war, einen europäischen Konflikt mit eigenen politischen und militärischen Mitteln zu lösen. Clinton warnte daraufhin die Europäer, mit solchen Maßnahmen die Autorität der NATO infrage zu stellen, und drohte für diesen Fall mit einer Einschränkung des militärischen Engagements der USA auf dem alten Kontinent. So auch sein Verteidigungsminister William Cohen, als er Anfang Dezember 2000 zum letzten Mal an einer Ministerratskonferenz der Allianz teilnahm und den Europäern unmissverständlich die gelbe Karte zeigte: Separate Verwaltungs- oder Planungsstrukturen, sagte

Clintons Mann auf seiner letzten Brüsseler Pressekonferenz, müssten die Europäer auf Kollisionskurs zur NATO bringen. Auch in dieser Hinsicht bedeutete die Politik der Administration des jüngeren Bush also keinen Neuanfang, sondern eine nahtlose Fortsetzung des von Clinton eingeschlagenen Kurses.

Ähnliches gilt für die Handels- und Wirtschaftspolitik. Hier gab es kaum ein Thema, an dem sich nicht wenigstens einmal ein transatlantischer Disput, nicht selten auch eine grundlegende Auseinandersetzung entzündet hätte. Besonders krass war der Fall des globalen Abhörsystems ECHELON, dessen technische Anfänge in den Sechzigerjahren lagen und an dem neben dem Initiator und wichtigsten Träger USA auch Australien, Neuseeland, Kanada und Großbritannien beteiligt waren. Seit Mai 1998 war es ein offenes Geheimnis, dass damit auch die wirtschaftliche Konkurrenz, vor allem in Europa, ausspioniert wurde. Nach amerikanischen Quellen dienten fünf Prozent der nachrichtendienstlichen, nicht durch offen zugängliche Quellen gewonnenen Information dem Sammeln von Wirtschaftsdaten. Das brachte der amerikanischen Industrie Vorteile in Milliardenhöhe. Kein Wunder, dass sich das Europäische Parlament seit dem Sommer 2000 mit der Sache befasste.

Immer häufiger kamen Datenschutz, Firmenzusammenschlüsse, Besteuerung von Unternehmen, aber auch Bananenquoten, hormonbehandeltes Fleisch oder gentechnisch veränderte Lebensmittel auf die Tagesordnung, und das war kein Zufall: Die disziplinierende Wirkung, die der Ost-West-Gegensatz auch hier entfaltet hatte, gab es nicht mehr. Mit seinem Ende war nicht nur der politische und militärische, sondern auch der weltanschauliche Schulterschluss entbehrlich geworden. An seine Stelle trat, etwa beim Umweltschutz oder in völkerrechtlichen Fragen, der offene Schlagabtausch.

•

Wie weit die Welten auseinander lagen, zeigte eine Serie von Affären, die den Präsidenten während seiner zweiten Amtszeit einholten. Mit einer Mischung aus Ungläubigkeit, Überheblichkeit und einer gehörigen Portion Voyeurismus beobachtete das europäische Publikum ein Schauspiel, das so auf dieser Seite des Atlantiks kaum hätte aufgeführt werden können. Der im Januar 1998 beginnende Wirbel um den aktuellen Skandal trug einiges dazu bei, dass die Affären des Präsidenten, aber auch undurchsichtige Geschäfte Clintons und seiner Gattin, an die Öffentlichkeit kamen, die zum großen Teil noch aus der Arkansas-Zeit stammten. Mit ihnen wuchsen die Anwaltskosten, aber auch die Vorschüsse, welche die beiden für ihre Memoiren kassierten, ins Astronomische. Für einen ordentlichen Gewinn waren die Clintons schon immer zu haben gewesen. Auf der Affärenliste standen unter anderem auch Immobiliengeschäfte der Arkansas-Jahre.

Seit Jahresbeginn 1998 war der Name einer fünfundzwanzigjährigen Praktikantin im Weißen Haus in aller Munde, der anderenfalls nicht einmal Eingeweihten ein Begriff gewesen wäre. Seit sich aber die Gerüchte verdichteten und hartnäckig hielten, dass der Präsident mit ihr ein Verhältnis gehabt habe, war Monica Lewinsky nicht nur Amerikanern geläufig. Am 21. Januar war die Sache publik. Am Morgen dieses denkwürdigen Tages weckte der Präsident seine Ehefrau Hillary, wie sich diese erinnerte, »setzte sich auf die Bettkante und sagte: ›Es steht etwas in den Zeitungen, das du wissen solltest.‹«

Dass die Geschichte schließlich zu einem weltweit mit Faszination verfolgten Spektakel wurde, lag auch an Sonderermittler Kenneth Starr, der sich in der Rolle des Präsidentenjägers gefiel. Mitte Januar 1998 war er ernannt worden, am 9. September des Jahres legte er seinen Bericht vor. Danach hatte der Präsident am 15. November 1995 mit Lewinsky eine sexuelle Beziehung begonnen, die bis zum 29. März 1997 andauerte. In dieser Zeit vertraute sich die Praktikantin, die inzwischen im Pentagon tätig war, einer dortigen Angestellten, Linda Tripp, an, die ihrerseits diese Gespräche seit dem Herbst 1997 auf Band mitschnitt.

47 *Präsident mit Gespielin: Bill Clinton und die Praktikantin Monica Lewinsky auf der Weihnachtsparty im Weißen Haus, Dezember 1996.*

Zunächst bestritt der Präsident Mitte Januar 1998 unter Eid einen »sexuellen Kontakt« mit Lewinsky, und zwar im Zusammenhang einer weiteren Klage, die ihm seit Mai 1994 anhing und in der ihn eine gewisse Paula Jones der sexuellen Belästigung bezichtigte. Allerdings wusste Clinton zu diesem Zeitpunkt nicht, dass Starr über die Tripp-Bänder verfügte. So musste er in den kommenden Monaten Schritt für Schritt den Rückzug antreten. In dessen Verlauf erfuhr die Öffentlichkeit schon deshalb immer neue Facetten des vielfältigen präsidialen Liebeslebens, weil der Sonderermittler sie erfragte und anschließend ins Internet stellte. Am 6. August 1998 sagte Monica Lewinsky vor der *Grand Jury* aus, am 17. August Bill Clinton. Zum ersten Mal in der amerikanischen Geschichte musste damit ein amtierender Präsident vor Gericht über sein Verhalten, in diesem Falle über die Natur seiner sexuellen Beziehung zur inzwischen mediengejagten Praktikantin, Rechenschaft ablegen.

Am selben Abend wandte sich Clinton in einer Fernsehansprache an die Nation, gestand, eine »nicht angemessene« Beziehung »mit Fräulein Lewinsky« gehabt und einige Leute, seine Ehefrau eingeschlossen, in die Irre geführt zu haben. Er sagte aber auch, dass er Fragen über sein Privatleben habe beantworten müssen, die »kein amerikanischer Bürger« jemals beantworten wollte, und dass selbst »Präsidenten ein Privatleben« hätten. Die bizarre Geschichte endete schließlich am 12. Februar 1999, als ein *Impeachement*-Verfahren im Senat scheiterte und Bill Clinton von den Anklagen des Meineids und der Justizbehinderung freigesprochen wurde, wenn auch im letzten Punkt mit einem Patt-Ergebnis.

Natürlich blieb der Skandal eine Belastung, und wer weiß, was dieser Präsident mit seiner zweiten Amtszeit hätte anfangen, wie er sie innen- und außenpolitisch hätte nutzen können, wäre nicht sein Namen fortan damit verbunden gewesen. So aber konnte er nicht einmal den durch die parlamentarischen Mehrheiten begrenzten, aber immer noch vorhandenen Spielraum nutzen, um seine sozialen Reformen in nennenswertem Maße durchzusetzen. Und auch in der Außenpolitik blieb der große Erfolg aus, wenn auch nicht in erster Linie wegen seines Liebeslebens. Der Weg, auf dem er als Friedenspräsident in die Geschichte hätte eingehen können, war jedenfalls verstellt.

Dabei mussten auch seine politischen Gegner das hohe Engagement anerkennen, mit dem sich Clinton in den letzten Monaten seiner Amtszeit um einen Frieden für den Nahen Osten bemühte. Zwar gab es einen hoffnungsvollen Anfang, kamen Israelis und Palästinenser im Juli 2000 zu einem Gipfeltreffen nach Camp David, doch blieben dem Prozess der Abschluss und mithin Clinton der Erfolg versagt. Das war bedauerlich, denn die Region hatte nichts von ihrer Brisanz verloren. Vor allem der Irak blieb schon deshalb ein Pulverfass, weil Clintons Nachfolger nach der Lunte suchte.

EIGENE WEGE
2000–2004

Eine Erfahrung teilten George W. Bush und Gerhard Schröder: Seit September 2002 wusste auch der deutsche Bundeskanzler, was ein hauchdünner Wahlsieg ist. In der Berliner Wahlnacht vom 22. auf den 23. September 2002 hatte es lange so ausgesehen, als würde der politische Gegner, als würden CDU und CSU mit ihrem Kanzlerkandidaten, dem bayerischen Ministerpräsidenten Edmund Stoiber, das Rennen machen. Die hatten sich nach einigen der ersten Hochrechnungen auch schon als Wahlsieger präsentiert und feiern lassen. Dann allerdings schmolz der haushohe Vorsprung, den sie nach allen Meinungsumfragen noch im Hochsommer besessen hatten, im Laufe der Wahlnacht endgültig und gewissermaßen im Zeitlupentempo zusammen und wich einer denkbar knappen Mehrheit für die regierenden rot-grünen Koalitionäre und den amtierenden Kanzler Schröder.

Noch dramatischer hatte die Entwicklung nach dem amerikanischen Wahlkampf im November 2000 ausgesehen. Hier dauerte es annähernd vier Wochen, bis das Wahlergebnis vom 7. November endgültig feststand beziehungsweise festgestellt wurde. Das Spektakel wirkte auf europäische Beobachter grotesk. Es war nur aus den Besonderheiten des amerikanischen Wahlsystems zu erklären: Dem Kandidaten, der in einem Bundesstaat die meisten Stimmen auf sich vereinigen kann, werden sämtliche Wahlmännerstimmen dieses Staates zugesprochen. Im Jahr 2000 wurde damit das Wahlergebnis auf den Kopf gestellt. Nicht Al Gore, Clintons Vizepräsident und Präsidentschaftskandidat der Demokraten, machte das Rennen, sondern George W. Bush, der Kandidat der Republikaner. Dabei lag Gore, der während des Wahlkampfes sorgfältig Distanz zum amtierenden, affärenbelasteten Präsidenten Clinton gehalten hatte, landesweit mit fast einer halben Million Stimmen vor Bush. Das waren deutlich mehr als jene rund 120 000 Stimmen, mit denen John F. Kennedy 1960 die Wahl gegen Richard Nixon gewonnen hatte.

Aber die Wahl wurde nicht mit diesen Stimmen, sondern mit 537 Stimmen des Bundesstaates Florida entschieden, wo Bushs Bruder Jeb seit 1998 als Gouverneur amtierte. Um die 25 Wahlmännerstimmen dieses Staates ging es in den folgenden Wochen. In dieser Zeit führten Unregelmäßigkeiten bei der Durchführung der Wahl, das Nachzählen von Stimmen in einigen Wahlkreisen, zwei Entscheidungen des Obersten Gerichtshofes in Florida und andere Faktoren zu einem wochenlangen Kopf-an-Kopf-Rennen und einer selbst für amerikanische Verhältnisse spektakulären publizistischen und juristischen Schlacht.

Beendet wurde diese aber nicht in Florida, sondern in Washington. Dort zog der Oberste Gerichtshof den Fall an sich, entschied auf ein Ende der Nachzählung in Florida und fror damit den aktuellen Stand der Auszählung ein. Das erfolgte mit der ebenfalls denkbar knappen Mehrheit von fünf zu vier Stimmen der obersten, meist noch von den Präsidenten Ronald Reagan und George Bush senior ernannten Richter. So ging George W. Bush junior in Florida als Sieger über die Ziellinie und gewann am 11. Dezember 2000 die Wahl zum 43. Präsidenten der Vereinigten Staaten von Amerika.

Zum zweiten Mal in der amerikanischen Geschichte und zum ersten Mal seit John Quincy Adams, also seit 1825, bekleidete der Sohn eines vormaligen Präsidenten das höchste Amt. Auch in diesem Falle gilt, dass der neue Bewohner des Weißen Hauses bis zum Wahlkampf jenseits des Atlantiks praktisch kein Begriff war. Unter Kennern galt George W. Bush – am 6. Juli 1946 als ältester Sohn von George und Barbara Bush in New Haven, Connecticut, geboren und dann bei den Eltern in Texas aufgewachsen – allgemein als politisches Leichtgewicht. Studien in Yale und an der Harvard Business School, die er 1975 mit dem Master abschloss, wurden durch eine Periode unterbrochen, in der Bush unter anderem als

Kampfflieger in der texanischen Nationalgarde Dienst tat und den Wahlkampf eines Freundes der Familie in Alabama leitete.

Genau diese Zeit wurde 2004 zu einem Thema, weil Bush offenbar während des Aufenthaltes in Alabama von Mai bis November 1972 vergaß, seinen Pflichten bei der Nationalgarde nachzukommen. Das wog schwer in einem Wahlkampf, in dem mit Herausforderer John Kerry ein hochdekorierter Vietnam-Veteran antrat. Verständlich ist das nur, wenn man die gespaltene Haltung der amerikanischen Gesellschaft zu Krieg und Frieden in Rechnung stellt. Auf der einen Seite steht die strikte Wendung gegen den Krieg, vor allem wenn dieser nicht oder nicht mehr im amerikanischen Interesse verläuft. Das galt insbesondere für die zweite Phase des Vietnam-Krieges, in der ehemalige Soldaten wie Kerry ihre Tapferkeitsmedaillen auf die Stufen des Kapitols schleuderten – die eigenen oder, wie Kerry, die von Kameraden. Seine eigenen, allein acht amerikanische, gab der demokratische Präsidentschaftskandidat des Jahres 2004 nicht her.

Für die meisten Amerikaner ist dieses Verhalten weniger widersprüchlich, als es für die meisten Europäer aussieht. Es ist ein Hinweis auf den hohen Respekt, den das Militär und nicht zuletzt ehemalige Kriegshelden in Amerika genießen. Einige, wie Dwight D. Eisenhower, John F. Kennedy, in gewisser Weise auch Richard Nixon, Gerald Ford und George Bush senior, führten das Land als Präsidenten. Bei der Präsidentschaftswahl des Jahres 2004 waren rund ein Fünftel der Wahlberechtigten Veteranen und aktive Soldaten, darunter noch etwa vier Millionen aus der Zeit des Zweiten Weltkrieges. Immerhin haben 16 Millionen Amerikaner in diesem Krieg gedient; mehr als 400 000 haben dabei ihr Leben verloren. Wie die allermeisten ihrer Landsleute waren und sind sie der Ansicht, damals für eine gerechte Sache gekämpft zu haben. Ende Mai 2004, sechzig Jahre nach der alliierten Landung in der Normandie, wurde in Washington das Denkmal für die Toten des Zweiten Weltkrieges offiziell eingeweiht.

48   Helden: *Kriegsveteranen genießen in der amerikanischen Gesell-schaft hohen Respekt. Hier einer der Weltkriegsteilnehmer im Frühjahr 2004 vor dem neuen Denkmal für die Toten des Zweiten Weltkrieges in Washington.*

Kein Wunder, dass sich Bush als Präsident auf diesem Gebiet zu profilieren versuchte – als oberster Kriegsherr im Kampf gegen den internationalen Terrorismus. Die brutalen Anschläge des 11. September 2001 ließen ihm auch kaum eine Wahl. Dass er die Chance zugleich für seine weitere Karriere nutzte, steht auf einem anderen Blatt. In seiner Biografie jedenfalls gab es keine Hinweise auf eine solche Wendung, und das nicht nur wegen der Gastrolle bei der texanischen Nationalgarde, mit der er, wie viele seiner Altersgenossen, in der Zeit des Wehrdienstes die Einberufung nach Vietnam umging.

Die späten Siebziger- und Achtzigerjahre waren für George W. Bush nicht gerade eine Zeit des Erfolgs, im Gegenteil. Eine gescheiterte Kandidatur für den Kongress, mäßig erfolgreiche Ölgeschäfte in Texas, der Kauf eines mittelmäßigen texanischen Baseballteams, aber auch Probleme mit dem Alkohol, dem er Ende der Achtzigerjahre abschwor, oder seine Neigung zum religiösen Fundamentalismus – diese und andere Etappen und Merkmale seiner Biografie sind der Grund, warum er bis zur demütigenden Niederlage seines Vaters gegen Clinton nie aus dessen Schatten herausgetreten ist.

Das änderte sich erst mit der Wahl von Karl C. Rove zum Berater. Mit seiner Hilfe wurde George W. Bush 1994 zum Gouverneur von Texas gewählt und vier Jahre darauf mit einem beachtlichen Ergebnis von fast 70 Prozent der Stimmen im Amt bestätigt. Damals stellte er eine seiner größten Fähigkeiten unter Beweis: Bush hat nicht nur das Talent, die richtigen Leute um sich zu versammeln und dadurch eigene Defizite zu kompensieren, sondern er ist auch bereit, sich von diesen beraten und auf ihm nicht vertraute Themen einstimmen zu lassen. Dass viele dem Kreis entstammten, die schon dem Vater mit Rat und Tat zur Seite gestanden hatten, war nicht überraschend. Das galt vor allem für Richard Cheney. Er hatte seine politische Laufbahn als Verteidigungsminister unter George Bush senior vorläufig beendet und sich lukrativen Ölgeschäften zugewandt. Nunmehr trat Cheney als Vizepräsident-schaftskandidat des republikanischen Hoffnungsträgers an.

Ob George W. Bush allerdings die Wahl unter anderen Umständen als denen des November 2000 hätte gewinnen, ob er insbesondere die Stimmenschlacht um Florida für sich hätte entscheiden können, ist äußerst fraglich. So aber profitierte er davon, dass mit Ralph Nader ein dritter Kandidat ins Rennen ging und dieses mit entschied. Der Verbraucher- und Umweltschützer, Sohn libanesischer Einwanderer, war schon 1992 und 1996 angetreten, ohne dass es ihm gelungen wäre, nennenswerte Spuren im Wahlergebnis zu hinterlassen. Das unterschied ihn von Ross Perot. Allerdings konkurrierte Nader im Jahr 2000 ausgerechnet auf einem Gebiet mit Al Gore, auf dem sich dieser als Vizepräsident und Autor einen Namen gemacht hatte: dem Umweltschutz. Landesweit konnte Nader zwar nur einen Stimmenanteil von 2,7 Prozent einfahren, aber die gut 97 000 Stimmen, die davon auf Florida entfielen, haben Gore vermutlich diesen Bundesstaat und damit die Präsidentschaft gekostet. So stellte der auch in Deutschland populäre Dokumentarfilmer, Bush-Kritiker und Nader-Förderer Michael Moore für viele von ihnen fest: »Ich bin schuld, ich habe Bush möglich gemacht.«

•

George W. Bush trat das Amt des 43. Präsidenten als Sohn seines Vaters an – nicht nur weil er sich am Tag der Amtseinführung eine Baseballmütze mit der Zahl 43 aufsetzte. So hatte es sein Vater seinerzeit mit der Nummer 41 gehalten. Vielmehr war der Sohn auch angetreten, um die Niederlagen des Vaters auszuwetzen, auch wenn er das öffentlich nie gesagt hat. Das galt für die Wahlschlappe des Jahres 1992; es galt aber auch für den abgebrochenen Feldzug gegen Saddam Hussein während des Zweiten Golfkrieges. Schließlich umgab sich der neue Präsident mit einem Kabinett und einem Stab von Beratern, die schon unter seinem Vater gedient hatten und in den allermeisten Fällen große Erfahrung in ihre Ämter

49 Große Fische: George W. Bush, der 43. Präsident der Vereinigten
Staaten, mit George Bush, dem 41. Präsidenten der USA, auf Angeltour,
Juli 2001.

einbrachten. Das nötigte auch seinen Kritikern, nicht zuletzt in Europa, Respekt ab.

Neben Vizepräsident Cheney gehörte vor allem Außenminister Colin Powell zu den Galionsfiguren im neuen Kabinett. Spätestens seit seiner Rolle als Generalstabschef während des Zweiten Golfkrieges, also in der Ära des älteren Bush, war der Sohn jamaikanischer Einwanderer auch einer breiten internationalen Öffentlichkeit ein Begriff. Schon Clinton hatte ihn 1994 für das Amt gewinnen wollen, war aber erfolglos geblieben. Für Bush war der Eintritt Powells ins Kabinett allein deshalb ein Gewinn, weil er so einen herausragenden Posten mit einem Schwarzen besetzen konnte. Das traf auch auf Condoleezza Rice zu, die überdies die erste Frau im wichtigen Amt des Sicherheitsberaters war. Sie hatte gleichfalls bereits unter Vater Bush erste administrative Erfahrungen gesammelt, war als Mitarbeiterin im Nationalen Sicherheitsrat am deutschen Einigungsprozess beteiligt gewesen. Auf eine lange Karriere in diversen Administrationen konnte schließlich auch Verteidigungsminister Donald Rumsfeld zurückblicken, der unter anderem dieses Amt schon einmal unter Ford innegehabt hatte.

Angesichts der geballten außen- und sicherheitspolitischen Kompetenz, die der neue Präsident um sich versammelt hatte, überraschte zunächst seine demonstrative Zurückhaltung auf diesem Gebiet. Aber George W. Bush hatte für seine Abstinenz gute Gründe. Einmal seine vollständig fehlende Erfahrung; lernfähig und beratungswillig, wie er war, holte der Präsident hier allerdings rasch auf. Entscheidender noch war die rasch erkennbare Absicht, wenn nicht alles, so doch vieles von dem zurückzunehmen, was sich mit dem Namen Clintons verband – in der Innen- wie in der Außenpolitik, die Bush zudem immer stärker an den innenpolitischen Erfordernissen ausrichtete.

Auf eine relativ breite, auch überparteiliche Zustimmung trafen sein erwähntes, insgesamt kostenneutrales Fitnessprogramm, mit dem der Präsident dem Übergewicht seiner Landsleute zu Leibe rücken wollte, sowie die Bildungs- und insbesondere die Schulreform. Vor allem darauf konzentrierte sich Bush zunächst mit einigem Erfolg. Damit trug er dem hohen Stellenwert Rechnung, den das Thema Bildung – allen anders lautenden Vorurteilen in Europa zum Trotz – in Amerika genießt. Regelmäßige, landesweite Schulbesuche standen seit der Amtseinführung auf dem Programm des Präsidenten, und die Unterzeichnung des Gesetzes *No Child Left Behind* im Januar 2002 gehört ohne Zweifel zu den Aktiva in der Bilanz dieser Administration.

Von seiner Wirtschafts- und Finanzpolitik, insbesondere von den umfassenden Steuersenkungen, ließ sich das nicht sagen. Sie schienen das Rad der Geschichte zurückzudrehen und drohten in die Zeiten Reagans und des älteren Bush zurückzuführen, die mit einer katastrophalen Haushaltslage geendet hatten. Zu den Kritikern von Bushs Wirtschaftspolitik zählten auch gemäßigte Vertreter seiner eigenen Partei, so Senator James Jeffords aus Vermont, der angesichts der konservativen Wende die Republikaner verließ. Damit änderten sich bereits Anfang Juni 2001 auch die knappen Mehrheitsverhältnisse im Senat. Wie Reagan in seiner zweiten und Bush senior in seiner gesamten Amtszeit hatte es jetzt auch der neue republikanische Präsident hier mit einer wenn auch hauchdünnen, so doch demokratischen Mehrheit zu tun.

Anders als sein Vater hatte George W. Bush allerdings das Glück, dass die Konjunktur zu Beginn des Jahres 2004, also rechtzeitig zum Wahlkampf, wieder Tritt fasste. Konnten die Kritiker und Herausforderer des Präsidenten bis dahin zweieinhalb Millionen verlorene Arbeitsplätze seiner Wirtschafts- und Finanzpolitik anlasten, so waren nunmehr Bush und seine Leute am Zug: Die Schaffung neuer Arbeitsplätze, nicht zuletzt im stark gebeutelten verarbeitenden Gewerbe, und eine leicht sinkende Arbeitslosenquote waren ein Argument für den amtierenden Präsidenten und ein Ausgleich für die desaströse Entwicklung im Irak.

•

Auf den ersten Blick noch einschneidender als in der Wirtschafts- und Finanzpolitik wirkte der Kurswechsel in der Außenpolitik. Er wurde vor dem 11. September 2001 eingeleitet und hat in manchem die Außen- und Sicherheitspolitik der zweiten Amtszeit Clintons radikalisiert, ohne sie grundsätzlich korrigieren zu müssen. Das fiel anfänglich nicht auf, weil der neue Amtsinhaber auch hier zunächst demonstrativ auf Distanz zu seinem Vorgänger ging. Wie Clinton seinerzeit Vater Bush, so warf jetzt Sohn Bush schon im Wahlkampf seinem Rivalen, Clintons Vizepräsidenten Gore, ein zu intensives außenpolitisches Engagement etwa im Nahen Osten und auf dem Balkan vor. Seine ersten außenpolitischen Schritte folgten durchaus dieser Logik: Für George W. Bush war die Verbesserung des Verhältnisses zum südlichen Nachbarn Mexiko vor allem die Fortsetzung der Innenpolitik mit anderen Mitteln. Diesem Land stattete er seinen ersten Besuch ab, und seinen Staatspräsidenten Vicente Fox empfing er als ersten ausländischen Gast.

Radikal und kompromisslos agierte der neue Mann im Weißen Haus gegenüber internationalen Organisationen und Vereinbarungen. So ließ der Präsident in Ansätzen schon vor der Irak-Krise eine ausgeprägte Bereitschaft zur Ignorierung, wenn nicht Missachtung der Vereinten Nationen erkennen. Vor allem aber kündigte er gleich in Serie internationale Verträge und Vereinbarungen, vor allem solche, die Amerika während der Präsidentschaft Clintons eingegangen war. Nicht dass Bushs Vorgänger seine Unterschrift immer mit Begeisterung geleistet, nicht dass es im Einzelfall gute Argumente des Präsidenten oder auch des Senats für den Rückzieher gegeben hätte. Außerdem galt auch hier, dass erste Schritte in die neue Richtung noch in der Amtszeit Clintons getan worden waren. So die Mitte Oktober 1999 durch den republikanisch dominierten Senat bestätigte Weigerung, das umfassende nukleare Teststoppabkommen (CTBT) von 1996 zu ratifizieren.

Ausschlaggebend für das negative Bild, dass die neue Administration in Europa, vor allem auch in Deutschland bot, waren die

Hemdsärmeligkeit und die Kompromisslosigkeit ihres Vorgehens. Wie überhaupt kein zweiter Präsident seit 1945 die Völkergemeinschaft, auch seine eigenen Landsleute, derart polarisiert hat wie George W. Bush. Selbst Ronald Reagan nicht. Das galt für die Ablehnung des so genannten Kyoto-Protokolls zur Verringerung der Treibhausgasemissionen von 1997, es galt für das Zurückziehen der amerikanischen Unterschrift unter das Statut des Internationalen Strafgerichtshofs von 1998, und es galt vor allem auch für die Kündigung des amerikanisch-sowjetischen ABM-Vertrages über die Raketenabwehr von 1972. Sie war die Konsequenz aus der Entscheidung, Reagans SDI-Initiative in modifizierter Form wieder aufzunehmen und eine Nationale Raketenabwehr (NMD) zu errichten.

Diese Idee war nicht neu, und sie war nicht abwegig. Schon Clinton hatte die Sache, von der republikanischen Kongressmehrheit dazu gedrängt, verfolgt, die endgültige Entscheidung allerdings seinem Nachfolger überlassen. Der erklärte sie zur wichtigsten sicherheitspolitischen Initiative seiner Amtszeit. Tatsächlich gab es gute Gründe, über eine solche Raketenabwehr nachzudenken. Vor allem wegen jener so genannten Schurkenstaaten, die wie Nord-Korea in absehbarer Zeit nicht nur über nukleare Kapazitäten, sondern auch über die entsprechenden Trägersysteme, also Interkontinentalraketen, verfügen könnten. Problematisch an der Initiative war die Brüskierung der rational agierenden Atommächte China und Russland. Das galt vor allem für die Kündigung des ABM-Vertrages, mit dem sich Amerikaner und Sowjets 1972 auf eine Beschränkung ihrer Raketenabwehrsysteme verständigt hatten. Dann aber trat ein, was über Nacht auch weltpolitisch vieles veränderte: Die Terroranschläge des 11. September verursachten einen Solidarisierungseffekt, in dessen Windschatten viele ungestört die Weichen neu stellten. Nicht nur, aber auch die Amerikaner: Am 13. Dezember 2001 gab Bush die Kündigung des ABM-Vertrages bekannt.

•

Tatsächlich war das, was an diesem 11. September 2001 geschah, unerhört. Denn die Welt war im wahrsten Sinne des Wortes live dabei, sie war Augenzeuge, als Amerika in den Morgenstunden vom Terror heimgesucht wurde, als Tausende vor laufenden Kameras in den rauchenden Trümmermassen des New Yorker World Trade Center, einem der Wahrzeichen der Stadt und des Landes, den Tod fanden. Innerhalb von knapp zwanzig Minuten waren zwei voll besetzte, entführte Passagierflugzeuge durch Selbstmordattentäter in die Zwillingstürme gesteuert worden und hatten sie wenig später zum Einsturz gebracht. Fast zeitgleich traf es die Hauptstadt Washington. Hier zerstörte eine entführte Maschine einen Teil des Pentagons, Sitz des monumentalen amerikanischen Verteidigungsministeriums. Eine vierte Maschine, die offenbar das Kapitol ins Visier genommen hatte, wurde wahrscheinlich von Passagieren in Pennsylvania vorzeitig zum Absturz gebracht.

Vergleichbares hatte Amerika gelegentlich anderen zugefügt, beispielsweise bei der Bombardierung Hanois im Dezember 1972, aber selbst nur einmal erfahren – beim japanischen Angriff auf die Pazifik-Flotte in Pearl Harbor 60 Jahre zuvor. Genau so, nämlich als »das Pearl Harbor des 21. Jahrhunderts«, erlebte auch der Präsident die Anschläge, wie er seinem Tagebuch anvertraute. Wie seinerzeit der japanische Angriff waren auch diese Anschläge von bisher nicht bekannter Hemmungslosigkeit und Brutalität Kriegserklärungen eines – in diesem Falle nicht sichtbaren – Gegners an die Vereinigten Staaten.

Aber diese Angriffe richteten sich, anders als der japanische Großangriff, in erster Linie gegen die Zivilbevölkerung. Schon deshalb versetzten sie der sich unverwundbar wähnenden amerikanischen Nation einen tiefen Schock. Noch am selben Tag kündigte Bush in einer Fernsehansprache Vergeltungsschläge gegen die Täter und ihre Hintermänner an: »Die Vereinigten Staaten werden die Verantwortlichen für diese feigen Akte zur Strecke bringen und bestrafen.« Im Übrigen verhielt er sich nach außen besonnen, sah

50   Das Pearl Harbor des 21. Jahrhunderts: New York nach den Terroranschlägen vom 11. September 2001.

von übereilten Maßnahmen ab und versuchte die Situation unter Kontrolle zu bringen. Das war die eine Seite.

Und das war die andere: In dem sicheren Wissen, dass Kongress und Öffentlichkeit im Angesicht dieser beispiellosen Bedrohung alles akzeptieren würden, was im weitesten Sinne mit der Gewährleistung der Sicherheit der Vereinigten Staaten zu tun hatte, nutzte George W. Bush die Gunst der Stunde für eine radikale, doppelte Kurskorrektur. Zum einen begann er sich nunmehr als führungsstarker Präsident in Krisen- und Kriegszeiten zu profilieren und das nach dem 11. September ohne Zweifel geforderte Konfliktmanagement als Einstieg für den Kampf um eine zweite Amtszeit zu nutzen.

Wesentlich weiter ging die politische Weichenstellung, die Bush gewissermaßen in den Trümmerbergen des World Trade Center vornahm. Dabei handelte es sich um nicht weniger als einen der radikalsten außen- und sicherheitspolitischen Kurswechsel in der Geschichte der Vereinigten Staaten von Amerika. Auch dabei griff Bush erste Ansätze aus der zweiten Amtszeit Clintons auf und überführte sie in ein umfassendes Programm. Zu diesem gehörten neben einer beispiellosen Aufrüstung auch ein neuer Umgangston gegenüber den Partnern, nicht zuletzt den Deutschen. Dazu gehörte auch der Entschluss, die Gelegenheit beim Schopf zu fassen und einige Gegner Amerikas, allen voran Saddam Hussein, zur Strecke zu bringen.

Ganz oben auf dieser Liste stand zunächst der Name Osama Bin Laden, konnte es doch keinen Zweifel geben, dass er und sein Terrornetzwerk Al Qaida hinter den Terroranschlägen standen. War das vorhersehbar gewesen? Immerhin hatte es seit dem ersten Anschlag auf das World Trade Center im Februar 1993 eine Reihe von Terrorangriffen gegeben, und zumindest für die Attentate auf die amerikanischen Botschaften in Nairobi und Daressalam im August 1998 sowie auf das Kriegsschiff »USS Cole« im Hafen von Aden im Oktober 2000 trug Al Qaida die Verantwortung. Daher wurde George W. Bush im Wahlkampf immer häufiger mit dem Vorwurf konfrontiert, er habe entsprechende Hinweise ignoriert. So vor dem im November 2002 vom Kongress eingesetzten Nationalen Ausschuss zu den Terrorangriffen gegen die Vereinigten Staaten, dem so genannten 9/11-Ausschuss; so von Richard Clarke, der seit den Tagen Ronald Reagans im Nationalen Sicherheitsrat für die Terrorismusbekämpfung zuständig gewesen war: Der Präsident, so sein Vorwurf, sei von Anfang an ganz auf den Irak fixiert gewesen, und seine Sicherheitsberaterin habe bei der Amtsübernahme noch nie etwas von Al Qaida gehört.

Der öffentliche Druck in den Terrorermittlungen wurde so stark, dass sich die Regierung im April 2004 zu außerordentlichen Maßnahmen entschloss. Zunächst sagte Rice als erste amtierende Sicherheitsberaterin überhaupt in öffentlicher Anhörung vor dem Untersuchungsausschuss aus. Dann veröffentlichte das Weiße Haus einen Vermerk der CIA für Bush vom 6. August 2001. Unter dem Titel »Bin Laden zum Angriff in den Vereinigten Staaten entschlossen« wies der Auslandsnachrichtendienst darauf hin, dass der Terrorist seit 1997 »Angriffe auf die Vereinigten Staaten führen« wollte und dort zu diesem Zweck offenbar bereits eine »Struktur« aufgebaut habe. Schließlich stellten sich Ende April auch der Präsident selbst und sein Vize für eine Anhörung vor dem Ausschuss zur Verfügung – im Weißen Haus, informell, nicht vereidigt und nicht öffentlich. Aber immerhin.

Ob der Präsident auf die frühen Warnungen der CIA hin entschiedener hätte agieren müssen, blieb umstritten; dass er es nach dem 11. September tat, stand außer Frage. Nicht nur rief die NATO, auf amerikanischen Antrag und erstmals in ihrer über fünfzigjährigen Geschichte, am 2. Oktober 2001 den Bündnisfall aus. George W. Bush nahm auch sogleich den Feldzug gegen das afghanische Taliban-Regime auf, das – ähnlich wie das Regime Saddam Husseins – zuvor jahrelang von den USA unterstützt worden war. Neun Tage nach den Terroranschlägen forderte der Präsident die

Taliban zur Auslieferung Bin Ladens auf, am 7. Oktober begann die Operation *Enduring Freedom* in Afghanistan, an der von Anfang an britische Truppen beteiligt waren, und am 22. Oktober nahm die amerikanische Luftwaffe ihre massiven Bombardements auf, um die in der so genannten Nordallianz zusammengeschlossenen Taliban-Gegner zu unterstützen.

Deutschland war an der Afghanistan-Aktion umfassend beteiligt, und zwar sowohl politisch als auch militärisch: Über die Zukunft Afghanistans wurde vom 27. November bis zum 5. Dezember 2001 auf dem Petersberg beraten. Was das militärische Engagement anging, so beteiligten sich nicht nur in bescheidenem Umfang Spezialkräfte der Bundeswehr an den Kampfeinsätzen in Afghanistan und die Bundesmarine in erheblichem Umfang an der Operation *Enduring Freedom*; vor allem stellten die deutschen Streitkräfte eines der stärksten Kontingente der von den Vereinten Nationen eingesetzten Stabilisierungstruppe am Hindukusch.

Parallel zum Afghanistan-Feldzug ließ der Präsident vertraulich einen Kriegsplan gegen den Irak und öffentlich ein neues außen- und sicherheitspolitisches Konzept entwickeln. Hinter dieser so genannten Bush-Doktrin verbarg sich nichts anderes als eine schrittweise Umformulierung der bestehenden Sicherheitsstrategie der USA. Den Grundstein dazu legte der Präsident in seiner Rede zur Lage der Nation Ende Januar 2002. Darin ging es vor allem um die »Achse des Bösen«, eine Metapher, die sein Redenschreiber David Frum im Manuskript platziert hatte. Damit waren damals Nord-Korea, der Irak und der Iran und die von ihnen ausgehenden Gefahren gemeint. Die USA, so Bush, würden es nicht zulassen, dass »die gefährlichsten Regime der Welt« Amerika »mit den zerstörerischsten Waffen der Welt bedrohen«.

Diesem Schritt folgte acht Monate später der zweite, nämlich Bushs Ankündigung, im Zweifelsfall auch präventiv und im Alleingang gegen das Böse vorzugehen. Das nämlich war die Konsequenz der neuen nationalen Sicherheitsstrategie, die der Präsident am

20. September 2002, also ein Jahr nach den Terroranschlägen von New York und Washington, offiziell dem Kongress und damit der Öffentlichkeit vorlegte. Abschreckung war fortan nicht mehr auf die Vergeltungsdrohung beschränkt. Vorbeugende Militärschläge waren Bestandteil der Gefahrenabwehr. Das wiederum schloss die Bereitschaft ein, »potenzielle Gegner von ihren Aufrüstungsvorhaben abzubringen, die sie in der Hoffnung auf Überlegenheit oder Gleichstellung im Hinblick auf die Macht der Vereinigten Staaten betreiben«.

Die unmissverständliche Ankündigung schließlich, »allein zu handeln, wenn unsere Interessen und besondere Verantwortung dies erfordern«, konnte man schon damals als Absage an die NATO-verstehen – jedenfalls an die Usancen des Kalten Krieges, wonach die Mitglieder der Allianz immer auch die bevorzugten Partner Washingtons waren. Verteidigungsminister Rumsfeld brachte das neue Selbstverständnis auf den Punkt: »Die Mission bestimmt die Partner.« Dass sie in diesem Punkt kein Blatt vor den Mund nahmen, dass sie im Klartext sagten, was sie dachten, gehörte zu den zweifelhaften Vorzügen der Bush-Administration und ihrer politischen und publizistischen Repräsentanten und Protagonisten.

So machte zu Beginn des Jahres 2003 ein Essay aus der Feder eines amerikanischen Politologen Furore. Robert Kagan war jahrelang im State Department tätig gewesen und hatte zu den Unterzeichnern des erwähnten Briefes gehört, mit dem die im *Project for the New American Century* zusammengeschlossenen Neokonservativen Ende Januar 1998 Clinton zu einer »Ablösung des Regimes von Saddam« aufgefordert hatten. Jetzt ließ Kagan, stellvertretend für viele, keinen Zweifel daran, dass sich Amerika »am 11. September nicht verändert«, sondern lediglich »zu sich selbst gefunden« habe. Konsequenter noch als zuvor setze die einzige verbliebene militärische Supermacht nunmehr ihre jahrhundertelang verfolgte Politik der Machterweiterung fort. Sofern keine unerwartete Katastrophe eintrete, so die Prognose, müsse man davon ausgehen, dass die Welt gerade erst in eine »lange Ära amerikanischer Hegemonie eingetreten« sei.

Natürlich war aus dieser Perspektive Europa für die auf Expansionskurs befindliche Supermacht Amerika kein ernst zu nehmender Konkurrent, schon gar kein Rivale um die Macht, nicht einmal mehr ein brauchbarer Partner. Eher eine Art Hilfstruppe, bestenfalls eine Regionalmacht – allerdings auch nur, solange sich die Europäer den Interessen der transatlantischen Hegemonialmacht fügten.

•

Das taten sie nicht. Jedenfalls nicht alle, allen voran nicht die Deutschen. Jetzt, in der aufziehenden Golf-Krise, verweigerten sie Amerika erstmals seit dem Zweiten Weltkrieg die Gefolgschaft. So weit diese Verweigerung mit dem Irak zu tun hatte, befanden sich die Deutschen in bester, jedenfalls in großer Gesellschaft. Die meisten Mitglieder der Staatengemeinschaft – vorneweg Frankreich, Deutschlands wichtigster Partner in der Krise – lehnten zu diesem Zeitpunkt einen Krieg gegen den Irak ab, wollten mithilfe der jüngsten UN-Resolution 1441 dem Diktator von Bagdad eine »letzte Chance« geben, die Waffenstillstandsresolution vom 3. April 1991 in vollem Umfang zu erfüllen.

George W. Bush wollte das nicht. Er wollte den Krieg gegen den Irak und sein Regime zu Ende bringen, den sein Vater begonnen und abgebrochen hatte – mit welcher Legitimation auch immer. Und so reichten die Kriegsgründe vom Aufspüren und Zerstören eines ganzen Arsenals an Massenvernichtungswaffen, über die Beseitigung der Diktatur bis hin zum Kampf gegen den Terrorismus. Bereits am 12. September 2001, einen Tag nach den Terroranschlägen, hatten Verteidigungsminister Donald Rumsfeld und sein Stellvertreter Paul Wolfowitz Luftangriffe gegen den Irak vorgeschlagen; Mitte November 2001 forderte Bush in einem Vieraugengespräch Rumsfeld auf, durch die Militärs Angriffspläne für den Irak ausarbeiten zu lassen; ein gutes Jahr darauf, am 24. Dezember 2002, erging der erste Marschbefehl Rumsfelds an die Truppen für den Einsatz im Irak.

Am 7. März 2003 setzten die USA und ihre beiden wichtigsten Verbündeten, Großbritannien und Spanien, dem Irak eine letzte Frist bis zum 17. März für die »volle, bedingungslose, sofortige und aktive Zusammenarbeit«. Das war nichts anderes als ein kaum mehr verschlüsseltes amerikanisches Ultimatum, zumal Bush wenige Stunden zuvor auf einer Pressekonferenz klargestellt hatte: »Dies ist die letzte Phase der Diplomatie. Etwas mehr Zeit? Saddam Hussein hatte zwölf Jahre, um abzurüsten.« Er vertraue darauf, »dass das amerikanische Volk versteht, dass, wenn es um unsere Sicherheit geht, wenn wir handeln müssen, wir handeln werden und dass wir dafür wirklich nicht die Zustimmung der Vereinten Nationen brauchen«. Über »eine militärische Aktion«, so der Präsident am 6. März, habe er noch nicht entschieden. Damit meinte Bush den Zeitplan.

Einen Tag vor Ablauf des Ultimatums kündigte der Präsident für den folgenden Tag den »Augenblick der Wahrheit« an. Tatsächlich erteilte er an diesem 17. März den Vereinten Nationen eine Absage und erklärte Saddam Hussein den Krieg. Damit griff er auf Methoden zurück, wie man sie im Zeitalter der Weltkriege angewandt, während des Kalten Krieges hingegen sorgsam vermieden hatte. »Der UN-Sicherheitsrat«, so Bush, »ist seinen Verpflichtungen nicht gerecht geworden, so werden wir denn den unseren gerecht. … Saddam Hussein und seine Söhne müssen den Irak innerhalb von 48 Stunden verlassen. Sollten sie sich weigern, wird dies einen militärischen Konflikt nach sich ziehen, dessen Beginn wir bestimmen werden.«

Um sich hatte der Präsident eine »Koalition der Willigen« geschart. Nach Angaben des State Department gehörten ihr zu diesem Zeitpunkt 30 Staaten an, 15 unterstützten sie stillschweigend. Die 30 waren: Äthiopien, Afghanistan, Albanien, Aserbaidschan, Australien, Bulgarien, Dänemark, El Salvador, Eritrea, Estland, Georgien, Großbritannien, Italien, Japan, Kolumbien, Lettland, Litauen, Mazedonien, Nicaragua, die Niederlande, die Philippinen, Polen, Rumänien, die Slowakei, Spanien, Süd-Korea, die Tschechische Republik, die Türkei, Ungarn und Usbekistan.

In den frühen Morgenstunden des 20. März 2003, wenige Stunden nach Ablauf des Ultimatums, begann der Angriff der »Koalition der Willigen«, also im Wesentlichen amerikanischer und britischer Streitkräfte, auf den Irak. Es ging schneller als allgemein erwartet. Als amerikanische Panzerverbände am 9. April ins Zentrum Bagdads einrückten, war das Regime faktisch zusammengebrochen. Am 1. Mai erklärte Präsident Bush die »Hauptkampfhandlungen« im Irak für abgeschlossen – an Deck des Flugzeugträgers »Abraham Lincoln«, der vom Golf-Einsatz zurückkehrte. Dieser Auftritt war Teil einer generalstabsmäßig geplanten Medienkampagne, mit der Bush seine Wiederwahl vorbereitete.

Nicht dass es hier keine einschlägige Tradition gegeben hätte. Spätestens seit den Tagen John F. Kennedys war das Fernsehen konsequent zum Wahlkampfinstrument ausgebaut worden. Dennoch stellte das, was Bushs Strategen jetzt, und vor allem im Zusammenhang mit dem Irak-Krieg, inszenierten, alles in den Schatten, was man bislang aus amerikanischen Kampagnen kannte. So hatte die »Lincoln« eigens ihre Fahrt verlangsamt, damit Bush unversehrt mit einem Jagdbomber aufsetzen, vor der untergehenden Sonne in Uniform der Pilotenkanzel entsteigen und vor laufenden Kameras das Kriegsende im Irak verkünden konnte. Zu dieser Medienoffensive gehörte auch der unter strikter Geheimhaltung geplante, umso spektakulärer wirkende Kurzbesuch, den der Präsident am 27. November 2003, dem Thanksgiving Day, einem der wichtigsten amerikanischen Familienfeste, der Truppe im Irak abstattete.

Mit dem vorläufigen Sieg der Amerikaner und ihrer Verbündeten endete im April 2003 nach fast einem Vierteljahrhundert

*51   In Szene gesetzt: An Deck des Flugzeugträgers »Abraham Lincoln«
verkündet Präsident George W. Bush am 1. Mai 2003 das Ende der
Hauptkampfhandlungen im Irak.*

die Terrorherrschaft Saddam Husseins. Nachdem sein Regime zunächst, während der Achtzigerjahre, von den USA hofiert und unterstützt, danach von Washington durch Krieg, umfassende Sanktionen sowie jahrelange gezielte Militärschläge systematisch geschwächt worden war, wurde der Diktator Mitte Dezember 2003 in einem Erdloch gefangen genommen. Die Pistole, die Soldaten der 4. amerikanischen Infanteriedivision ihm dabei abnahmen, schmückte fortan die Trophäensammlung von Präsident Bush im Weißen Haus. Saddams gefürchtete Söhne Udai und Kusai waren schon Ende Juli bei einem Feuergefecht erschossen worden.

Massenvernichtungswaffen fanden Amerikaner und Briten nicht. Vielmehr wurde offensichtlich, dass der Irak schon 1994 über keine nennenswerten Bestände mehr verfügt hatte. Ebenso wenig konnten Saddam Hussein Verbindungen zum Terrornetzwerk Al Qaida nachgewiesen werden. Dagegen hielt die moderne Form des Terrors, der Selbstmordanschlag, im Windschatten der Besatzungstruppen nunmehr Einzug auch in den Irak. Große Teile der Infrastruktur des Landes lagen Anfang Mai 2003 in Schutt und Asche; in weiten Teilen des Landes herrschte das Chaos, das die Besatzungstruppen auch in den folgenden Monaten nicht unter Kontrolle bekamen, sondern im Gegenteil eher noch verschärften. Tausende von Menschen, mehr als während des Krieges selbst, verloren nach dem Ende der Hauptkampfhandlungen ihr Leben. Darunter auch hunderte amerikanische Soldaten, 136 allein im April 2004. Als schließlich bekannt wurde, dass irakische Gefangene schon seit dem Krieg durch Angehörige der Besatzungstruppen gefoltert und gedemütigt wurden, und das nicht zuletzt in Saddam Husseins gefürchteter Folterfabrik Abu Ghraib, fühlten sich viele in ihrer Skepsis gegenüber diesem Irak-Feldzug Amerikas bestätigt. Auch in Deutschland.
•

Die nachhaltige Verschlechterung des deutsch-amerikanischen Verhältnisses gehört ohne Zweifel zu den Schäden, die dieser

52   *Die Freiheit, die Bush meinte? Die Folterungen von Abu Ghraib,*
interpretiert von einem Iraker.

Krieg anrichtete. Das war nicht vorherzusehen gewesen. Ganz im Gegenteil hatten auch die Deutschen nach den Terroranschlägen des 11. September den Schulterschluss mit Amerika und den Amerikanern demonstriert. Kanzler Schröder verurteilte die Anschläge nicht einmal 24 Stunden später vor dem Bundestag als »Kriegserklärung gegen uns alle«, gegen die »gesamte zivilisierte Welt« und versprach Präsident Bush die »uneingeschränkte Solidarität«. So weit war bislang noch kein Kanzler gegangen. Allerdings hatte es auch nie zuvor eine vergleichbare Situation gegeben.

Die Missverständnisse begannen danach; das Zerwürfnis folgte wenig später. Als Bush im Mai 2002 mit Schröder in Berlin zusammentraf, vereinbarten die beiden, sich aus den Angelegenheiten des jeweils anderen, also aus dem deutschen Wahlkampf beziehungsweise aus der amerikanischen Irak-Politik, herauszuhalten. Zumindest hatte Bush die deutsche Hauptstadt mit diesem Eindruck verlassen. Es spricht einiges dafür, dass Schröder ihm das nicht ausdrücklich zugesichert hat, dass sich die unterschiedliche Interpretation vielmehr aus der Atmosphäre solcher Gespräche mit ihrer meist mangelnden Direktheit und ausgeprägten Konfliktvermeidung erklärt.

Fest steht: Der Kanzler machte den Irak zum Wahlkampfthema, aus welchen Gründen auch immer. Einer lag in der Erkenntnis, dass er und seine Regierung Deutschland nach den Engagements im Kosovo und in Afghanistan, die ja noch nicht abgeschlossen waren, nicht in einen weiteren, den dritten Krieg seit 1999, führen konnten. Vor allem wollten sie die Regierungskoalition im Falle eines Wahlsiegs nicht ein weiteres Mal mit der Frage eines Kampfeinsatzes deutscher Soldaten konfrontieren. Zu gut war Schröder in Erinnerung, wie er im November 2001 den Afghanistan-Einsatz bei den Regierungsparteien mit der Brechstange einer Vertrauensfrage hatte erzwingen müssen. Das war nicht wiederholbar. Außerdem berief sich der Kanzler auf Artikel 26 des Grundgesetzes, der die Vorbereitung eines Angriffskrieges untersagt. Auf einem anderen

Blatt steht, dass er zugleich von der unerwartet breiten amerika-kritischen Wendung der deutschen Öffentlichkeit profitieren und mithilfe des Friedensthemas den Bundestagswahlkampf doch noch für sich und seine Partei entscheiden konnte.

Jedenfalls sprach der Kanzler am 5. August 2002 zur Eröffnung der Endrunde des Bundestagswahlkampfes in Hannover nicht nur davon, er und das Land hätten sich »auf den Weg, auf unseren deutschen Weg« gemacht, sondern fügte hinzu: »… dieses Deutschland, unser Deutschland, ist ein selbstbewusstes Land«, das weder für Abenteuer zur Verfügung stehe noch für eine »Scheckbuchdiplomatie« wie während des Zweiten Golfkrieges. »Wir reagieren nicht auf Druck«, versicherte Schröder am 21. August auch Vertretern der Auslandspresse: »Das hat mit unserem Selbstbewusstsein zu tun.« Erst aus dieser Perspektive erschließt sich die Tragweite seiner Äußerung vor dem Bundestag am 13. September, über »die existenziellen Fragen der deutschen Nation« werde »in Berlin entschieden und nirgendwo anders« – ein Refrain, den der Kanzler nach der Wahl erneut intonierte. Dabei ist er geblieben, und wenn er auch nie den Hinweis auf ein »starkes und geeintes Europa« vergaß, so bestand er doch stets, wie Mitte März 2003 vor dem Bundestag, auf der »Unabhängigkeit unserer Entscheidungen in der Welt von morgen« – und erteilte damit jedweden amerikanischen Vormundschaftsabsichten eine klare Absage.

Zum ersten Mal hatte damit ein Bundeskanzler ausgesprochen, was seine sämtlichen Vorgänger gedacht, aber niemals öffentlich zu sagen gewagt hatten, jedenfalls solange sie im Amt waren. Dabei waren sie alle früher oder später, direkt oder indirekt und mehr als einmal von einer amerikanischen Administration brüskiert, auch öffentlich vorgeführt worden. Und bei zweien von ihnen, Ludwig Erhard und Helmut Schmidt, stand der Rücktritt vom Kanzleramt sogar in einem unmittelbaren Zusammenhang mit der amerikanischen Deutschland-Politik. Allenfalls bei der Diagnose hatten sich die Kanzler aus der Deckung gewagt. So Kurt Georg Kiesin-

53 *Skepsis statt Schulterschluss: Beim Deutschland-Besuch im Mai 2002 beginnen die Missverständnisse zwischen Präsident George W. Bush und Bundeskanzler Gerhard Schröder.*

ger, der immerhin an der Spitze einer Großen Koalition stand und insofern Ende Februar 1967 für die überwältigende Mehrzahl der politischen Kräfte in der Bundesrepublik feststellte, »dass die amerikanische Politik in Europa ausschließlich amerikanische Interessen« vertrete, und vor der Illusion warnte, »es gäbe da so eine Freundschaft oder Freundschaftsdienste«.

Weiter ist kein Kanzler in seiner Amtszeit gegangen. Hatten sie das Amt erst einmal verlassen, wurden die Altkanzler deutlicher, empfahlen zu handeln – allen voran die beiden Sozialdemokraten unter ihnen. Helmut Schmidt vertrat nach seinem Auszug aus dem Kanzleramt die Auffassung, dass »Washington zum Unilateralismus« neige, wer »auch immer dort regiert«, und warnte: »Solange Westeuropa sich nicht zu einem gemeinsamen gesamtstrategischen Entwurf durchringen und diesen geschlossen vertreten kann, wird es immer wieder mit amerikanischen Alleingängen konfrontiert werden.« Das hatte schon Willy Brandt so gesehen. Im November 1980 hatte er die Leser des »Spiegel« wissen lassen, es sei eine »veraltete Vorstellung, als ob Sicherheitspolitik nur darin bestehen könnte, zusätzlichen Forderungen eines amerikanischen Präsidenten nachzukommen«. Anderthalb Jahre später fügte er hinzu: »Man soll nicht als Angsthase durch die Landschaft hüpfen. Das ist ja auch dem Bundeskanzler völlig unangemessen … Wir sollten aus diesem etwas komischen, auch von Minderwertigkeitskomplexen geprägten Verhalten herauskommen – als ob wir immer erst mal darauf zu achten hätten, ob in bestimmten Washingtoner Büros jemand die Stirn kräuselt.«

Ähnlich ließ sich gut zwei Jahrzehnte später sein sozialdemokratischer Erbe im Kanzleramt vernehmen, nur dass Gerhard Schröder zu diesem Zeitpunkt ein Land vertrat, das seit der Vereinigung und verglichen mit den Tagen Brandts und Schmidts erheblich an politischem Gewicht zugelegt hatte. Es war dann auch nicht nur die Irak-Frage, die Absage an eine militärische Beteiligung Deutschlands, die auf beiden Seiten des Atlantiks aufhorchen ließ.

Es war der selbstbewusste Ton. Dabei hatte der Kanzler, bei Lichte betrachtet, nichts anderes getan, als vom Recht eines souveränen, grundsätzlich gleichrangigen Partners Gebrauch zu machen und in einer vitalen Frage eine eigenständige Position zu vertreten: der Frage von Krieg und Frieden. Solche Töne war man in Amerika nicht gewöhnt. Jedenfalls nicht von diesem Juniorpartner. Das fiel jetzt besonders auf, weil der letzte Bundeskanzler noch ganz und gar ein Kind des Kalten Krieges gewesen war: Helmut Kohl hatte auch nach 1991, also nach der Erlangung vollständiger äußerer Souveränität, stets noch so agiert, wie er es aus diesen vergangenen Zeiten gewöhnt war.

Anders Gerhard Schröder, und so ließ sich bald nicht mehr übersehen, dass das Verhältnis Schröders zu Bush seit der Irak-Krise schwer gelitten hatte und selbst die zerrütteten Beziehungen Helmut Schmidts zu Carter in den Schatten stellte. Aber das galt nicht nur für den Kanzler. Am Ende seiner Amtszeit war der Präsident bei den Deutschen so unbeliebt wie kein anderer nach dem Zweiten Weltkrieg, Ronald Reagan eingeschlossen. Das war schon deutlich geworden, als sich am 15. Februar 2003 in Berlin – ähnlich wie in anderen Metropolen rund um den Globus – 500 000 Menschen zur größten Friedensdemonstration in der Geschichte der Bundesrepublik zusammenfanden. Zu diesem Zeitpunkt sprachen sie wohl für die überwiegende Mehrzahl der Deutschen. Anders als bei den Großdemonstrationen gegen den NATO-Doppelbeschluss und den Zweiten Golfkrieg, kamen jetzt auch der Anlass und der Grund für den Massenprotest zur Deckung. Der über Jahrzehnte angestaute Unmut über die amerikanische Vormundschaftspolitik hatte in Präsident Bush den Adressaten gefunden, der diese Politik wie kaum ein Zweiter personifizierte und während der Irak-Krise kompromisslos praktizierte.

Die Deutschen standen nicht allein. Ihre Kritik wurde von den meisten Bürgern Europas geteilt, und das lag nicht nur an der Außenpolitik der Bush-Administration. War es ein Zufall, dass jetzt auch auf anderen Gebieten das Konkurrenzverhältnis, in dem sich Europa und Amerika natürlich immer befunden hatten, noch ungeschminkter und härter zutage trat als in der Ära des Kalten Krieges?

Das galt zum Beispiel im Bereich der Wirtschaft. Es hatte nicht zuletzt eine hohe symbolische Bedeutung, als die Europäische Kommission am 1. März 2004 Strafzölle gegen die Vereinigten Staaten in Kraft setzte. Betroffen waren rund 1600 Ausfuhrgüter, darunter Nahrungsmittel, Textilien und Spielwaren. Gewiss, Auseinandersetzungen bis hin zu begrenzten Handelskriegen hatte es immer gegeben. Aber regelrechte Handelssanktionen gegen amerikanische Exporteure – das war eine neue Qualität. Im Übrigen reagierte die EU damit ihrerseits auf Steuersubventionen der Regierung Bush für amerikanische Exporteure, die wiederum von der Welthandelsorganisation (WTO) als regelwidrig abgemahnt worden waren. Ohne Beispiel war auch die Höhe des Bußgeldes, das die Kommission wenig später, am 25. März 2004, gegen den Software-Giganten Microsoft verhängte: Mit fast einer halben Milliarde Euro und mit Auflagen, die auf eine Öffnung des Betriebssystems Windows hinausliefen, sollte der Verstoß gegen das Recht der Gemeinschaft geahndet werden.

Anderes kam hinzu, so vor allem der niedrige Dollarkurs, der in Europa, aber zum Beispiel auch in Japan der Bush-Administration angelastet wurde, und natürlich die gewaltigen Haushaltsprobleme Washingtons. Der Etat für 2004 wies ein Defizit von über 520 Milliarden US-Dollar auf; das war das höchste, das es jemals gegeben hat. Der Haushaltsentwurf für 2005 sah ein Defizit von rund 364 Milliarden US-Dollar vor – die Sonderausgaben für die Militäreinsätze im Irak und in Afghanistan in Höhe von 87,5 Milliarden US-Dollar nicht mitgerechnet. Damit erhöhte sich die Verschuldung der Vereinigten Staaten bei privaten und öffentlichen Gläubigern weltweit auf die astronomische Summe von mehr als sieben Billionen US-Dollar.

Diese Haushaltslage der stärksten Volkswirtschaft der Welt war mithin nicht nur eine nationale Angelegenheit. Und sie ging nicht nur auf das Konto der Rezession des Jahres 2001. Sie war auch ein Ergebnis der von Bush durchgesetzten Steuersenkungen und der wachsenden Ausgaben für Bildung, Heimatschutz und vor allem für das Militär. Beinahe 450 Milliarden US-Dollar wollte die Regierung Bush 2005 für diesen Posten aufwenden – mehr als das zweieinhalbfache aller 25 EU-Mitglieder zusammen.

•

So kam also in der Ära des jüngeren Bush einiges zusammen. Es war bezeichnend für das Verhältnis der Europäer zu Amerika, dass sich ihre Kritik vor allem am politischen Personal dieser Regierung festmachte, nicht zuletzt an der Person des Präsidenten selbst. Das hatte vor allem damit zu tun, dass Bush das ganze Gewicht des Amtes einbrachte, als es um den Irak ging. Drei Viertel der Europäer hatten von ihm noch weit über das Ende des Irak-Krieges hinaus keine gute Meinung; zwei Drittel waren der Ansicht, der Krieg habe weltweit die Gefahr von Terroranschlägen erhöht; die Mehrheit akzeptierte Bush nicht mehr als Führer der freien Welt. Und im März 2004 erteilten die spanischen Wähler der konservativen Regierungspartei unter anderem deshalb eine Abfuhr, weil der Terror gegen die Zivilbevölkerung inzwischen Spanien erreicht hatte und der amtierende Ministerpräsident zu den engsten Weggefährten Bushs im Irak zählte.

Ein katastrophales Ergebnis mit einem interessanten Nebeneffekt. Die Brachialdiplomatie der Bush-Administration, gerade auch gegenüber ihren jahrzehntelang treuen Partnern in Europa, bewirkte nämlich dort einen Schulterschluss, der unter anderen Umständen zu diesem Zeitpunkt kaum zu erwarten gewesen wäre. Und das ausgerechnet auf einem Gebiet, das seit den Fünfzigerjahren zu den größten Problemen des europäischen Integrationsprozesses zählte: der Sicherheits- und Verteidigungspolitik.

Am 10. April 2003 nahm das Europäische Parlament mit großer Mehrheit einen Bericht des Ausschusses für auswärtige Angelegenheiten an, der nicht nur »größere militärische Anstrengungen« verlangte, sondern mit bislang unerhörter Klarheit feststellte: »Wenn diese Bereitschaft fehlt, wenn es die Regierungen der Mitgliedsstaaten weiterhin den Amerikanern überlassen, eventuelle Kriege zu führen, und sich lediglich mit Fragen des Friedens befassen, dann muss sich die Union wohl damit abfinden, dass sie die Rolle der Athener im alten Rom spielt: Dies hieße letzten Endes hinzunehmen, dass man sich dem Willen eines neuen Reiches unterordnet.«

Der Irak-Krieg hatte eben auch deutlich werden lassen, dass die bedingungslose, die einseitige Abhängigkeit der Europäer, allen voran der Deutschen, von Amerika der Vergangenheit angehörte. Mit dem Zusammenbruch der Sowjetunion und ihres Imperiums, mit dem Ende der transatlantischen Epoche gab es keinen Grund mehr, sich den Regieanweisungen aus Washington um jeden Preis zu fügen. Dabei wird es bleiben. Dies festzustellen heißt ja nicht, dass die über Jahrzehnte alles in allem bewährte Zusammenarbeit zwischen den USA und ihren europäischen Partnern beendet werden sollte, im Gegenteil. Angesichts der engen wirtschaftlichen Verflechtungen und Abhängigkeiten gibt es ohnehin keine vernünftige Alternative. Außerdem wird die UNO ihre eingeschränkte globale Ordnungsfunktion wohl weiter einbüßen, das weltweite Krisen- und Konfliktpotenzial hingegen eher noch zunehmen. Daher sollten Amerikaner und Europäer ein beträchtliches Interesse daran haben, ihre außen- und sicherheitspolitische Zusammenarbeit fortzusetzen, wenn nicht noch zu intensivieren. Allerdings auf einer erneuerten Basis.

Auf ihr müssen Europäer und Amerikaner als gleichwertige Partner miteinander verkehren – »auf gleicher Augenhöhe«, wie Kanzler Schröder klarstellte. Ein Jahr nach Ende des Irak-Krieges hatte diese Erkenntnis auch jenseits des Atlantiks Fuß gefasst. Präsident Bush wusste, warum er erneut den Schulterschluss mit den jahrzehntelangen Partnern der USA, allen voran mit Deutschland und seinem Kanzler, suchte und seit dem Frühjahr 2004 wiederholt demonstrierte. Das war keineswegs nur eine Etappe im amerikanischen Präsidentschaftswahlkampf. Es spricht ja auch einiges dafür, dass für die Vereinigten Staaten ein selbstbewusster, grundsätzlich zu eigenständigem Handeln fähiger europäischer Partner die zukunftsweisendere Option ist. Jedenfalls sollte man es nicht Terroristen oder gefährlichen Irrläufern der internationalen Politik überlassen, einer global scheinbar unbeschränkt handlungsfähigen, tatsächlich aber sehr verwundbaren Supermacht ihre Grenzen aufzuzeigen.

Um diese Rolle überzeugend spielen zu können, ist auf europäischer Seite noch vieles zu tun. Vor allem ist der Auf- und Ausbau sicherheits- und verteidigungspolitischer Strukturen voranzutreiben. Es ist ja bemerkenswert, dass Europa – insgesamt und allen Unkenrufen zum Trotz – aus der Irak-Krise nicht geschwächt hervorgegangen ist. Daran lässt sich anknüpfen. Vordringlich ist dabei eine klare Definition der europäischen Interessen: Welche Alternativen zu einer fragwürdigen Politik der USA in der Dritten Welt im Allgemeinen, im Irak im Besonderen, haben die Europäer anzubieten? Welche Perspektiven können sie diesen Ländern eröffnen, um sie zu verlässlichen Partnern beispielsweise bei der für Europa lebenswichtigen Energiepolitik werden zu lassen? Wann, mit welchen Mitteln, unter welchen Bedingungen und mit welchen Verbündeten wollen sie in welchen Regionen einschreiten, um für ihre eigene Hemisphäre Frieden, Freiheit und Wohlstand zu sichern?

Deutschland ist wie kaum ein zweites Mitglied der Europäischen Union gefordert, an den Antworten auf diese Fragen mitzuwirken – wegen seines politischen und wirtschaftlichen Gewichts, wegen seines weltweiten Engagements und nicht zuletzt wegen einer Erfahrung, welche die Deutschen, und nur sie, während des Ost-West-Konflikts gesammelt haben: Sie wissen, was eingeschränkte Souveränität bedeutet. Und sie wissen auch, welche Chancen und welche Risiken unter solchen Umständen in der Partnerschaft mit den Vereinigten Staaten liegen. Wenn sich Europäer und Amerikaner an den Wiederaufbau oder auch den Neubau der transatlantischen Brücken machen, werden die Deutschen eine entscheidende Rolle spielen.

ANHANG

ABKÜRZUNGEN

ABC-Waffen	Atomare, biologische und chemische Waffen
CARE	Cooperative for American Remittances to Europe
CIA	Central Intelligence Agency
CTBT	Comprehensive Test Ban Treaty
EG	Europäische Gemeinschaft
ESVP	Europäische Sicherheits- und Verteidigungspolitik
EU	Europäische Union
EVG	Europäische Verteidigungsgemeinschaft
EWG	Europäische Wirtschaftsgemeinschaft
GATT	General Agreement on Tariffs and Trade
ISAF	International Security Assistance Force
KFOR	Kosovo Force
KSZE	Konferenz über Sicherheit und Zusammenarbeit in Europa
NAFTA	North American Free Trade Agreement
NASA	National Aeronautics and Space Administration
NATO	North Atlantic Treaty Organization
NMD	National Missile Defense
OMGUS	Office of Military Government, United States
SALT	Strategic Arms Limitation Talks
SFOR	Stabilisation Force
UdSSR	Union der Sozialistischen Sowjetrepubliken
UNO	United Nations Organization
WEU	Westeuropäische Union
WTO	World Trade Organization

LITERATURHINWEISE

Adams, Willi Paul: Die USA im 20. Jahrhundert. München 2000.

Ambrose, Stephen E./Brinkley, Douglas G.: Rise to Globalism. American Foreign Policy since 1938. New York [8]1997.

Angermann, Erich: Die Vereinigten Staaten von Amerika seit 1917. München [9]1995.

Barclay, David E./Glaser-Schmidt, Elisabeth (Hrsg.): Transatlantic Images and Perceptions. Germany and America since 1776. Cambridge u.a. 1997.

Berghahn, Volker R.: The Americanisation of West German Industry 1945–1973. New York/Cambridge 1986.

Bierling, Stephan: Der Nationale Sicherheitsberater des amerikanischen Präsidenten. Anatomie und Hintergründe einer Karriere (1947–1989). München/Frankfurt a.M. 1990.

Bierling, Stephan: Geschichte der amerikanischen Außenpolitik von 1917 bis zur Gegenwart. München 2003.

Blum, John Morton: Years of Discord. American Politics and Society, 1961–1974. New York/London 1992.

Boyer, Paul S.: Promises to Keep. The United States since World War II. Lexington, MA 1995.

Chafe, William H.: The Unfinished Journey. America Since World War II. New York/Oxford [4]1999.

Clarke, Richard: Against All Enemies. Der Insiderbericht über Amerikas Krieg gegen den Terror. Hamburg 2004.

Czempiel, Ernst-Otto/Schweitzer, Carl-Christoph: Weltpolitik der USA nach 1945. Einführung und Dokumente. Bonn 1989.

Czempiel, Ernst-Otto: Weltpolitik im Umbruch. Die Pax Americana, der Terrorismus und die Zukunft der internationalen Beziehungen. München 2002.

Daum, Andreas W.: Kennedy in Berlin. Politik, Kultur und Emotionen im Kalten Krieg. Paderborn u.a. 2003.

DeConde, Alexander u.a. (Hrsg.): Encyclopedia of American Foreign Policy. 3 Bde. New York u.a. ²2002.

Diner, Dan: Feindbild Amerika. Über die Beständigkeit eines Ressentiments. München ²2003.

Dittgen, Herbert: Amerikanische Demokratie und Weltpolitik: Außenpolitik in den Vereinigten Staaten. Paderborn u.a. 1998.

Doering-Manteuffel, Anselm: Wie westlich sind die Deutschen? Amerikanisierung und Westernisierung im 20. Jahrhundert. Göttingen 1999.

Duignan, Peter/Gann, L.H.: The USA and the New Europe: 1945–1993. Oxford u.a. 1994.

Ermath, Michael (Hrsg.): America and the Shaping of the German Society. Providence u.a. 1993.

Frey, Marc: Geschichte des Vietnamkriegs. Die Tragödie in Asien und das Ende des amerikanischen Traums. München ⁶2002.

Gilpin Robert: The Political Economy of International Relations. Princeton 1987.

Greene, John Robert: The Limits of Power. The Nixon and Ford Administrations. Bloomington/Indianapolis 1992.

Hacke, Christian: Zur Weltmacht verdammt. Die amerikanische Außenpolitik von Kennedy bis Clinton. Berlin 1997.

Halberstam, David: War in Time of Peace. Bush, Clinton, and the Generals. New York u.a. 2001.

Hanrieder, Wolfram F.: Deutschland, Europa, Amerika. Die Außenpolitik der Bundesrepublik Deutschland 1949–1989. Paderborn u.a. 1991.

Heideking, Jürgen: Geschichte der USA. Tübingen/Basel 1996.

Heideking, Jürgen (Hrsg.): Die amerikanischen Präsidenten. 42 historische Portraits von George Washington bis George W. Bush. München ³2002.

Henke, Klaus-Dietmar: Die amerikanische Besetzung Deutschlands. München ²1996.

Jones, Maldwyn A.: The Limits of Liberty. American History
	1607–1992. Oxford/New York ²1995.
Junker, Detlef (Hrsg.): Die USA und Deutschland im Zeitalter
	des Kalten Krieges 1945–1990. Ein Handbuch. 2 Bde.
	Stuttgart/München 2001.
Kagan, Robert: Macht und Ohnmacht. Amerika und Europa in
	der neuen Weltordnung. Berlin 2003.
Kissinger, Henry A.: Die Vernunft der Nationen. Über das
	Wesen der Außenpolitik. Berlin 1994.
Kleinschmidt, Johannes: »Do Not Fraternize«. Die schwierigen
	Anfänge deutsch-amerikanischer Freundschaft 1944–1949.
	Trier 1997.
Kolko, Gabriel: Century of War. Politics, Conflict and Society
	since 1914. New York 1994.
Neustadt, Richard E.: Presidential Power and the Modern
	Presidents: The Politics of Leadership from Roosevelt to
	Reagan. New York u.a. 1990.
Nolan, Mary: Visions of Modernity. American Business and the
	Modernization of Germany. New York u.a. 1994.
Pells, Richard H.: Not Like Us. How Europeans Have Loved,
	Hated, and Transformed American Culture since
	World War II. New York 1997.
Sainsbury, Keith: Churchill and Roosevelt at War. The War they
	Fought und the Peace they Hoped to Make. New York 1994.
Sautter, Udo: Geschichte der Vereinigten Staaten von Amerika.
	Stuttgart ⁴1991.
Schissler, Hanna (Hrsg.): The »Miracle« Years. A Cultural
	History of West Germany 1949–1968. Princeton u.a. 2001.
Schneider, Irmela (Hrsg.): Amerikanische Einstellung.
	Deutsches Fernsehen und US-amerikanische Produktionen.
	Heidelberg 1992.
Schöllgen, Gregor: Der Auftritt. Deutschlands Rückkehr auf die
	Weltbühne. München 2003.

Schöllgen, Gregor: Die Außenpolitik der Bundesrepublik
    Deutschland von den Anfängen bis zur Gegenwart.
    München ³2004.
Sitkoff, Harvard: The Struggle for Black Equality 1954–1992.
    New York ²1994.
Woodward, Bob: Der Angriff. Plan of Attack. München 2004.

BILDNACHWEIS

afp, Berlin: 48
Bildarchiv Preußischer Kulturbesitz, Berlin: 18
Corbis, Düsseldorf: 6, 8, 52
dpa, Frankfurt: 2, 16, 38, 39, 43, 44, 45, 51
Getty Images: 21
Bundesbildstelle (BPA), Berlin: 27, 29, 32, 34, 35
sv-Bilderdienst, München: 4, 7, 9, 12, 17, 19, 23, 37
Ullstein, Berlin: 1, 3, 5, 10, 11, 13, 14, 15, 20, 22, 25, 26, 28, 30, 31,
    33, 36, 40, 41, 42, 46, 47, 49, 50, 53
Volkswagen Unternehmensarchiv, Wolfsburg: 24

PERSONENREGISTER

»Ein wichtiges und äußerst intensives Buch«

ELIE WIESEL, Friedensnobelpreisträger

Richard Rhodes
DIE DEUTSCHEN MÖRDER
Die SS-Einsatzgruppen und der
Holocaust
480 Seiten
50 s/w-Abbildungen
und 6 Karten
Gebunden mit Schutzumschlag
ISBN 3-7857-2183-8

September 1941. Babij Jar, eine Schlucht in der Ukraine. In weniger als 48 Stunden erschießen SS-Einsatzgruppen über 30.000 Juden. In nur zwei Jahren werden 1,5 Millionen jüdische Kinder, Frauen und Männer in Osteuropa von den deutschen SS-Einsatzgruppen und ihren Helfern ermordet. Dies ist die erschütternde Dokumentation des Pulitzer-Preisträgers Richard Rhodes über den Massenmord.
Und es ist die ergreifende Beschreibung, wie Menschen zu funktionierenden Massenmördern gemacht wurden. Zahlreiche Briefe und andere persönliche Dokumente geben Einblick, wie die Täter Menschliches und Entmenschlichtes in einer Person zu vereinigen gelernt haben.

Gustav Lübbe Verlag

Ein dramatisches Leben.
Eine bewegende Autobiografie.

Farah Diba-Pahlavi
ERINNERUNGEN
464 Seiten
mit 21 farbigen und s/w
Abbildungen
Gebunden mit Schutzumschlag
ISBN 3-7857-2157-9

Ihre prunkvolle Hochzeit 1959 mit dem Shah des Iran war eine Märchenhochzeit. Doch ihr Leben war reich an Wendungen und Schicksalsschlägen.
Sie wurde zur ersten Kaiserin des Iran gekrönt, und sie verlor ihre Heimat durch die islamistische Revolution. Sie setzte sich für die Befreiung der Frau aus mittelalterlichen Traditionen ein, und sie erfuhr die Niedertracht falscher Freunde im Exil.
Weitere schwere Erfahrungen zeichneten ihr Leben. Aber Farah Diba-Pahlavi fand immer wieder Kraft – für sich selbst und für andere.

Gustav Lübbe Verlag

Die erste deutschsprachige Biografie über
Swetlana Allilujewa, die Tochter Stalins

Martha Schad
STALINS TOCHTER
Das Leben der
Swetlana Allilujewa
448 Seiten
Mit 34 s/w-Abbildungen
Gebunden mit Schutzumschlag
ISBN 3-7857-2158-7

Swetlana Allilujewa war die einzige Tochter Stalins, der einer der fürchterlichsten Diktatoren des 20. Jahrhunderts war.
Was bedeutet es, im Schatten dieses übermächtigen Vaters aufzuwachsen – ein Leben zu führen im Zwiespalt zwischen Zeitzeugenschaft und dem Wunsch, von diesem Vater geliebt zu werden?
Das außergewöhnliche Leben einer rätselhaften Frau auf der Suche nach sich selbst.

Gustav Lübbe Verlag

Alles, was die Deutschen bewegt.
Alles, was man kennen muss.
Alles in einem Band.

DAS BUCH
DER DEUTSCHEN
Alles, was man kennen muss
Herausgegeben von
Johannes Thiele
828 Seiten
Gebunden in Buchleinen
mit Schutzumschlag
ISBN 3-7857-2131-5

Dieses grundlegende Werk unternimmt erstmals und konkurrenzlos den Versuch, einen Kanon der Texte deutscher Identität zusammenzustellen: aus Geschichte und Politik, Literatur, Poesie und Philosophie, Recht und Verfassung. Es erhebt den Anspruch, in einem Band die wichtigsten und unverzichtbaren Dokumente der Deutschen zu vereinen und damit den wichtigen Anstoß zur öffentlichen Auseinandersetzung um Werte, Traditionen und Grundlagen unserer Kultur zu geben. Ein unverzichtbares Standardwerk!

Gustav Lübbe Verlag